高等院校经济与管理核心课经典系列教材

▶ 劳动与社会保障专业

SHEHUI
BAOZHANG
JIJIN
GUANLI

社会保障基金管理

（第四版）

吕学静 ◎ 主　编

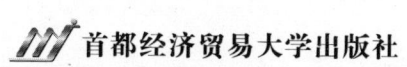

首都经济贸易大学出版社
Capital University of Economics and Business Press
·北京·

图书在版编目(CIP)数据

社会保障基金管理/吕学静主编. --4版. --北京:首都经济贸易大学出版社,2017.7

(劳动与社会保障专业系列教材)

ISBN 978-7-5638-2667-4

Ⅰ.①社… Ⅱ.①吕… Ⅲ.①社会保障—基金管理—中国 Ⅳ.①D632.1

中国版本图书馆 CIP 数据核字(2017)第 144971 号

社会保障基金管理(第四版)
吕学静 主编

责任编辑	晓 地
封面设计	砚祥志远·激光照排 TEL:010-65976003
出版发行	首都经济贸易大学出版社
地　　址	北京市朝阳区红庙(邮编100026)
电　　话	(010)65976483　65065761　65071505(传真)
网　　址	http://www.sjmcb.com
E-mail	publish@cueb.edu.cn
经　　销	全国新华书店
照　　排	北京砚祥志远激光照排技术有限公司
印　　刷	北京市泰锐印刷有限责任公司
开　　本	710毫米×1000毫米　1/16
字　　数	374千字
印　　张	21.25
版　　次	2007年8月第1版　2010年6月第2版 2014年3月第3版　**2017年7月第4版** 2019年7月总第9次印刷
书　　号	ISBN 978-7-5638-2667-4/D·177
定　　价	36.00元

图书印装若有质量问题,本社负责调换

版权所有　侵权必究

前 言（修订第四版）

本书自出版以来，受到广大读者的欢迎，被一些院校选作教材。作为作者，我们深感荣幸，并表示衷心的感谢。

本书已出版近十年，这十年中，我国的社会保障事业有了较大发展，因此，书中有关基金管理方面的数据已不能客观地反映当前的情况。为此，我们对相关的数据进行了更新，以使本书更加适应教育教学的需要。

特别感谢首都经济贸易大学研究生陈国彬同学、王淼同学、杨梓程同学在第四次改版中的努力和付出。

由于时间仓促，加之我们的水平所限，书中难免有不足或不妥之处，在此，真诚希望广大读者批评指正。

吕学静

PREFACE 前言

　　社会保障基金管理是研究社会保障基金的征缴、保管、投资运营、保值增值、监管等的运行机制、制度规范及其规律的一门新兴的、综合性的、边缘性的管理学科。社会保障基金管理是一个极为复杂的社会系统工程,涉及亿万民众的切身利益和社会稳定的大局;同时,社会保障基金是社会保障制度的物质基础和实现其社会政策的核心条件。社会保障基金的安全、有效运营和保值增值是社会保障制度成败的关键。

　　社会保障基金管理是高等院校劳动和社会保障专业的主干课程之一。本教材共包括十一章内容。

　　第一章为社会保障基金概述,主要介绍社会保障的含义、内容,概述社会保障的产生与发展,社会保障基金的概念、功能与特点,社会保障基金的种类等内容。

　　第二章为社会保障基金管理,主要介绍社会保障基金管理的含义与特点、社会保障基金管理的主要途径、国际社会保障基金管理的类型及其特点、我国社会保障基金管理的发展概况和趋势等内容。

　　第三章为社会保险基金的筹集管理,主要介绍社会保险基金的筹集模式及其演变、社会保险基金的来源、我国社会保险基金的来源、我国社会保险基金的征缴等内容。

第四章为社会保险基金的支付管理，主要介绍社会保险基金支付的基本概念、社会保险基金的支出范围、我国社会保险基金各项目的支付与使用、我国社会保险基金支出存在的问题、完善我国社会保险基金支出的政策性建议等内容。

第五章为社会保险基金监管，主要介绍社会保险基金监管的含义、基本原则、重要性和必要性，社会保险基金的监管体系，社会保险基金的监管方式，社会保险基金经办风险与运营风险的监管等内容。

第六章为我国社会保险基金的投资运营，主要介绍社会保险基金投资运营的基本概念及主要原则、社会保险基金投资工具及组合、国外社会保险基金投资运营、我国社会保险基金投资运营现状等内容。

第七章为社会保险基金与资本市场，主要介绍资本市场的概念、资本市场与社会保险基金投资运营的关系、国际养老保险基金与资本市场等内容。

第八章为社会保险基金财务管理，主要介绍社会保险基金财务管理的内容及原则、社会保险基金财务制度、社会保险基金会计制度、社会保险基金统计制度和我国社会保险基金财务法律制度建设等内容。

第九章为社会福利基金管理，主要介绍社会福利的概念和内容，社会福利基金的含义、来源和作用，我国社会福利基金管理的发展，我国对社会福利基金管理的规定，完善我国社会福利基金管理的措施等方面的内容。

第十章为社会救助基金管理，主要介绍社会救助基金基本概念、社会救助基金管理的内涵及意义、我国的社会救助基金管理、完善我国社会救助基金管理的措施等方面的内容。

第十一章为社会保障基金与财政，主要介绍财政理论的形成与发展、财政的职能、社会保障财政理论的形成和发展、社会保障基金与财政的关系、我国财政与社会保障基金管理的发展与现状、完善我国社会保障基金管理的财政对策等内容。

本教材力图用简明、易懂的语言来解释社会保险基金管理的基本知识、基本理论和基本方法，并努力做到理论性与实用性的统一。

本教材的写作是集体智慧的结晶，作者多为首都经济贸易大学的中青年学者。陆宏筝、史慧、高阳、马静、徐寒冰、吕学静等同志参加了本书的撰稿和编写工作；吕茵、王争亚、汪玉萍、舒扬、于海中、张波等同志参加了原稿的编写，在此一并表示感谢。主编对全书框架进行了设计并对全书进行修改、补充、定稿。感谢陆宏筝同志帮助主编做了很多书稿编纂方面的重要工作。

在本教材的写作中,我们参考了大量国内外有关文献,在此特向各位文献的作者表示由衷地感谢。

在这里要特别感谢出版社周嘉硕社长和赵颖君主任的大力支持和帮助。

由于社会保障学是一门新的、不断变化的学科,社会保障专业人才的教育及教材建设还十分薄弱,需要大家共同努力。由于我们的水平所限,书中难免有不当或不完善之处,真诚欢迎广大同行和读者赐教。

目 录

第一章 社会保障基金概述 1
- 第一节 社会保障概述 1
- 第二节 社会保障基金的概念与功能 15
- 第三节 社会的保障基金的种类 18

第二章 社会保险基金管理 27
- 第一节 社会保障基金管理的含义、特点与途径 27
- 第二节 国际社会保障基金管理的类型与特点 32
- 第三节 我国的社会保障基金管理 37

第三章 社会保险基金的筹集管理 51
- 第一节 社会保险基金的筹集模式 51
- 第二节 我国社会保险基金的来源和收入 55
- 第三节 我国社会保险基金的征缴 60

第四章 社会保险基金的支付管理 70
- 第一节 社会保险基金支付的基本概念 70
- 第二节 我国社会保险基金各项目的支付与使用 76
- 第三节 我国社会保险基金支出存在的问题 86

i

第五章　社会保险基金监管　96

第一节　社会保险基金监管概述　96
第二节　我国社会保险基金监管的组织构建与监管内容　115
第三节　社会保险基金监管的方式　132
第四节　社会保险基金经办风险与运营风险的监管　141

第六章　我国社会保险基金的投资运营　151

第一节　社会保险基金投资运营概述　151
第二节　社会保险基金的投资工具及组合　163
第三节　国外社会保险基金投资运营简介　173
第四节　我国社会保险基金投资运营现状　182

第七章　社会保险基金与资本市场　202

第一节　资本市场的相关概念　202
第二节　资本市场与社会保险基金投资运营的关系　205
第三节　国际养老保险基金与资本市场　211

第八章　社会保险基金财务管理　219

第一节　社会保险基金财务制度　219
第二节　社会保险基金会计制度　228
第三节　社会保险基金统计制度　238
第四节　我国社会保险基金财务法律制度建设　241

第九章　社会福利基金管理　246

第一节　社会福利概述　246
第二节　社会福利基金　250
第三节　社会福利基金管理　253
第四节　我国对社会福利基金管理的规定　258
第五节　完善我国的社会福利基金管理　263

第十章　社会救助基金管理　271

第一节　社会救助基金的基本概念　271

第二节　社会救助基金管理概述　275
　　第三节　我国的社会救助基金管理　279
　　第四节　完善我国的社会救助基金管理　287

第十一章　社会保障基金与财政　301

　　第一节　财政理论的形成与发展　301
　　第二节　社会保障基金与财政　306
　　第三节　社会保障基金财政管理的内容　310
　　第四节　我国财政与社会保障基金管理的发展与现状　314

参考文献　326

第一章
社会保障基金概述

CHAPTER 1

学习目的与要求

通过本章的学习,了解社会保障、社会保障基金的概念、我国社会保障制度的发展历程;掌握社会保障基金的特点和功能,以及在不同的划分方式下社会保障基金的种类;对社会保障基金有初步的认识,能够分清各种不同的社会保障基金。

第一节 社会保障概述

一、社会保障的含义

社会保障是一个很重要的经济和社会问题。社会保障的主要作用是帮助人们降低生活和工作中可能遇到的风险,保障社会成员的基本生活,增强他们的生活安全感。

关于社会保障的概念最早出现在美国1935年颁布的《社会保障法》中,英文为"Social Security",直译为"社会安全"。社会保障的概念有广义和狭义之分。国际劳工组织在战后发起的关于社会保障的系列调查中将社会保障定义为"社会保险和类似的制度,加上家庭津贴",这就是狭义的社会保障概念。第二次世界大战后,随着全球经济的复苏,特别是西方市场经济国家的发展,人们对社会保障有了进一步的认识。国际劳工组织将"社会保障"重新定义为:"社会通过它的一系列处置经济和社会风险的公共措施,为它的成员提供保护和医疗照顾、家庭津贴,否则这种风险将导致薪金的停止支付,或因疾病、生育、工伤、失业和死亡导致实际收入的减少。"这里的社会保障只限于收入保障。到了20世纪80年代中期,国际劳工组织又提出"社会保障"的目标不应该只限于防止和减轻贫困,应该保证每个个人和家庭相信,他们的生活水平和生活质量尽可能不因任何社会和经济上的不测事件而受到大影响。

在我国,党的十五大明确地提出,要建立社会保障体系,实行社会统筹和个人账户相结合的养老、医疗保险制度,完善失业保障和社会救济制度,为人们提供最基本的社会保障。

而我国对社会保障概念的界定也是众说纷纭的。有人认为,社会保障是指社会保险,这两个概念经常在一些书籍中被混淆使用。有人认为,社会保障是指社会福利,一些欧美国家也将我国对社会保障的概念界定为社会福利。也有人认为,社会保障是指一种社会分配政策。

综合起来,我们认为,社会保障是国家通过立法并依法采取强制手段对国民收入进行再分配,对暂时或永久失去劳动能力及因各种原因造成的生活困难的社会成员提供基本生活保障,以保证劳动力再生产、社会安定和经济稳定增长的一种社会制度。

二、社会保障的内容

社会保障的内容主要包括四个方面:社会保险、社会福利、社会救助、社会优抚。

(一) 社会保险

社会保险是社会保障的主要内容。一般来说,它包括养老保险、医疗保险、生育保险、失业保险和工伤保险五个部分,在一些国家和地区还有遗嘱保险、护理保险乃至灾害社会保险制度。

1. 养老保险。养老保险是指国家和社会根据一定的法律法规,对劳动者达到法定年龄而退休的,由社会保险机构或由指定单位按规定给付养老金的社会保险制度。凡是达到法定的退休年龄、工龄和缴纳保险费年限的劳动者,都有权享受社会养老保险待遇,其内容主要包括退休后的生活费用和提供必要的日常生活管理及服务。其目的是确保劳动者退休后的基本生活。

养老保险由德国首创。德国于1889年颁布了《养老、残疾、死亡保险法》。

2. 医疗保险。医疗保险是指劳动者在患病期间,由保险机构或保险组织按照规定支付其医疗费和生活费的社会保险制度。凡参保人员都可以在指定的医疗机构确诊治病,在休养期间均可获得一定数量的保险金作为生活补助。其目的是使患病劳动者的正常生活不受过大的影响,以利于治疗和康复。

疾病保险于1883年在德国创立,当年颁布了《疾病社会保险法》,这是德国社会保险制度及现代社会保险制度的最早立法的保险项目。

3. 生育保险。生育保险是指为女性劳动者因生育子女而暂时丧失劳动能力,降低或失去正常工资收入来源时,提供基本生活保障的社会保险制度。凡在女职工生育保险范围内的妇女,在合法生育前后的一定时期内都可以获得一定的生活补贴保险金。其主要目的是保护女职工及其子女的身体健康,并适当补偿其因生育造成的收入损失。

生育保险由德国于1887年创办,因生育保险的护理照顾与医疗卫生有连带关系,德国就将生育医疗护理列入疾病保险的范围。后来,举办疾病和生育保险的国家多将两种保险并列为同一保险项目。如今,部分国家根据本国的实际情况和人们的习惯把疾病保险称为医疗保险,或把疾病保险和生育保险统称为医疗保险。但在我国,医疗保险和生育保险是两个相互独立的社会保险子项目。

4. 失业保险。失业保险是指当劳动者因非本人自愿原因失业,从而丧失收入来源时,由社会为其提供必要的物质生活保障的社会保险制度。凡符合规定者,都可根据其就业年限和缴费情况,在规定期限内获得一定数额的失业补助或救济保险金,以及转业培训、职业介绍和生产自救的服务等。其目的是维持失业人员及其家属的基本生活,为失业者早日重新就业提供必要的条件和机会。

失业保险由法国于1905年首创。第二次世界大战后,各工业发达国家都加强推行失业保险制度。目前,发达国家和许多发展中国家都建立了失业保险制度。

5. 工伤保险。工伤保险是指对因工负伤或因职业病致残,暂时或永久丧失劳动能力的劳动者,给予工资收入补偿、医疗保健护理、伤残重建及生活照顾等的社会保险制度。

1884年德国颁布了《工伤事故保险法》,这是世界上第一个工伤保险法令。

(二) 社会福利

社会福利是社会保障的重要组成部分,它是指政府与社会通过专业化的福利机构为解决社会上的特殊群体及一般社会成员的实际困难,提高国民的生活质量而有针对性地提供服务和设施的一种社会保障制度。

社会福利具有以下几层含义:第一,它是社会为全体成员提供的各种福利性补贴和各种公共福利事业;第二,社会福利的服务对象既包括特殊群体,如有些福利项目是特别针对老年人、残疾人、儿童的,也包括一般的社会成员,如一些公共福利设施、服务等;第三,社会福利提供的主要是服务及一些设施,而不像社会保险和社会救助那样以提供现金为主。

(三) 社会救助

社会救助同样是社会保障体系中重要的一环,在许多国家甚至是最早体现社会保障制度萌芽的一部分。社会救助是指通过立法由国家或者政府对由于失业、疾病、灾害等原因造成收入中断或者收入降低并陷入贫困的人员或者家庭实行补偿的一种社会保障制度。

社会救助有以下几层具体含义:第一,社会救助的实施主体是国家,是由国家通过立法保护贫困人员,这也意味着实施社会救助是国家义不容辞的责任和义务。第二,社会救助的对象是贫困人员。虽然人和人或者人和一个家庭只要其家庭人均收入水平低于国家规定的某一贫困线,就可以享受社会救助待遇,但实际上,只有有限的人群才可以享受到社会救助待遇,这是与社会保险、社会福利等其他社会保障制度不同的地方,因为后者的实施对象具有广泛性,往往包括所有的社会成员。第三,享受社会救助的条件不是缴费而是低于贫困线,但对是否低于贫困线需要进行经济状况调查,只有通过核实以后才可以享受。

(四) 社会优抚

社会优抚是指国家和社会按照相关的规定对法定的优抚对象提供确保一定生活水平的资金和服务的带有保养和优待抚恤的特殊社会保障。它具有以下特点:第一,优抚对象包括现役军人,退伍、复员、转业军人,军队离休、退休干部,现役军人家属,烈士家属,牺牲病故军人家属,革命伤残军人和其他特殊时期、特殊地区的特殊对象。第二,资金来源于国家财政拨款,具有单向性的特点。第三,支付待遇比较高,体现权利与义务相对等、贡献与分配相对等的原则。社会优抚既能提供资金保障,又能提供服务保障,是对优抚对象的奉献精神和光荣业绩的褒扬。

三、社会保障制度的产生与发展

由于资本主义社会的形成、社会化大生产的发展,家庭保障逐步解体,这促成了保障社会化的形成。其阶段包括产生、形成、发展、成熟、改革几个时期。

(一)产生时期

1601年英国女王伊丽莎白颁布了《济贫法》(一般称《旧济贫法》),这拉开了现代社会保障的序幕。在17世纪初的英国资本主义处于原始积累阶段,社会矛盾比较尖锐,《旧济贫法》正是为了缓解社会矛盾而产生的。19世纪上半叶,正处在工业化大生产时期的英国又出台了《新济贫法》。该法由国家具体组织实施,由政府积极参与,体现了统一性和社会普遍性。《新济贫法》确定了社会救助是公民的一项基本权利,实施救济是社会应尽的义务,并要求有专门的机构和专职人员管理该项事业。

(二)形成时期

1883年德国推出了健康保险计划,这标志着现代社会保障制度进入了形成时期。1881年初,德皇威廉一世向国会提出了工伤事故保险立法要求。1882年后俾斯麦政府又将疾病社会保险法草案交国会。1883年5月31日国会经过辩论后以多数票通过了《疾病社会保险法案》,这是世界上第一部疾病社会保险法。1884年和1889年德国相继出台了强制性的《工伤事故保险法》和《养老保险法》,这标志着社会保障进入了国家立法阶段。随后,英、法、俄等一些欧美国家也相继出台了单项或多项社会保险法案。

(三)发展时期

20世纪30年代资本主义世界爆发了严重的经济危机,这促使社会保障制度进一步发展。在这场危机中,许多工厂倒闭,工人失业,社会矛盾尖锐,人们迫切要求政府能够提供适当的社会保障。这时,一些国家开始奉行国家干预的凯恩斯主义,给社会保障的发展带来了契机。1935年美国颁布了《社会保障法》,建立了联邦社会保障署,对全国的社会保险制度尤其是养老保险实行了统管。

(四)成熟时期

这一阶段开始于英国政府二战后的"贝弗里奇报告"。该报告建议政府通过国民收入再分配来实施社会保障,提出了一套福利国家均适用的指导原则,并设计了一套从"摇篮"到"坟墓"的完整社会福利计划。之后,英国以此为蓝本建立了新型的社会保障制度,使得英国成为第一个福利国家。而后像瑞士等欧洲国家也相继建成了福利国家。在这一时期建立的福利国家,由于之后的通货膨胀、劳动力成本上涨等等因素的影响,使得福利待遇不断提高,这种情况甚至给国家的经济发展带来了一定的影响。

(五)改革时期

20世纪70年代以来,受国际石油危机的影响,许多西方发达国家的经济发展开始减缓甚至出现了停滞。这就给高福利的社会保障政策带来了危机,许多国家政府开始寻求改革之道。这些国家采用的改革措施主要有:提高社会保险的缴费率,提高法定退休年龄,降低给付标准,扩大就业等等。英、美、法等国家都先后对社会保险制度进行了调整。

四、我国的社会保障制度发展概述

我国的社会保障实践古已有之,但在新中国成立之前,社会保障制度还没有完全建立起来。我国的社会保障制度是在新中国成立后逐步建立和发展起来的,至今已走过60多年的风雨历程。随着中国由计划经济体制向社会主义市场经济体制的转变,社会保障制度也正在经历着深层次的改革和创新。因此,考察我国社会保障制度产生、发展与改革历程,对我国社会保障制度的进一步的改革和完善具有重要意义。根据制度的主体不同,对我国的社会保障制度发展轨迹的考察可分为城镇和农村社会保障制度两种不同的路径。

(一)城镇社会保障制度

我国城镇社会保障制度的发展可分为以下四个阶段。

1.初创阶段(1951—1957年)。中华人民共和国成立后,党和政府颁布了一系列法令,初步建立了我国的社会保障制度。1949年9月的《共同纲领》提出了在企业"逐步实行劳动保险制度",为我国的社会保障制度的建立奠定了法律基础。1951年,我国颁布了《劳动保险条例》,这是我国第一部社会保障法律,它的颁布标志着我国社会保障计划的正式启动。这个条例对社会保障的实施范围,保险费的征集、管理和支付,保险项目和标准及保险业务的执行和监督都做了明确规定。随后,我国于1953年1月2日通过了《关于中华人民共和国劳动保险条例若干修正的决定》,进一步扩大了社会保障的实施范围,提高了若干劳动保障的待遇标准。1956年,我国又将社会保障的实施范围进一步扩大到商业、外贸、粮食等13个产业及部门。

随着企业劳动保险制度的建立,国家机关、事业单位的社会保障制度也逐步建立了起来,这方面的制度是以单项法规的形式建立起来的。例如,1950年12月11日,内务部公布了《革命工作人员伤亡褒恤暂行条例》,规定了其伤残死亡的待遇。1952年、1953年和1955年我国对这个条例进行了修改,提高了待遇水平。1952年6月27日,政务院颁布了《关于全国各级人民政府、党派、团体及所属事业单位的国家机关工作人员实行公费医疗措施的指示》;同年8月24日,政务院又批准了《国家工作人员公费医疗预防实施办法》;同年9月12日又颁布了《各级人民政府工作人员在患病期间待遇暂行办法的规定》。1955年4月国务院颁布了《关于女工作人员生育假期的通知》。1955年12月29日,国务院颁发了《国家机关工作人员退休处理暂行办法》和《国家机关工作人员退职处理暂行办法》,这两个办法规定的退休、退职办法与企业的规定大体相同。到1955年末,国家工作人员的社会保障制度已建立齐全。

2. 社会保障的调整和发展阶段(1958—1965年)。经过建国初期的经济恢复和"一五"计划的执行,我国的经济实力明显增强,在这一时期国家对社会保障制度进行了补充和修正。

国务院于1958年2月发布了《关于工人、职员退休处理暂行规定(草案)》,1958年3月颁布了《关于工人、职员退职处理暂行规定(草案)》。这两个规定适当放宽了退休和退职条件,提高了退休后的待遇标准,从而解决了企业和国家机关的退休、退职办法不统一的矛盾。1966年4月劳动部与中华全国总工会发出了《关于改进企业职工劳保医疗制度几个问题的通知》,对企业职工的医疗保险制度进行了改进。

在这一时期,我国的社会保障事业得到了很大的发展,但受1958年开始"大跃进"的影响,有些改革措施并未得到真正的实施。同时,将企业职工的社会保险从国家保障中分离出来由企业举办,造成了企业的负担沉重和"企业办社会"的突出矛盾,这也成为今后我国社会保险制度改革的一个重要原因。

3. 遭到严重破坏阶段(1966—1976年)。1966—1976年的"十年动乱"给党、国家和各族人民带来了深重的灾难,使我国在政治、经济、文化等方面都遭受到严重的破坏,社会保障制度也不例外。《劳动保险条例》被诬蔑为腐蚀职工的修正主义毒瘤,受到了彻底的否定。工会组织全面瘫痪,社会保险工作处于无人管理的境地。由于工会组织的撤销,社会保险基金的征集、管理和调剂使用制度随之停止。1969年,由财政部颁布的《关于国营企业财务工作中几项制度的改革意见(草案)》明文规定"国营企业一律停止提取劳动保险金","企业的退休职工、长期病号工资和其他劳保开支,改在营业外列支"。我国的社会保障由此而成为"企业保障"。

4. 改革阶段(1977年至今)。1976年,中国终于结束了"十年动乱",1978年12月中国共产党十一届三中全会以后,中国进入以经济建设为中心的新的历史时期。进入20世纪80年代以后,随着经济体制改革的深入发展,尤其是确立了在中国建立社会主义市场经济目标之后,计划经济体制下建立的社会保障制度已经不能适应新的经济、政治形势发展的需要,在向社会主义市场经济转轨过程中,社会保障制度的弊端日益显现,因此,国家对社会保障政策进行了大量的调整,具体体现在以下几方个面。

(1)在养老保障方面,中国的养老保障制度改革共经历了三个时期。

第一时期是20世纪80年代初期至1991年6月。

自1984年起,我国的养老保险制度改革与企业劳动制度改革相配套,在国有企业中进行退休费用社会统筹,建立固定职工养老保险基金的试点。1986年,全国各地基本上都建立了国有企业固定职工养老保险基金。同年,国务院颁布了《国营企业实行劳动合同制暂行规定》,建立了劳动合同制工人养老保障制度。在总结各地改革经验的基础上,以国务院1991年颁布的《关于企业职工养老保险制度改革的决定》为标志,确定了我国养老保险实行社会统筹、资金由"三方负担"的原则和基金筹集实行"部分积累"的模式。

第二个时期是1991年6月至1995年3月。

1993年,中共第十四届三中全会通过的《关于建立社会主义市场经济体制若干问题的决定》指出:"城镇职工养老和医疗保险金由单位和个人共同负担,实行社会统筹和个人账户相结合",明确了养老保险基金实行"社会统筹和个人账户相结合"的原则,为养老保障制度的进一步改革指明了方向。

1995年,国务院颁布了《关于深化企业职工养老保险制度改革的通知》,提出了深化养老保险制度改革的11项要求,进一步确立了我国养老保险制度的改革目标和"社会统筹与个人账户相结合"的原则。

第三个时期是1995年3月至今。

1995年以后,企业职工养老保险制度改革逐步深化,"统账结合"的制度框架基本建立,但依然存在着统筹层次低、企业负担较重等问题。于是,国务院于1997年颁布了《关于建立统一的企业职工基本养老保险制度的决定》,统一了个人账户的规模、企业和职工个人的缴费比例、基本养老金计发办法。

1998年,政府机构改革确定了劳动和社会保障部是管理社会保险制度的统一管理机构,行业统筹逐步移交地方,省级调剂金基本建立起来,一些地区实行了省级统筹。养老保险制度中长期存在的"条块分割"局面基本结束,城镇企业养老保险制度基本统一。

为了解决养老保险改革中出现的"空账"等问题,国务院于2000年12月颁布了《关于完善城镇社会保险体系的试点方案》,从辽宁省试点开始,进一步完善城镇职工养老保险制度。2004年试点范围扩大到吉林、黑龙江两省;2006年扩大到包括上海、天津在内的八个地区。2009年12月28日,人力资源和社会保障部、财政部发布了《城镇职工基本养老保险转移接续暂行办法》,保证了参保人员跨省流动并在城镇就业时基本养老保险关系的顺畅转移接续。2015年1月14日,国务院颁布了《关于机关事业单位工作人员养老保险制度改革的决定》,规定机关事业单位与企业一样实行社会统筹和个人账户相结合的基本养老保险制度,实现了制度并轨。

截至2015年年末,全国参加城镇基本养老保险的人为35 361万人。

(2)在医疗保险方面。多年来,公费医疗和劳保医疗制度在保障城镇职工的身体健康、维护社会稳定、促进经济建设方面都发挥过非常积极的作用。但是,随着社会主义市场经济体制的建立和国有企业改革的不断深化,旧制度的弊端也日益显现。这主要表现为医疗费用增长过快,浪费严重,财政不堪重负等。于是,在改革开放后,党和政府开始对公费医疗和劳保医疗制度进行了一系列改革。

从20世纪80年代以来,许多地区进行了城市职工医疗保险制度改革的探索。1989年,国务院正式批准在吉林四平、辽宁丹东、湖北黄石、湖南株洲四个中等城市进行医疗保险改革的试点工作。1991年11月召开的中共第十四届三中全会提出,要建立社会统筹与个人账户相结合的医疗保险制度。1992年春,中国第一个医疗保险专门管理机构——深圳市医疗保险管理局正式组建;同年8月,深圳市职工医疗保险在沙头角镇4个月试点的基础上在全市全面实施。1993年,政府提出建立社会统筹和个人账户相结合的社会医疗保险制度,并先后在40多个城市进行改革试点。1994年3月起,"社会统筹与个人账户相结合"模式的医疗保险制度在江苏镇江和江西九江进行试点,通常称之为"两江"模式。1996年,国家体改委等四部委提出《关于职工医疗保障制度改革扩大试点的意见》,要求各省、自治区选定两个以上中等城市作为扩大试点城市,标志着医疗保险制度改革试点工作由镇江、九江两市推向了全国的57个城市。至此,职工医疗保险制度改革扩大试点工作已在全国27个省、自治区、直辖市全面展开。1998年,在前几年"两江"及各试点的基础上,国务院发布了《关于建立城镇职工基本医疗保险制度的决定》,全面推进了医疗保险制度的改革。该决定的颁布标志着我国医疗改革进入了一个崭新的阶段。在我国,实行了将近半个世纪的公费医疗和劳保医疗制度被新的职工基本医疗保险制度所取代。到2000年底,我国已经基本建立起城镇职工基本医疗保险制度,覆盖人口5 000万。2002年4月份在哈尔滨召开的社会保障工作会议上,相关部门要求全国各地加快城镇职工医疗保险改革工作的进程,切实保障职工基本医疗需求。

截至2015年年末,我国参加城镇基本医疗保险的人为66 582万人[①]。

(3)在失业保险方面。我国的失业保险建立于1986年,以国务院颁布的《国营企业职工待业保险暂行规定》为标志。其目的是适应新的劳动制度改革需要,保障国有企业职工待业期间的基本生活。《国营企业职工待业保险暂行规定》确定的覆盖范围主要是以下四类人:宣告破产企业的职工;濒临破产企业法定整顿期间被精简的职工;企业终止、解除劳动合同工人;企业辞退的职工。

1993年,国务院发布了《国有企业待业保险规定》,同时废止《国营企业职工待业保险暂行规定》。新的规定进一步扩大了实施范围,改善了待遇水平,并强调失业保险与再就业相结合的思想。1999年1月,国务院发布了《失业保险条例》,这标志着中国失业保险制度的改革进入了一个全新的阶段。它相比前几个文件有以下几个特点:①正式使用"失业保险"概念;②覆盖范围扩大到所有企业职工;③在缴费比例、基金的统筹层次和基金管理监督方面都做了具体的规定。

截至2015年年末,全国参加失业保险的人为17 326万人;领取失业保险金的人为227万人[②]。

(4)在工伤保险方面。改革开放后,我国政府开始对工伤保险进行改革。1988年,劳动部领导主持研究了社会保险改革方案,形成了工伤保险改革框架,即调整工伤保险待遇,建立工伤保险待遇随物价变化相应调整的制度;适当提高丧葬费、抚恤费,并建立一次性抚恤制度;建立工伤保险基金,逐步实现基金的社会化管理;工伤保险基金遵循"以支定收,留有储备"的原则;确定费率差

---

① 数据来源于人力资源和社会保障部2016年统计资料。
② 数据来源于人力资源和社会保障部2016年统计资料。

别,定期调整。

1989年以来,海南省海口市,辽宁省东沟市县、铁岭市、锦州市,广东省东莞市、深圳市,福建省将乐县、霞浦县,吉林省延吉市等10个县、市,在各省劳动局及当地人民政府的领导下,先后开展了工伤保险改革试点。

1996年,劳动部在广泛试点的基础上公布了《企业职工工伤保险试行办法》,开始在部分地区建立工伤保险制度。同年10月1日起在全国试行。1996年有关部门还制定了《职工工伤和职业病致残程度鉴定标准》,为鉴定工伤和职业病致残程度提供了依据。

为了进一步扩大工伤保险制度的适用范围,加大推行力度,国务院于2003年4月27日颁布了《工伤保险条例》(中华人民共和国国务院令第375号),并于2004年1月1日开始正式执行。《工伤保险条例》在总结几十年实践经验的基础上,进一步完善了工伤保险制度。2010年国务院颁布的《国务院关于修改〈工伤保险条例〉的决定》对原《工伤保险条例》进行了调整。

截至2015年年末,全国参加工伤保险的人为21 433万人;全年享受工伤保险待遇的人为202万人。

(5)在生育保险方面。我国的生育保险历来都受到党和国家的关心和重视。从新中国成立起到现在,生育保险在《中华人民共和国劳动保险条例》等法规中虽都有所体现,但并没有形成一个统一的制度。自改革开放以来,随着国家对社会保险制度的不断改革,生育保险制度的建立也有了一定的进展。1988年,国务院颁布了第一部比较完整的、综合性较强的女职工劳动保护法规——《女职工劳动保护规定》,明确指出:"不得在女职工怀孕期、产期、哺乳期降低其基本工资,或者解除劳动合同。"

1992年,中华人民共和国第七届全国人民代表大会第五次会议通过了《中华人民共和国妇女权益保障法》,其中规定:"妇女在经期、孕期、产期、哺乳期受到特殊保护","任何单位不得以结婚、怀孕、产假、哺乳等为由,辞退女职工或者单方解除劳动合同。"

1994年,为了配合《中华人民共和国劳动法》的贯彻实施,规范各地的生育保险改革试点工作,劳动部于1994年12月颁布了《企业职工生育保险试行办法》,使生育保险在内容、标准、形式等方面得到了初步的规范。

1999年,为了与基本医疗保险制度改革在政策上相衔接,由劳动和社会保障部、国家计生委等联合下发了《关于妥善解决城镇职工计划生育手术费用问题的通知》,明确了各类生育保险制度地区及参保单位职工计划生育手术费用的支付途径。

2012年国务院颁布《女职工劳力保护特别决定》,将女职工产假从90天增加到98天。

2015年12月27日,第十二届全国人大常委会第十八次会议通过了《中华人民共和国人口与计划生育法修正案》,明确规定,符合法律、法规生育子女的夫妻,可以获得延长生育假的奖励或者其他福利待遇。

截至2015年年末,全国参加生育保险的人为17 771万人,全年共642万人次享受了生育保险待遇。

(二) 农村社会保障制度

新中国成立60多年以来,特别是改革开放30多年来,我国农村发生了翻天覆地的变化,农民生活水平有了显著提高,农村各项社会事业得到了长足发展。然而,与此不相适应的是我国农村社会保障长期滞后,广大农民一直游离于社会保障网之外,他们的生、老、病、死基本上由个人或家庭来承担,这种状况不仅不利于深化农村改革和农村经济的可持续发展,而且不利于整个经济和社会的协调发展。

从本质上讲,社会保障应是全民化的,不应有农村与城市之分。特别是在西方发达国家,社会保障制度几乎覆盖了全体国民。但是,我国城乡二元的社会结构导致了农村居民与城镇居民在享受社会保障方面的不同。农村和城市在社会保障的发展方面也表现出了不同的发展路径。

1. 农村的合作医疗制度。新中国成立之初,党和政府在农村主要着手建立以社会救助、社会福利和优抚安置为内容的集体保障制度。农村社会保障制度并没有建立起来。

1958年,人民公社体制在全国农村基本确立。在这种体制下,以生产队为基本核算单位的集体经济成为农村中占主导地位和统治地位的经济形式,以此为背景,农村合作医疗在一些地方兴起并发展。农村合作医疗制度是在政府和集体经济的扶持下,农民遵循自愿、互益和适度的原则,通过合作形式、民办公助、互助共济建立起来的满足农民基本医疗保健要求的农村医疗保障制度。

1959年11月,卫生部在山西省稷山县召开全国农村卫生工作会议,会议总结了陕甘宁边区"卫生合作社"和山西省高平县开展合作医疗的经验,对农村合作医疗形式给予肯定,并决定在全国推广。合作医疗形式在农村进一步兴起和发展,这对解决农民的医疗保障起到了重要作用。1960年2月,中央肯定了合作医疗这一办医形式,并转发了卫生部《关于农村卫生工作现场会议的报告》,将这种制度称为集体医疗保健制度。

1966年"十年动乱"开始,受极"左"路线的严重干扰和破坏,城镇社会保障被斥为"修正主义"遭到批判,基本陷入混乱、停滞甚至倒退状态。但是在农村,新兴的农村合作医疗制度则被当作"新生事物"大力推广。1968年12月,毛泽东同志对湖北省长阳县乐园公社办好合作医疗的经验作了批示。此后,在广大农村掀起大办合作医疗的热潮,大批农民充当起"赤脚医生"来,踊跃推广中医、中药;到1976年,90%的生产大队都办起了合作医疗。尽管合作医疗作为一种计划经济条件下推行的政策,因经济水平的差异而在一部分地区徒具形式,但从总体上看,这一制度对中国农民身体素质的提高与保证农民健康水平功不可没。

20世纪80年代初,中国取消了政社合一的"人民公社",开始实施家庭联产承包责任制,农村集体经济逐步被削弱,以农业合作社为依托的合作医疗出现了滑坡的局面。20世纪90年代,我国对农村合作医疗进行了恢复与重建。1993年,党的十四届三中全会决定明确指出:"发展和完善农村合作医疗制度。"1994年,国务院研究室、卫生部、农业部与世界卫生组织合作,在全国7个省14个县(市)开展"中国农村合作医疗制度改革"试点及跟踪研究工作。1996年,国务院研究室和卫生部等部门在林州市召开合作医疗经验交流会。1997年1月,中共中央、国务院颁发《关于卫生改革与发展的决定》,提出了"积极稳妥地发展和完善合作医疗制度"的任务。

2002年10月《中共中央、国务院关于进一步加强农村卫生工作的决定》发布后,在相关部委和地方政府的推动下,一些省市开始了建立新型合作医疗制度的试点工作。"非典"疫情使得农村公共卫生得到广泛关注,重建合作医疗的工作在更多的省份开展起来。新型合作医疗制度的建设必将对中国农村卫生事业乃至经济和社会的发展起到巨大的推动作用。2009年年底,全国已有19个省、自治区、直辖市正式下发了新型农村合作医疗制度的实施意见、试点方案和管理办法等文件,31个省、自治区、直辖市以及新疆生产建设兵团确定了294个新型农村合作医疗试点县(市),约覆盖8.33亿农业人口。

截至2015年年末,参加新农合的人为6.7亿人,参合率为98.8%[①]。

2. 农村养老保险制度。与合作医疗这种曾经较正式的农村社区性社会保障制度的产生发展不同,直到1980年,农村养老模式都是以家庭养老为主、集体保障为辅的。

[①] 国家卫生和计生委:《中国卫生和计划生育统计年鉴(2016)》,北京:中国协和医科大学出版2016年版。

进入20世纪80年代，面对日趋严重的农村人口老龄化趋势，中国在改革城市社会保障制度的同时，也开始着手建立农村养老保险制度。20世纪80年代初，上海嘉定县等开始建立社区养老保险的试验。国家"七五"计划提出："抓紧研究建立农村社会保险制度，并根据各地经济发展情况，进行试点，逐步实行。"1986年，民政部和有关部委召开全国农村基层社会保障工作座谈会，正式提出在经济发达地区发展社区型养老保险，但未获成功。

1991年，根据《国务院关于企业职工养老保险制度改革的决定》关于"农村（含乡镇企业）的养老保险制度改革由民政部负责"的决定，民政部在山东烟台市牟平县等地进行了农村社会养老保险试点，并取得成功。

1992年，民政部在深入调查研究和总结经验的基础上，制定了《农村社会养老保险基本方案》，并在山东等地组织了较大规模的试点，有条件的地区在试点的基础上正在逐步推开。

1993年国务院批准建立农村社会养老保险管理机构，各种规章制度与操作方案陆续出台，农村社会养老工作在全国推广。

1995年10月，国务院办公厅转发了民政部《关于进一步做好农村社会养老保险工作的意见》，为推进农村社会养老保障事业的健康发展，全国26个省（自治区、直辖市）政府相继颁发了开展农村社会养老保险工作的地方性法规和文件，其中黑龙江、上海、湖南、湖北、海南等七省市颁发了省市政府和省市长令，将这项工作提到议事日程，摆上重要位置。

1998年，全国九届人大一次会议通过国务院机构改革方案，将农村社会保险管理职能划入新成立的劳动和社会保障部之后又划入新组建的人力资源社会保障部，实行社会保险的统一管理。

2009年9月，国务院办公厅发布《关于开展新型农村社会养老保险试点的指导意见》，提出要在中国农村探索建立个人缴费、集体补助、政府补贴相结合的新型农村养老保险制度，保障农村老年居民基本生活。

截至2009年年末，全国参加农村养老保险的人为8 691万人，比2008年末增加3 096万人；全年共有1 556万农民领取了养老金，比2008年增加1 044万人；全年共支付养老金76亿元；年末农村养老保险基金累计结存681亿元。建立了部、省、地、县、乡、村六级工作网络，形成了一支专（兼）职队伍。年末有27个省、自治区的320个县（市、区、镇）和4个直辖市的部分区县列入首批新型农村社会养老保险试点。参加被征地农民社会保障人数2 500多万人，约增加1 200万人。

2014年2月，国务院正式决定合并新型农村社会养老保险和城镇居民社会养老保险,并颁布《关于建立统一的城乡居民基本养老保险制度的意见》,标志着我国城乡居民养老保险制度正式建立。

截至 2015 年年末,参加城乡居民基本养老保险的人为 5 亿人,领取待遇的人为 1.5 亿人,基金累计结存为 4 592 亿元。

 **相关知识链接**

凯恩斯主义

凯恩斯认为,生产和就业的水平决定于总需求的水平。总需求是整个经济系统里对商品和服务的需求的总量。微观经济理论认为,价格、工资和利息率的自动调整会自动地使总需求趋向于充分就业的水平。凯恩斯指出了当时生产和就业情况迅速恶化的现实,虽然理论说得再好,事实上这个自动调节机制并没有起作用,问题的关键在于"需求不足"是否存在。

凯恩斯主义经济学率先为政府干预寻找经济学上的根据,主张国家应该对财产权进行适当的限制,以克服市场交易过程中的负外部性。国家干预的发展一方面使财产权概念发生了解体,导致了一系列新财产的出现,另一方面直接产生了福利国家的观念,使民主有了从政治领域向经济领域发展的可能性。

第二节　社会保障基金的概念与功能

一、社会保障基金的概念

社会保障是指为了对暂时或永久失去劳动能力及因各种原因而造成生活困难的社会成员提供生活保障,是一种国家政府行为。而这一行为的实施必须以一定的资金为保证。可以说,一国的社会保障制度实际上就是围绕社会保障基金的筹集、投资运营和给付全过程而设计和制定的。而社会保障基金则是指根据国家立法,为了实现社会保障制度的正常运行而积累的基金。

二、社会保障基金的特点

社会保障基金具有强制性、互济性、积累性的特点。

(一) 强制性

社会保障基金是国家通过法律法规强制筹集、管理和使用的,它的运用受到法律法规规范和限制。社会保障基金的缴费标准、缴费项目、待遇给付及给付条件等均由国家的法律法规或地方政府的条例统一规定,任何单位和个人均无自由选择和更改的权利。凡属于法律规定范围内的成员都必须无条件参加基本社会保障制度,按规定履行缴纳社会保障费或社会保障税的义务。社会保障基金管理机构必须依法实施社会保障基金的投资运营,确保社会保障基金具有稳定的资金来源和安全有效的基金管理方式。

(二) 互济性

互济是社会保障的一个重要特点,社会保障基金是通过国民收入再分配形成的,是社会成员之间互济性的反映。特别是对某些社会保险项目而言,每个人发生风险的概率大不相同,但在基金筹集时并不考虑这种差异,而是按统一标准筹集。这样就会出现每个人享受的社会保险待遇不一定等于其对社会保障基金的贡献情况。有些人的收益大于贡献,有些人的贡献大于收益,这就是社会保障基金互济性的体现。

(三) 积累性

在完全积累制或部分积累制情况下,由于从社会保障缴费到社会保障金支出有一个长期的时间差,从根本上要求社会保障基金管理机构能够利用积累形成的社会保障基金进行投资组合管理,在动态经济条件下实现社会保障基金的安全营运、有效投资和保值增值,从而在提高资本形成效率、实现社会保障制度、资本市场与国民经济的互动协调发展的基础上,使社会劳动者因社会保障基金的积累而得益,进一步增进社会保障制度的福利性[①]。

---

① 孙建勇:《社会保障基金监管》,北京:中国劳动和社会保障出版社 2005 年版,第 26 页。

三、社会保障基金的功能

劳动者生产出来的物质资料是经济与社会发展的基础。因此,为维持社会生产的正常进行,保护劳动力的再生产,保障劳动者及其家庭生活安定,国家有必要建立一种制度,用一定的方式筹集备用基金,当劳动者因社会风险而受到损失时,即由基金出资给予一定的经济补偿。社会保障正是这样一种制度。因此,对劳动者及其家庭提供基本生活保障,是社会保障基金的基本功能。

同时,由于社会保障的运行方式和本质特征,社会保障基金还具有下述具体功能。

(一) 稳定社会的"减震器"

劳动者的老、弱、病、残、孕及丧失劳动能力,在任何时代和任何社会制度下都是普遍存在的客观现象。在现代社会里,随着生产的高度社会化和分工协作的发展,风险因素更是日益增多,危害程度也在加剧。在为数众多的劳动者因各类风险和收入损失而陷入生计无着并得不到及时解决的时候,就会成为社会的一种不安定因素。对遇到劳动风险的劳动者及其家庭提供社会保障金补偿,可以保障其基本生活,从而有效地消除这种不安定因素,减少社会的动荡。

(二) 劳动力再生产顺利进行的重要保证

劳动者因疾病、伤残、失业而失去正常的劳动收入,会使劳动力再生产过程陷入不正常状态。有了社会保障金,劳动者在遇到上述风险事故时,可获得必要的经济补偿和生活保障,使劳动力得以恢复。例如,医疗保险所提供的医药费补贴和治疗服务,有助于患病和受伤的劳动者早日恢复健康,重返工作岗位。

(三) 调节收入差距的特殊手段

在市场经济条件下,由于人们在劳动能力、社会机遇等方面的差异,劳动能力较弱或家庭负担较重的劳动者,平时生活比较困难,若遇上风险事故,其个人及家庭生活就可能陷入困境,社会分配差距会进一步扩大。对这种分配差距若不加以适时的调节,就会激化社会成员之间的矛盾,这对社会稳定和生产发展都是不利的。社会保障可以通过法律手段,强制征集保障基金,再按照社会公平原则分配给收入较低或失去生活来源的劳动者,帮助他们渡过难关,这在一定程度上调节了社会劳动者的收入差距,有利于实现社会的公平分配。

(四)对经济发展起促进作用

社会保障基金对经济发展起的促进作用主要表现在两方面:一方面,经济的发展需要稳定的社会环境,社会保障通过社会保障基金的筹集和发放,对社会成员收入水平进行调节,对其基本生活提供多方面的保障,避免了一部分人因生活陷入困境而产生社会对抗的现象,缓和了各阶层矛盾,从而为经济发展创造着稳定的社会环境,这是社会保障基金对经济发展的最大贡献。另一方面,社会保障通过对劳动者的多方面保障又直接促进着经济的发展,如社会保险既是劳动力资源的高效配置的关键性机制,又是促进劳动者身体、心理及技能素质提高的重要保障机制,从而对经济发展起着直接的促进作用。

此外,雄厚的社会保障基金还能够有力地支撑经济发展,并对资本市场和经济发展的格局产生影响。

(五)对社会文明发展起促进作用

社会保障是一种社会互助共济的经济形式,体现了互助合作、同舟共济的思想。公民参加社会保障遵循的是权利与义务基本对等的原则,体现了公民先尽义务、后享权利的关系,有利于处理好个人利益与社会利益、眼前利益与长远利益之间的关系,这对于增强公民的责任感具有积极的意义。社会保障基金的筹集和发放还为发扬敬老爱幼、扶贫济困、友爱互助精神创造了良好的社会物质条件。这些都表明,社会保障具有促进社会文明发展的作用。

第三节 社会保障基金的种类

一、按用途分类

社会保障基金按用途分类可分为社会保险基金、社会福利基金、社会救助基金和社会优抚基金。社会保险基金又可分为养老保险基金、医疗保险基金、失业保险基金、工伤保险基金、生育保险基金等。

(一)社会保险基金

1.养老保险基金。养老保险是社会保险子系统中最重要的项目,也是整个社会保障制度中最为重要的项目。许多国家都把发展养老保险作为建立社会保险制度的重要突破口。养老保险基金是指在政府立法确定的范围内,依法征缴的用于支付劳动者退休养老待遇的专项基金。养老保险基金一般都是由不同层次的基金构成的,主要有基本养老保险基金、企业年金基金①和个人养老保险基金三个层次,每一个层次各有相应的资金来源。

2. 医疗保险基金。医疗保险基金是指以社会保险形式建立的,为劳动者提供疾病所需医疗费用的资金。具体来说,这一保险是通过国家立法,强制性地由国家、企业、个人集资建立医疗保险基金,当个人因疾病需要医疗服务时,由社会保险机构提供医疗费用补偿。医疗保险基金主要来自国家、企业和被保险人三方。但是,各国医疗保险制度类型不同,基金来源也有差异。实行国家医疗保险模式的国家,其基金主要来自于国家;实行医疗社会保险的国家,基金主要为企业和雇主及被保险人缴纳的保险费、政府的补贴;而实行商业性医疗保险和储蓄医疗保险的国家,其费用主要由个人支付。

3. 失业保险基金。失业保险基金是在国家的法律保证下,以集中起来的失业保险费建立起来的、对因非自愿失业而造成的劳动风险损失给予补偿的资金。参加失业保险的有关各方都必须按照法律和政策规定,及时、足额地缴纳失业保险费,以保证失业保险基金有足够的、可靠的、稳定的来源。与其他社会保险基金不同,失业保险基金应当适度征集,以避免丰裕的失业保险基金带来标准过度的失业保障待遇。失业保障待遇标准过高往往会带来不利的社会和经济后果,即造成劳动者对失业保险的依赖思想,不愿接受工资偏低或"不体面"的工作。同时,失业风险本身的特点也决定了失业保险基金不宜过大。疾病风险涉及众多的对象,老年风险更是涉及每一个劳动者,相对而言,失业风险只涉及少数劳动者,因此,失业保险基金的规模相对较小。

4. 工伤保险基金。工伤保险基金是指劳动者因工作而受伤、患病、残疾乃至死亡,暂时或永久丧失劳动能力时,从国家和社会获得医疗、生活保障及必要的经济补偿所需要的资金。同其他社会保险基金相比,工伤保险基金具有显著的赔偿性质,因此,保险金一般都由企业负担,劳动者个人不缴费。

5. 生育保险基金。生育保险是针对女性劳动者的一种社会保险制度。女性劳动者除了要参加劳动和工作外,还负有生育子女、使劳动力再生产不断延续的重要职责。而女性劳动者在生育期间,由于暂时丧失了劳动能力,一方面

---

① 2000年,《国务院关于印发完善城镇社会保障体系试点方案的通知》(国发〔2000〕42号)将"企业补充养老保险"正式更名为"企业年金"。

需要得到医疗保健保障，另一方面还需要得到基本生活保障。生育保险基金就是妇女劳动者在因生育子女而暂时丧失劳动能力时，从社会和国家得到保健服务和物质帮助所需要的资金。生育保险基金的来源有国家、企业和个人三种渠道，在不同的国家有不同的分担方式。

（二）社会福利基金

社会福利基金主要是指政府所掌握的用于提高人民的物质和精神文化生活水平的基金，也包括企业所拥有的福利基金。它主要用于以企业人群为服务对象的职工集体福利，包括生活服务、文化娱乐和福利补贴的资金；用于以城镇无经济收入和无生活照料的老年人、残疾人和孤儿等特殊群体为服务对象的特殊社会福利，包括生活供养、疾病康复和文化教育等，由各级政府提供和管理的资金；用于农村的社会福利基金主要是面向孤寡老人、孤儿等特殊人群的资金。我国社会福利基金来源主要是财政拨款、企业自筹、国家发行彩票募捐及社会无偿捐助等。

社会福利基金的主要功能是保障劳动者和特殊社会成员的基本生活需要，维持社会生产发展。社会福利基金主要保证城镇职工、无经济收入的特殊人群及广大农村的特殊人群的基本生活，使其能够老有所养、病有所医、残有所济，保证劳动者的再生产，从而推动整个社会生产的发展和经济的繁荣。再者，社会福利基金还可以保护弱势群体的利益，促进社会公平。社会福利基金的受益对象主要是低收入者，而社会福利是政府举办的社会公益性事业，其资金主要来源于政府的税收，社会福利水平的提高是以税收的增加为前提的。这就是社会福利制度的实施对国民收入占有主体结构产生的影响，实现了国民收入在纳税人与福利受益对象之间的再分配效应，其结果是收入从高收入者向低收入者手中转移。因此，社会福利基金的分配是政府公平收入分配的重要举措之一。

（三）社会救助基金

社会救济基金属于财政性社会保障资金，它来源于国家税收，通过经常性预算和财政拨款的形式形成，直接体现着国家在社会救济方面的责任，区别于社会保险需国家、企业（单位）、个人三方负担的筹集渠道。它不需要个人承担交费义务，一般是国家、社会对获取者的单项货币和实物支付。我国的社会救济资金及救灾物资主要由财政总监督下的民政部门分管。社会救济基金的待遇给付主要是救灾、济贫、扶贫等项目。

（四）社会优抚基金

社会优抚安置是政府以法定的形式，对为社会做出特殊贡献的特殊人群及其家属实行的，具有保养和优待抚恤性质的社会保障措施。目前，各国社会优抚安置基金的来源渠道主要有三条：一是政府财政拨款；二是社会筹集统筹；三是个人投保。我国社会优抚安置制度没有采取社会保险方式，因此，我国社会优抚安置资金来源主要是政府财政拨款和社会筹集统筹，其中，政府财政拨款为主要来源。财政拨款的使用方向主要是政府负担的抚恤、安置费用，以及由政府兴办的优抚安置设施的建设费用。社会筹集统筹的资金则主要用于社会优待方面的各项开支。

二、按筹集模式分类

社会保障基金的筹集按资金调剂范围可分为社会统筹模式和个人账户模式，前者主要体现为社会成员之间横向的收入调剂和风险分担，后者主要体现为职工一生收入的纵向调剂和风险分担。从基金积累的角度而言，按是否有基金积累可分为现收现付模式和基金积累模式，在实践中通常是这两种划分方式的结合，派生出三种模式：一是现收现付模式；二是完全积累模式；三是部分积累模式。

（一）现收现付模式

现收现付模式是由社会保险机构按以支定收的原则筹资，即由雇主和雇员（或全部由雇主）按工资总额的一定比例（统筹费率）缴纳保险费（或税）。这种方式是以支定收，不留积累。它是各国所有社会保险险种包括养老、医疗、失业等所采用的传统的筹资模式。

（二）完全积累模式

完全积累模式是从职工参加工作起，按工资总额的一定比例（缴费率）由雇主和雇员（或只有一方）缴纳保险费记入个人账户，作为长期储存积累增值的基金。其所有权归个人，按照基金领取的条件，一次性领取或按月按用途领取。

（三）部分积累模式

我国养老保险制度改革初期提出的"以支定收，略有节余，留有部分积累"原则就是这种模式。社会统筹和个人账户相结合的部分积累制是一种创新模式,从理论上看,在维持现收现付制框架基础上引进个人账户储存基金制的形式,积累基金建立在个人账户的基础上,具有激励机制和监督机制,同时又保持了社会统筹互济的机制,聚集了"两制"之长,防止和克服了"两制"的弱点和可能出现的问题。

三、按基金所有权分类

按基金所有权分类,社会保障基金包括公共基金、个人基金、机构基金。

(一)公共基金

公共基金为公共所有,其来源有财政拨款、按法律规定由雇主或雇员缴纳的社会保险费(税)、社会捐赠、国际赠款。例如,养老、医疗、失业、工伤、生育等社会保险基金中属于社会"统筹"的部分。

(二)个人基金

个人基金是归个人所有的非财政性社会资金,但它不同于银行存款和各种有价证券的资金。它是按法律、法规、规章缴纳记在个人账户用于专门用途的基金,如个人账户的养老保险基金等。

(三)机构基金

机构基金是用于单位为其职工建立的福利性社会保险基金,所有权归集体,或部分地归集体,按照国家的政策和单位的规章对符合条件的职工给予补贴的资金,如用人单位的福利基金等。

四、按营运管理方式分类

按基金营运管理方式分类社会保障基金包括财政性基金、市场信托管理基金、公积金基金。

(一)财政性基金

财政性基金按目前的管理方式又分为预算内管理资金和预算外管理资金。国务院发布的《关于加强预算外资金的管理决定》(以下简称《决定》)明确指出,凡是体现政府职能并凭借或依靠国家所赋予的职权取得的收入都属财政性资金,应纳入财政管理范围。此《决定》还明确预算外资金是:国家机关、事业单位和社会团体为履行或代行政府职能,依据国家法律、法规和有法律效力的规章而收取、提取和安排使用的未纳入国家预算管理的各种财政性资金。各类社会保障基金中的社会统筹基金属于公共所有的基金,按上述《决定》规定纳入国家预算外管理,建立财政专户,收入上缴财政专户,支出由财政部门按预算外资金收支计划从专户中核拨。

（二）市场信托管理基金

市场信托管理基金的来源按契约或章程由用人单位和职工（或用人单位一方）缴存,记入个人账户,由基金法人委托受托人管理基金,基金运营管理(包括投资运营)通过市场竞争委托金融中介机构(基金管理公司、投资管理公司)具体运作。凡以个人账户储存积累式的基金都应按这种管理方式管理。例如,企业补充养老保险基金,受益人是拥有个人账户的职工,基金法人是基金资产的名义持有人,作为资产所有人的法人代表行使基金管理决策职能,委托金融中介机构运营管理。

（三）公积金基金

公积金基金是按照法律、法规规定,由用人单位和职工缴存,记入个人账户,产权归个人所有的基金。它不属财政性资金,也不同于银行储蓄资金,由法律规定用途和领取条件,并由法定机构(属金融机构)运营管理,综合用于养老、医疗等保障功能,如新加坡的中央公积金制度即是这种营运方式。

相关知识链接

福利彩票

中国福利彩票是由政府部门主办,公开发行,以奖金吸引公众,并将运营的余额用于支持社会福利事业发展的博彩活动。截至 2009 年年底,中国福利彩票累计筹集社会公益金达到 1 373 亿元,这 1 373 亿元公益资金中的 50% 上缴到国库,由财政部分配到社会保障基金里,其余用于扶老、助残、救孤、济困,以及老年人公共场所如孤老院、敬老院、孤儿院、残疾康复中心这些福利机构设施的建设,还有一部分用于一些特殊的场所建设,如用于蓝天计划等计划性的公益事业,还有前几年专门为残疾军人换假肢,还有支援西藏建设种种方面。上缴国家的大部分社保基金,用于下岗职工再就业,低保补助。其中还有几项专项:一是用于青少年基地的建设,二是用于农村大病医疗救助,三是用于支持残疾人事业发展。

本章综合案例

有社保 农民工无后顾之忧

杨小春来自江西余干县,去年3月和妻子一起来厦门打工。去年5月,他在杏林一个建筑工地做泥水工,妻子则跟着他在工地里做些杂活。

去年9月杨小春在工地遭受意外,造成腰爆裂骨折并背髓圆锥损伤。事故发生后,市劳动和社会保障局按照《工伤保险条例》的规定将杨小春鉴定为工伤,杨小春也按规定得到相应的工伤赔偿。

现在杨小春已被转入市康复中心治疗,目前所有的医疗费用都由所在工地承担。市劳动和社会保障局表示,待杨小春完成康复治疗后,将对他进行劳动能力鉴定,根据鉴定结果进行工伤理赔。

强制参保,工伤维权不再艰辛

有调查显示,农民工从事的一般是苦、脏、累的工种,在恶劣的条件下生产和生活,已经成为工伤的高发人群。一旦发生事故,不仅对受伤者本人造成伤害,甚至对一个或连带几个家庭形成灾难。对于农民工而言,诸多社会保险中最为迫切的是工伤保险,但往往由于没有签订劳动合同、取证难、用工单位逃避等,造成发生工伤后无法享受工伤保险待遇。而且无论农民工个体还是群体,在与企业和雇主的较量中,都处于一种显见的弱势地位,这些都让他们工伤维权之路走得很艰辛。

2005年年底,我市出台《关于建筑、矿山等高危行业企业农民工参加工伤保险办法(试行)》,在全国率先破解了建筑、矿山及石材等高风险企业的农民工参保难题,为广大农民工带来一片曙光。实施办法规定,建筑企业必须按建筑项目总造价的1.5‰为建筑农民工缴纳工伤保险,而且允许矿山及石材加工企业优先为本单位的农民工参加工伤保险。市劳动保障部门同时联合相关部门,将建设工程项目参加工伤保险作为办理《建设工作施工许可证》的前置督促程序,强制参保,并加强跟踪监管,及时掌握建筑工程项目参保进展情况。

据统计,截至去年12月,全市已参保的建设工程项目达823个,约156亿元建设工程总量参加工伤保险,缴纳工伤保险费2 337.797 5万元,覆盖参保员工约8万人。建筑农民工已认定工伤26起,其中工伤死亡7起,已支付医疗费38万多元,已支付工伤待遇96万多元。据悉,今年全市建筑企业的农民工参保人数将达到10万人以上,基本实现全覆盖,并将准备建立建筑行业农民工医疗救治绿色通道,以保障建筑企业农民工工伤得到及时充分的救治。

40多万农民工参加社保

除了可享受工伤保险之外,我市率先在全国按照"低标准准入"的原则将基本养老保险、基本医疗保险、失业保险等各类社会保险覆盖范围扩大到农民工,让农民工和厦门市民一样享受各种社会保险的"国民待遇"。

近年来,随着社会保险"五险合一"经办机构和信息系统的建设,不断扩大覆盖面和提供人性化的管理,使相关制度更具可操作性和简便性。截至去年9月底,农民工参加养老保险44.83万人,参加医疗保险43.99万人,参加失业保险44.84万人,参加工伤保险44.85万人。

在厦门农民工与城镇职工一样,凭社会保障卡在所有医保定点医疗机构和定点零售药店就医购药。去年8月,市政府及时调整农民工由统筹医疗基金支付住院医疗费用的最高限额,调整后农民工连续参保满5年以上,就可享受与本市城镇职工基本医疗保险的同等待遇。

(资料来源:《厦门日报》,2007年2月6日,http://www.xmnn.cn/dzbk/xmrb/20070206/t200706_128795.htm)

▶思考题:从上述案例中可以看出我国社会保障的哪些特点?

本章小结

1. 社会保障的概念最早出现在美国1935年颁布的《社会保障法》中,主要是指国家通过立法并依法采取强制手段对国民收入进行再分配,对暂时或永久失去劳动能力及因各种原因造成的生活困难的社会成员提供基本生活保障,以保证劳动力再生产、社会安定和经济稳定增长的一种社会制度。该制度在我国主要包括社会保险、社会福利、社会救助、社会优抚四个方面。我国城镇和农村社会保障制度是分开发展的。

2. 社会保障基金在社会保障制度的执行过程中扮演着重要的作用,是社会稳定的"减震器",是社会劳动力再生产顺利进行的重要保证,是调节社会收入差距的特殊手段,同时它对经济和社会发展也有着促进作用。

3. 社会保障基金同样也可以根据它的用途不同分为社会保险基金、社会救助基金、社会福利基金和社会优抚基金。按筹集模式分为现收现付式、完全积累式、部分积累式。按所有权分为公共基金、个人基金、机构基金。按营运管理方式分为财政性基金、市场信托管理基金、公积金基金。

重要概念

社会保障 社会保险 社会福利 社会救助 社会优抚 社会保障基金 公共基金

复习思考题

1. 什么叫社会保障?
2. 社会保障的内容是什么?
3. 社会保障基金具有什么样的特点?
4. 社会保障基金具有什么样的功能?
5. 社会保障基金如何分类?
6. 社会保障基金的筹集有哪些形式?
7. 社会保障基金的来源有哪些?

第二章 社会保险基金管理

学习目的与要求

通过本章的学习,了解社会保障基金管理的含义、特点,并且清楚社会保障基金管理主要有哪些途径;掌握国际社会保障基金管理的类型和特点;熟悉我国社会保障基金的管理,包括管理的发展历程、管理框架及主要内容。

第一节 社会保障基金管理的含义、特点与途径

一、社会保障基金管理的概念、目标与基本原则

(一)社会保障基金管理的概念

社会保障基金管理是指为保障劳动者的基本生活,根据国家和个人的经济承受能力而开展的基金筹集、待遇支付、基金保值增值的行为和过程。

社会保障基金管理主要包括社会保障基金收支管理、社会保障基金的预算和决算管理、社会保障基金投资运营管理、社会保障基金稽核和监督等。

（二）社会保障基金管理的目标与基本原则

社会保障基金管理的目标主要有四个：一是确保基金的完整和安全；二是防止基金贬值，实现基金保值，争取基金增值；三是满足给付的需要，避免支付危机发生；四是保持高效率。其中，维护基金安全是最重要也是最基本的目标。

社会保障基金管理遵循的原则有：一是依法管理，规范运行，即必须以法律法规为依据，按法定的程序和方式来管理社会保障基金。二是坚持收支两条线，征收和支出适当分离。实践中既可以是两个部门（如财政税务系统与社会保障系统）分别承担筹资和给付的职能，也可以是一个部门中的两个相互独立的机构（如英国社会保障系统就分设有征收机构与待遇支付机构）各司其职。三是实行预算管理，应根据社会保障的目标编制社会保障基金的年度与中、长期收支预算。四是严格监督，杜绝漏洞，这不仅是维护社会保障基金安全性的要求，也是追求基金效率性的需要。

二、社会保障基金管理的特点

社会保障基金管理的特点主要是社会政策目的性、法律监控性、综合性和边缘性。

（一）社会政策目的性

社会保障基金管理的一个基本特点是社会政策目的性。无论选择何种社会保障改革模式和运行机制，在实现既定的社会政策目标、基金的安全运营、保值增值和有效监管方面都必须围绕实现国家社会政策目标这一核心宗旨，这也是将社会保障基金管理同其他类型基金管理区别开来的一个重要标志。在当前国际社会保障改革的大辩论中，一个重要的分歧在于如何评价社会保障的社会政策作用，如何评价社会保障促进经济发展的作用。显而易见，社会保障基金管理的社会政策目的性这一基本特征决定了社会保障基金投资与管理的首要目标是实现基本保障的社会政策目标。当然，也必须肯定社会保障投资运营在促进经济发展中的重要作用，但毕竟这是第二位的。如果单纯强调社会保障基金投资与管理在促进经济增长中的作用，那么很容易将社会保障基金投资混同于一般基金投资，而忽略其长期的社会政策目标。

（二）法律监控性

社会保障基金管理的全过程包括费率的确定、基金征缴支付、基金保管、投资运营、投资组合、投资限额等均需置于国家有关法律法规的严格监控之下，体现出很强的依法管理的特征。例如，社会保障基金的筹集通常由社会保障经办机构依法进行费用征缴，不得截留和少缴。社会保障基金的支付也必须严格按照法律规定的原则、条件、项目、标准和方式来支付法定范围内的各类社会保障待遇。要强调社会保障基金的依法管理，专款专用，任何单位和个人不得随意挪用和挤占保障基金项目。

同时，社会保障基金担负的特殊的社会政策使命也使社会保障基金法律监控含量比其他种类的基金投资监管要重得多。因而，社会保障基金监管必须置于法律的严格监控之下。立法和执法的严格规范对社会保障基金的有效管理具有十分重大的意义，亦是构成基金管理的重要内容之一。

（三）综合性和边缘性

社会保障基金管理具有很强的综合性和边缘性特征，区别于一般货币收支计划及其管理。社会保障基金营运与管理既体现经济政策，又相当程度地体现社会政策；既与企业个人和国家财政资金密切关联，又同资本市场、国债市场和整个金融市场具有更为直接的联系。随着社会保障制度改革的深化，社会保障基金的规模日益扩大，其与经济发展和金融市场的完善有更直接的作用，同国内资本流动乃至国际资本流动都有不可忽视的内在联系。因而，社会保障基金管理应当同财政、银行、证券、保险、审计等监管部门相互配合和协调。不仅如此，社会保障基金管理重大政策的出台必须充分体现政策监管部门的综合配套和相互协调的管理过程；否则，社会保障基金管理的有效性将大打折扣。

由于社会保障基金自身的长期性和所具有的社会政策目的性的基本特征，在很大程度上不同于一般企业基金、信贷基金和共同基金，在强调实现社会保障基金投资赢利目的的同时，必须高度重视基金的安全营运特性。同时，基金投资的流动性风险较低，并形成与基金特征相关联的强调战略性投资组合策略。此外，在社会保障基金管理过程中，无论是基金的筹集、费用征缴、投资营运，还是保障基金给付，都不同程度地获得政府税收方面的政策优惠，这是社会保障基金管理不同于一般机构投资者和共同基金的重要特点。

三、社会保障基金管理的途径

社会保障基金管理的主要途径有财政集中型基金管理途径、多元分散型基金管理途径、专门机构型基金管理途径三种。

(一) 财政集中型基金管理途径

在一些欧美国家的社会保障制度构架中,常采取财政集中型基金管理途径来实施社会保障基金的管理,即以建立社会保障预算或直接列入国家财政预算的方式管理社会保障基金。前者强调社会保障预算与政府总预算项目分离,作为专项预算,在政府预算中保持相对独立性,不能直接动用社会保障基金弥补财政赤字。后者则将社会保障收支与政府预算融为一体,当社会保障基金收大于支时,政府可将其用于安排其他支出甚至用于弥补财政赤字;当社会保障基金收不抵支时,则通过财政预算款予以弥补。

通过财政实施集中的基金管理途径,不论在具体运作方式上存在何种差异,都体现出国家财政对社会保障基金管理所担负的最后责任。由于社会保障费(税)的征缴由政府立法强制实施,也在很大程度上体现出政府的行为而非单纯的市场行为,应当置于政府财政的直接监控之下。在国外,如英国、法国、日本,将社会保障基金收支纳入国家预算进行管理。英国建立有专项社会保障预算并将其编入统一的政府预算报告,议会通过政府的预算后,由社会保障部门按照国家预算中的社会保障预算安排社会保障支出,既与国家预算相联系,又有相对独立性。另一些北欧国家并不明确规定社会保障支出的专项资本来源,而是会同国家预算收入的其他项目一并考虑,社会保障费用支出均由国家预算计划中列支。

近年来,受各种因素的制约,一些国家试图改革将社会保障收支与国家预算计划捆绑式的做法。其基本的考虑是清理各项收支计划的关系,明确界定国家、企业及个人所应承担的社会保障职责,避免用社会保障收支的盈余(基金制和部分基金制社会保障计划通常会有巨大的资金盈余)弥补政府预算赤字,例如,美国1983年社会保障法修正案规定,自1993年起将社会保障的收支计划同国家预算脱钩。东欧经济转轨国家20世纪90年代社会保障改革的一个重要内容,就是使社会保障收支同国家预算计划脱钩,强调对社会保障基金的集中管理,防止政府包揽过多的社会保障责任。

财政集中型基金管理途径注重以较高比例(一些国家为80%~90%)购

买一级市场的国债和定向社会保险的特种债券。这就使基金具有风险较低、保障收益和易于操作等优点,但由国家承担投资风险,投资收益明显低于直接投资于金融市场的补充养老保险基金。国外社会保障基金管理的最新发展显示,欧美国家长期采用的这一基金管理途径正受到基金投资市场化的严峻挑战。

(二) 多元分散型基金管理途径

多元分散型基金管理途径是指社会保险专门机构委托银行、信托公司、投资公司、基金管理公司等金融机构对社会保障基金在法律允许的范围内进行信托投资,并规定最低投资收益率的基金管理途径。多元分散型或多元竞争型基金管理途径具有较高效率、较高投资收益,同时还具有投资方式种类、投资组合上的较大的灵活性。由于多元竞争的特点,多元分散型基金管理途径在一定程度上分散了基金投资风险,增进了基金营运的透明度和投资绩效,强化市场机制的作用,因此,成为近年来世界上许多国家社会保障基金管理决策与改革的热点问题,受到许多国家的重视。当然,它也受到经济环境、金融环境、法律法规的完善程度的制约。对这类基金管理途径,金融市场的完善程度和规范的市场运作是其重要的约束条件。我国社会保障基金管理在相当长的时期内采取由社会保障机构委托国有商业银行划拨,存入社会保障基金专户,规定购买专项国债,使社会保障基金的保值增值受到很大限制。但能否推行多元的管理途径,则需视具体条件是否具备,不应简单地照搬国外经验,亦不应该盲目追随国际潮流。其重要的问题在于,根据我国国情的内在制约和经济、金融环境的现有格局,要有选择、有区别地对第二、三层次基金计划的运作采取适度放宽的基金管理途径。

(三) 专门机构型基金管理途径

专门机构基金管理途径是指由相对独立和集中的社会保险银行、社会保障基金管理公司或基金会等专门机构负责社会保障基金的管理和投资运营。社会保障基金管理专门机构的董事会由财政、金融、劳动保障、工会、审计和社会保障机构等有关方面代表组成。专门机构型基金管理途径通过严格规范、严格监控的方式,集中管理社会保障基金,负责实施基金投资营运,制定投资组合政策,实现基金保值增值目标。在东南亚国家的社会保障基金管理中,专门机构的集中管理途径较为普遍。

第二节　国际社会保障基金管理的类型与特点

20世纪90年代以来,由于人口老龄化的严峻挑战以及社会保障对经济的影响问题日益受到关注,加之智利等拉美和东欧国家社会保障基金私营化的影响,受东南亚金融危机的冲击,社会保障基金管理成为这一时期国际社会保障发展备受关注的热点和前沿研究领域,各国在社会保障基金管理方面都积累了一些可资借鉴的重要经验。

一、国际社会保障基金管理的主要类型

国际社会保障基金管理的主要类型有以下三类。

第一类为部分基金制。传统的欧美社会保障制度大多实施现收现付的财务机制,虽然规定建立一定数量的流动准备金以应付社会保障金支付的波动,基金的数量和规模仍受到一定限制。在近年的社会保障改革进程中,相当数量国家的社会保障基金采取部分基金制,如法语非洲国家和中东国家,美国、日本、瑞典、瑞士等发达国家也做出了重大调整,以较快的步伐积累社会保障基金。在部分基金制国家中埃及、瑞典的社会保障基金在20世纪90年代中期已达到GDP的1/3,日本、毛里求斯、约旦、菲律宾由于经济发展走势较好也积累了较大规模的基金。新的资料显示,估计韩国在未来10年中,基金规模将成倍增长。加拿大最近提高了社会保障缴费比率和拟采取措施提高基金的投资回报,在未来的20年中,基金规模会快速增长。

第二类是以新加坡、马来西亚等国为代表的中央公积金集中管理模式。公积金模式主要是原英属殖民地的非洲和亚洲国家,有10多个国家采取这种模式,由于通货膨胀和基金管理不善等方面的原因,公积金模式的国家呈减少趋势。印度的雇员公积金计划规模最大,有2 000多万会员。但仅有100万会员的新加坡公积金模式则是举世瞩目,基金规模达到GDP的55.6%,马来西亚的公积金规模占GDP的55.7%,形成这一格局的主要原因在于有40多年的积累,相对高的覆盖面和逐步提高的缴费率。

第三类是以智利为先导,在一些拉美国家和东欧国家实施的以个人账户为

基础,私营化管理的基金模式。同时,在实施多层次社会保障制度的国家,第二层次和第三层次的保障模式也多采取了私营化管理的方式,如瑞士这类基金的规模,占 GDP 的 117%,非常引人注目。智利社会保障基金在 20 世纪 90 年代中期已占 GDP 的 45%,大大超过其他拉美和东欧国家。据估计,到 2030 年,阿根廷、匈牙利和波兰等国的社会保障基金规模将达到 GDP 的 40% 左右,呈现出很强的发展势头。

二、国际社会保障基金管理的新特点

国际社会保障基金管理的新特点主要表现为以下五个方面。

(一) 社会保障基金管理呈多元化发展趋势

自 20 世纪 90 年代以来,受多种因素的制约,全球的社会保障制度框架正经历着自创建以来最重要的一次变革,社会保障基金管理出现以下多元化的新发展走势。

1. 欧美发达国家社会保障基金管理的市场化发展。区别于传统改革思路,欧美国家在 20 世纪 90 年代开始实施以结构改革为重要特征的发展思路,通过构建多层次社会保障制度,鼓励发展补充养老保险计划,实施部分基金制模式,引入个人账户机制,部分项目实施社会保障的私有化改革。而逐步放松政府管制,更多向市场机制回归,致力于向市场化方向的调整改革,是欧美国家社会保障基金管理的一个重要特点。由于各国国情的制约,在向市场化的发展中,其呈现出不同的调节步伐。例如,英国从 20 世纪 80 年代起就较大幅度地突出补充养老保险计划的作用,并在基金投资方面,较早放松限制,在基金管理的私营化方面,迈出了较大步伐。澳大利亚、荷兰、瑞士等国致力于发展多层次模式中的私营化管理的基金制模式,基金资产占 GDP 的比重均超过 60%。美国在社会保障私有化改革的几个方案中,均强调放松对社会保障基金的投资限额,建立个人账户机制,大力发展 401K 计划,强调基金营运与管理,呼吁改革社会保障基金主要投资于国债的现有格局,逐步提高社会保障基金参与金融市场投资的比重。可以预计,欧美国家社会保障基金市场化的发展趋势仍会继续发展。

2. 拉美、东欧国家社会保障基金管理私营化的步伐加快。由于智利模式的影响,阿根廷、秘鲁、墨西哥、乌拉圭等拉美国家和波兰、匈牙利、捷克等东欧国家以更快的步伐建立起私营竞争性的社会保障制度,主要是组建养老保险基金管理公司,严格立法,严格规范,实施市场化的运作,呈现出远比欧美国家更快的发展走势,成为这一时期国际社会保障备受关注的热点研究领域,并对带动和影响世界其他国家实施社会保障基金的私营化、市场化改革发挥了重要作用。拉美、东欧国家社会保障基金管理的一个基本特点,是强调严格监控、限制的分散管理模式,基金投资运营绩效在20世纪90年代中期达到较高水平。

3. 东南亚国家集中管理的公积金模式仍在继续发展。与欧美、拉美和东欧国家主张分散竞争性社会保障基金管理不同的发展路径,东南亚国家尤其是新加坡和马来西亚,实施集中管理的公积金模式,强调政府在社会保障基金管理中的主导作用,运用社会保障基金投资于经济建设的投资策略,运用社会保障基金在促进经济发展和实现社会政策的双重目标方面,取得了举世关注的绩效,呈现出与其他众多国家有明显差异的社会保障基金管理轨迹。尽管近年来受经济全球化的影响,新加坡等东南亚国家放松了基金的投资限额,但仍继续坚持相对集中的基金管理发展模式,对于各国的社会保障基金管理产生重要的影响作用。

4. 社会保障基金管理中政府作用的方式各有不同。在社会保障基金管理过程中,不管选择何种模式,政府均发挥着非常重要的作用。一般而言,存在几种选择:一类是政府发挥直接的管理作用,如中央公积金模式即是强调政府集中管理的作用。虽然具体运作由董事会组织实施,但是政府干预的成分更大。一类是由政府立法强制实施,建立严格的投资规则、投资限制,委托有关中介机构实施基金的投资营运与管理。再一类是政府严格立法,允许私营竞争的社会保障基金专门机构按照市场规则进行运作。还有一类是在集中管理模式中采用私营管理并按市场规则运行。一些国家的改革走势表明,正试图构建政府管理框架,限制投资过程中直接的政治干预,保持投资的相对独立性。

值得重视的一个发展趋势是,大多数西方国家在社会保障改革的过程中,政府对社会保障基金管理的直接作用在弱化,如限制基金投资限额,放松投资管理,鼓励私营机构更多的卷入。当然,通过严格立法,严格规范仍是基金管理的重点。相反,对一些非西方国家尤其是东南亚国家而言,由于不同的社会、经济、政治、文化和制度环境,政府在社会保障基金管理中的作用要直接和重要得多,并且基金投资的范围、种类、方式等都颇具特色。显然,在政府对社会保障基金的直接管理的模式中,应高度重视监督体系、自律机制的构建,防止政府官员的腐败和社会保障基金的流失和挪用。

(二)社会保障基金监管问题备受重视

人口老龄化的严峻挑战,以及政府社会保障支出的不断攀升,促使各国不断地调整现收现付的社会保障制度,而转向基金制或部分基金制,增大社会保障基金规模。而多层次社会保障模式选择越来越成为各国在新世纪的目标模式,第二、三层次保障模式获得了重要的发展机遇,经济全球化和亚洲金融危机的特定经济环境促使各国高度关注社会保障基金监管问题。很显然,社会保障模式的转折和客观经济环境的变化,使基金管理的模式选择具体运作方式、监管手段等成为普遍关注的热点问题。从世界银行到许多国家社会保障研究机构都专门对社会保障基金管理、保值增值、经济影响及若干配套政策进行着全面系统的研究。欧盟组织近几年在基金管理的理论和政策方面取得了重大的进展,为社会保障基金监管提供了重要的理论和政策准备,并将在基金监管方面迈出重要的实质性步伐。

(三)放松对社会保障基金投资项目的限制

在近年来社会保障基金管理的实践中,受经济全球化和经济自由化趋势的影响,欧美国家、拉美国家和一些东欧国家,均不同程度地放松了对社会保障基金投资项目的限制。对基本养老保险基金投资,虽然购买国债或定期存款仍占主要份额,如瑞典占42%(1997年),智利占39.4%(1998年),美国占100%,但是美国近年来放松管制的呼声越来越高,有的改革方案提出要允许30%的基金购买股票。对补充养老保险基金而言,英国、荷兰等国的养老基金进入资本市场的比例不断上升,名列欧美国家之冠。而拉美和东欧国家的养老保险基金投资于资本市场的限额和实际运用又有进一步松动,如秘鲁在1997—1998年投资于股票的资金占基金总额的37.3%。

(四)重视社会保障基金同金融市场的互动发展

20世纪90年代国际社会保障基金管理的一个新特点是,异常重视社会保障基金同金融市场尤其是资本市场的互动发展。社会保障基金规模的扩大及其卷入金融市场程度的逐步深化无疑将增大资本市场的供给,对资本市场的投资结构和方向产生重大的影响作用,一方面,社会保障基金自身所具有的偏好与特性,将较大幅度地影响资本市场投资的结构和资产分布。新的研究表明,保险公司和养老保险基金是经合组织(简称OECD)国家最大的机构投资者,1995年其投资份额占46%,金融资产超过14万亿美元,今后的发展规模会越来越大。另一方面,稳健有序的金融市场又是社会保障基金投资运营,保值增值的基本约束条件。对于众多发展中国家而言,金融市场的构建尚未达到较高水平,法令法规仍有待健全。必须高度重视社会保障基金的金融市场制度基础和市场条件的培植。如果不顾客观条件的约束，简单照搬西方国家养老保险投资市场的经验，那么势必会造成相当大的不确定性，严重影响社会保障基金投资的绩效。

（五）社会保障基金投资向海外延伸

长期以来，大多数欧美国家限制社会保障基金向国外投资，平均投向海外的养老保险基金不应超过总资产的16%。比利时、丹麦、葡萄牙和法国等规定投资于公共债券最低限额和投资于股票的最高限额。但近年来，由于国内金融市场的压力和基金规模的日益扩大，一些欧美国家正谋求社会保障基金向海外投资的新的发展策略。这些国家根据风险组合理论，通过基金投资的国际化趋势，分散投资风险，在不牺牲投资收益的条件下，最大限度降低非系统风险。德国、英国和美国基金投资分散风险的经验表明，海外投资在一定程度上可降低多项收益的波动性。自20世纪90年代中期以来，欧美国家寻求养老保险基金向新兴市场国家的投资，一方面通过综合性的资产组合，降低投资组合风险，另一方面增大基金投资回报的机会。由于OECD国家比拉美和东欧国家的投资收益和风险均低，促使大量国际资本流向新兴市场国家，促使金融市场的更快发展，提升企业财务管理技术和更大程度的开放策略，促进对外贸易和经济增长。近年来，一些欧美国家、拉美国家和东欧国家放松了对外投资的限制，并将此视为应付人口老龄化挑战的一项重大策略性调整。当然，新兴市场国家资本市场的完善程度、宏观经济的稳定、投资环境的改进，将是伴随社会保障基金海外投资而必须充分发展的制度约束条件。

相关知识链接

401K 计划

401K计划也称为401K条款，是指美国1978年《国内税收法》第401条K项的规定。它是美国一种特殊的养老金制度，是由企业和员工共同出资建立的养老金账户。按该计划，企业为员工设立专门的401K账户，员工每月从其工资中拿出一定比例的资金存入养老金账户，而企业一般也为员工缴纳一定比例的费用。员工自主选择证券组合进行投资,收益计入个人账户。

而该账户中资金主要投向资本市场,企业完成出资份额义务,并向员工动态推荐基金,当然,它并不保证员工退休时所能受益的确定金额,员工退休时所能拿到的退休金数额取决于该账户投资资本市场中的资产增值情况。

401K 计划税收优惠的重心实际是延迟纳税。这类计划允许雇主将年金报酬直接以税前供款形式存入雇员的利润分享或股票红利计划的账户中。这种做法的好处是一方面雇员的年金报酬免税,另一方面企业将供款部分列入成本以降低企业税收。

第三节 我国的社会保障基金管理

一、我国社会保障基金管理的发展概况

(一)我国社会保障基金的建立

社会保障基金管理是随着社会保障制度的发展而逐步建立起来的。我国的社会保障制度建立始于 20 世纪 50 年代初。1951 我国颁布的《中华人民共和国劳动保险条例》标志着我国社会保障制度的建立。该条例规定,每个参保单位均按其工资总额的 3% 缴纳劳动保险基金,基金实行分级管理,全国统一调剂使用的管理模式。这一制度因"文革"的干扰,于 1969 被迫中断,改由各企业自行负担。

(二)我国社会保障基金的恢复

从 20 世纪 80 年代初期到 90 年代初,是我国社会保障基金制度的恢复阶段。期间,国家于 20 世纪 80 年代初期开始以市县为单位,试行全民和集体所有制企业离退休费用社会统筹,并按照工资总额的一定比例筹集养老保险基金。国务院于 1986 年颁布了《国营企业职工待业保险暂行规定》,首次在我国建立企业职工待业保险制度。1991 年国务院颁布了《关于企业职工养老保险制度改革的决定》,提出"养老保险基金由政府根据支付费用的实际需要和企业、职工的承受能力,按照以支定收、略有结余、留有部分积累的原则统一筹集",从而确定了我国养老保险基金筹资模式。

（三）我国社会保障基金的改革与发展

从20世纪90年代初开始,我国社会保障制度进入了全面改革和发展的阶段。党的十四届三中全会明确了我国社会保障体系的基本内容,提出了建立社会统筹和个人账户相结合的多层次的养老保险和医疗保险制度,以及政事分开、统一管理的社会保障管理体制,各项社会保障制度改革得到了进一步的深入发展,社会保障基金管理逐步得到了完善。1999年国务院颁布了《社会保险费征缴暂行条例》,明确规定社会保障基金实行收支两条线管理,财政部和劳动与社会保障部共同颁布了《社会保险基金财务制度》,同时财政部颁布了《社会保险基金会计制度》,社会保障基金管理得到全面的统一规范。截至目前,全国31个省(自治区、直辖市)和新疆生产建设兵团均建立了基本养老保险基金、失业保险基金和基本医疗保险基金,29个省份建立了工伤保险基金和生育保险基金。2012年,养老、失业、医疗、工伤和生育保险五项社会保险基金的收支总规模达51 091亿元。

二、我国社会保障基金管理的框架

（一）我国社会保障基金管理的主体

社会保障基金的主要管理者是政府劳动保障部门及其所属的社会保险经办机构,省、区、县三级均设有社保经办机构。

（二）我国社会保障基金的管理方式

我国社会保障基金实行"收支两条线"管理。为进一步加强我国社会保障基金的征收和管理,1999年国务院颁布了《社会保险费征缴暂行条例》,规定社会保障基金基本实行"收支两条线"管理。"收支两条线"管理的主要内容是:在国有商业银行,社会保障经办机构开设收入户、支出户,财政部门开设财政专户。社会保障经办机构征缴的社会保障基金全部存入收入户(税务征收地区直接缴入财政专户或国库);每月月末前将收入户中的全部资金转入财政专户;社会保障经办机构依据支付需求提出拨款计划,财政部门从财政专户向支出账户划拨资金,在支出户中需保留1~2个月的支付周转金。基金实行"收支两条线"管理从制度上保证了基金的专款专用。

(三)我国社会保障基金的预算、决算管理

编制社会保障基金的预算、决算是强化、规范基金管理的一项重要制度。社会保障经办机构应在年度终了前,根据本年度的预算执行情况和下年度的基金的收支预测情况编制下年度的基金预算草案。预算草案应报同级政府审批,社会保险基金的筹集与支付应严格按政府批准的预算执行。

社会保障基金决算是社会保障经办机构根据有关要求对全年社会保障基金的收入、支出和结余情况编制的年度基金财务报告。基金决算报告主要包括资产负债表、基金收支表和财务情况说明书。经办机构编制的年度基金财务报告应在规定的期限内审核、汇总,并按规定的程序审批。

(四)我国社会保障基金的投资运营

根据我国社会保障基金的财务制度规定,目前社会保障基金的投资方式有两种,即国家债券投资和银行存款。按照国务院规定,基金结余额除预留相当于两个月的支付费用外,应全部购买国家债券和转存为银行定期存款。今后,随着我国资本市场和社会保障基金监督体制的不断完善,社会保障基金将在政府的严格监管下有计划、有步骤地投入资本市场。

三、我国社会保障基金管理的主要内容

社会保障基金管理主要包括基金的征收、支付、管理、运营和监督等环节,下面介绍社会保障基金管理的主要环节。

(一)我国社会保障基金的征收管理

社会保障基金是实施社会保障制度的基础,只有将基金按时足额征集起来,才能保证社会保障待遇的支付。因此,社会保障基金的征收管理是社会保障基金管理的首要环节。

1.征收范围和对象。社会保障基金的征收范围是与社会保障制度的覆盖范围相一致的。我国原有的社会保障制度只是覆盖了国有单位。养老保险制度在国家机关、国有事业单位和国有企业中执行,县级以上的集体单位参照执行。医疗保险制度分为公费医疗和劳保医疗,分别在国有机关、事业单位和国有企业中执行。随着我国经济体制改革的深入,多种经济成分迅速发展,外资企业、股份制企业、私营企业、个体工商户等发展较快,吸纳了许多城镇和农村

劳动力就业。国有企业实行减人增效,机关、事业单位也有相当数量的职工加入到非国有经济单位中去,这都要求原来只覆盖国有单位的社会保障制度扩大覆盖范围,只有这样才能适应经济体制改革的需要,才能起到维护广大劳动者的合法权益、维护社会稳定和发展的作用。1999年1月国务院颁布的《社会保险费征缴暂行条例》规定如下:

(1)基本养老保险费的征缴范围包括国有企业、城镇集体企业、外商投资企业、城镇私营企业和其他城镇企业及其职工,实行企业化管理的事业单位及其职工。

(2)基本医疗保险费的征缴范围包括国有企业、城镇集体企业、外商投资企业、城镇私营企业和其他城镇企业及其职工,国家机关及其工作人员,事业单位及其职工,民办非企业单位及其职工,社会团体及其专职人员。

(3)失业保险费的征缴范围包括国有企业、城镇集体企业、外商投资企业、城镇私营企业和其他城镇企业及其职工,事业单位及其职工。

同时,还规定各省、自治区、直辖市人民政府根据当地实际情况,可以规定将城镇个体工商户纳入基本养老保险、基本医疗保险的范围,并可以规定将社会团体及其专职人员、民办非企业单位及其职工以及有雇工的城镇个体工商户及其雇工纳入失业保险的范围。这就从行政法规上规定了我国几项重要的社会保障基金的征收范围和对象。

2. 征收的比例和基数。养老、医疗、失业等各项社会保障基金的征收都是与相应的支付相联系的。实现征收与支付的财务平衡是各项社会保障基金征收的原则。在这个原则下,才能根据社会生产的发展水平和被征收对象的承受能力,科学、合理地确定社会保障基金的征收比例和基数。以养老保险基金为例,1991年国务院根据我国人口基数大,人口老龄化进程快及我国经济底子薄的国情出发,在《国务院关于企业职工养老保险制度改革的决定》中明确规定了我国养老保险基金的筹集模式是"以支定收、略有结余、留有部分积累"。

在基金筹集模式确定后,基金提取比例的确定要考虑以下因素:

(1)城镇企业职工的赡养率。所谓赡养率是指离退休人员数占在职职工人数的比例。赡养率数值小,说明在人员结构上,在职职工多,退休人数少。从养老保险基金角度看,这意味着缴费的人数多而需要支付的人数少,养老保险费用负担较轻;反之,赡养率数值大,则表明从人员结构上看,养老保险负担较重。

(2)企业离退休人员养老金的替代率。所谓替代率是指离退休人员人均养老金占在职职工人均工资的比例。养老金替代率数值越大,表明离退休人员的养老金待遇水平越高,相应的养老基金支付越多。从长远看,控制养老金替代率水平,并使之稳步下降是建立多层次养老保险结构,解决我国养老保险负担沉重的重要措施。

在现收现付的养老保险基金筹集模式下,基金的提取比例与人口赡养率及养老金的替代率之间的关系可用以下公式表示:

$$基金提取比例 = 赡养率 \times 替代率$$

在部分积累基金模式下,基金的提取比例可表示为:

$$基金提取比例 = 赡养率 \times 替代率 + 积累率$$

此外养老基金的提取比例,还受经济发展水平、通货膨胀、国家财政的支持能力、企业的承受能力等多种因素影响。

在综合考虑养老基金支付需求、经济发展水平、企业和职工承受能力等多方面因素的情况下,国务院在1997年《关于建立统一的企业职工基本养老保险制度的决定》中规定:企业缴纳基本养老保险费的比例,一般不得超过企业工资总额的20%,具体比例由省、自治区、直辖市人民政府确定。少数省、自治区、直辖市因离退休人数较多,养老保险负担过重,确需超过企业工资总额20%的,应报劳动部、财政部审批。个人缴纳基本养老保险费的比例,1997年不得低于本人缴费工资的4%,1998年起每两年提高1个百分点,最终达到本人缴费工资的8%。该文件中对养老保险基金的提取比例和基数的规定是经过充分测算和论证的。它对规范养老保险基金的征收管理起到了重要作用。

3. 征收机构和征收程序。根据我国社会保障基金征收、管理的历史和现状,并考虑到今后的发展方向,国务院颁布的《社会保险费征缴暂行条例》(以下简称《征缴条例》)规定:实行三项社会保险(养老保险、失业保险、医疗保险)集中、统一征收。社会保险费的征收机构由省、自治区、直辖市人民政府规定,可以由税务机关征收,也可以由劳动保障行政部门按照国务院规定设立的社会保险经办机构征收。

按照《征缴条例》的规定,社会保险费的征收程序分为以下步骤:①社会保险登记。参加社会保险的缴费单位,向社会保险经办机构办理社会保险登记。②缴纳社会保险费申报。缴费单位必须按月向社会保险经办机构申报应缴纳的社会保险费数额,经社会保险经办机构审核后,在规定的期限内缴纳社会保险费。③缴纳社会保险费。缴费单位和职工个人要以货币形式全额缴纳社会保险费,社会保险费不得减免。④社会保险费的存储。征收的社会保险费存入财政部门在国有商业银行开设的社会保障基金财政专户。社会保险基金按不同险种,分别建立基本养老保险基金、基本医疗保险基金、失业保险基金,各项社会保险基金分别单独核算。⑤建立社会保险缴费记录。社会保险经办机构要建立缴费记录,其中基本养老保险、基本医疗保险还要按规定记录个人账户。社会保险经办机构每年至少向缴费个人发送一次基本养老保险、基本医疗保险个人账户通知单。

4. 征收的监督和处罚。为依法开展社会保障基金的征收工作,保证社会保障基金征收任务的完成,《征缴条例》根据基金征缴工作的程序对各个环节的责任主体建立相应的监督机制。《征缴条例》在强调行政监督、专门监督的基础上,根据社会保障基金的特点,加强了社会监督的力度。

(1)对缴费单位的监督。缴费单位对保护职工的合法权益负有重要责任。缴费单位缴纳的社会保障费是社会保障基金的重要来源。《征缴条例》对缴费单位的监督规定为两个层次:一个层次规定,缴费单位每年向本单位职工公布本单位全年社会保障费缴纳情况,接受职工监督;另一个层次规定,劳动保障行政部门或者税务机关依法对单位缴费情况进行检查,并规定对于缴费单位未按照规定办理社会保险登记、申报、违反财务、会计、统计法律法规,逾期拒不缴纳社会保险费、滞纳金等行为依法进行处罚。对参与上述行为的重要人员和主要责任人进行罚款、行政处罚、纪律处罚直到刑事处罚。

(2)对社会保障经办机构的监督。社会保障经办机构受政府委托负责经办社会保障业务、管理社会保障基金。社会保障经办机构既要对政府负责,又要对广大职工负责。《征缴条例》规定政府财政部门、审计部门应依法对社会保险基金的收支情况和管理进行监督,同时强调了社会保险经办机构应定期向社会公告社会保险费征收情况,接受社会监督。《征缴条例》规定对劳动保障行政部门、社会保障经办机构或者税务机关的工作人员滥用职权、徇私舞弊、玩忽职守致使社会保障费流失的,不但要追回流失基金,而且要根据情节轻重依法追究行政责任和刑事责任。

(二)我国社会保障基金的支付管理

社会保障基金的支付是指按照社会保障制度规定的享受条件、待遇标准和支付方式,由社会保障经办机构将保险金支付给受保人,以保障他们的基本生活需要。社会保障基金的支付是社会保障制度保障功能的具体体现。保险金的支付一方面要使受保人的基本生活需求得到切实保障,另一方面又必须使支付水平和支付金额与国家的经济实力和生产力发展水平相适应。因此,加强社会保障基金在支付条件、支付标准、支付方式等方面的管理是十分重要的。

1. 支付条件。所谓支付条件是指受保人在达到什么条件时,可以从社会保障基金中获取经济补偿。不同的社会保障项目对受保人获取经济补偿的条件分别进行了规定。例如,养老保险规定当职工达到国家规定的退休年龄,同时达到一定的工作(或缴费)年限时才能按月享受基本养老保险金。国家规定的企业职工退休年龄是:男职工年满60周岁,女职工年满50周岁,女干部年满55周岁;从事井下、高空、高温、特别繁重体力劳动或其他有害身体健康工作(简称特殊工种)的,退休年龄为男的年满55周岁,女的年满45周岁。《关于建立统一的企业职工基本养老保险制度的决定》规定:个人缴费年限累计满15年的退休后按月发给基本养老金。个人缴费年限累计不满15年的,退休后其个人账户储存额一次性支付给本人。又如,失业人员从失业保险基金中享受失业保险的条件是:按照规定参加失业保险,所在单位和本人已按照规定履行缴费义务满一年的;非因本人意愿中断就业的;已办理失业登记,并有求职要求的。

不断完善并认真掌握社会保障基金的支付条件,使符合支付条件的受保人的合法权益得到保障,同时避免在社会保障基金支付中的违规行为是社会保障基金支付管理中的重要环节。在深化企业改革、"减人增效"过程中,有的企业和职工个人从本单位和个人利益出发,采取伪造出生年龄等手段为没有达到国家规定退休年龄的职工办理提前退休,骗取养老金。对这种损害广大职工利益的违法行为必须坚决纠正。

2. 支付标准。符合社会保障基金支付条件的受保人应享受多少经济补偿,这个问题由社会保障基金的支付标准来确定。社会保障基金的支付标准既影响到受保人的基本生活需求是否能得到保障,又影响到社会保障基金的支出数量和基金的收支能否平衡。不同的社会保障项目均对支付标准做出明确和细致的规定。社会保障基金支付标准的确定主要应考虑以下因素:

(1)国家的经济发展水平及国家财政、企业、职工各方面的承受能力。我们在研究制定社会保障基金支付标准时,一定要立足于我国是发展中国家,经济底子薄,人口基数大这一基本国情。我国企业职工养老保险社会统筹的平均缴费率1998年达到工资总额的24%(其中个人缴费率4%),医疗保险改革规定企业缴费率为工资总额的6%,个人为工资收入的2%,再加上失业保险、工伤保险、生育保险等,企业和职工的社会保障负担已经十分沉重,已成为制约企业发展的主要因素之一。我国的基本国情就决定了我们国家的社会保障不可能走西方发达国家那种高福利覆盖全民的道路,而是走覆盖城镇劳动者、低待遇水平的道路。

(2)调整社会保障待遇的结构,实行多层次的社会保障。为保证受保人的基本生活需求,同时又要减轻国家、企业的沉重负担,在养老保险和医疗保险改革中均把建立基本保险、补充保险和个人储蓄性保险作为改革的目标之一。通过改革把目前由社会保障基金支付养老待遇和报销医疗费用这种单一的支付形式,改为社会保障基金支付基本待遇,同时充分发挥商业保险、互助保险等的作用,通过建立补充保险对基本保险提供的待遇水平进行补充,以满足受保人较高层次的需求。根据这一改革构想,基本养老保险待遇的支付标准就要从目前养老金占工资总额85%左右的水平,通过若干年的努力,逐步降低为60%左右,同时建立企业年金和个人储蓄性保险。医疗保险改革中对基本医疗保险统筹基金支付的起始标准和最高支付限额进行了规定。起始标准以下的医疗费用从个人账户中支出或个人自付,超过最高支付限额的医疗费用,可以通过商业保险等途径解决。

(3)坚持公平与效率相结合的原则。社会保障的目的是保障受保人在遇到劳动风险时的基本生活需求。因此,一方面多数的社会保障项目在确定支付标准时均把公平的原则放在首位。例如,养老保险金的计发办法中规定每一个退休人员不管其在职时贡献的大小,也不管其缴纳养老保险费的多少,均按退休时社会平均工资的20%,发给基础养老金。另一方面为了体现劳动者对社会的贡献大小,即缴纳社会保障费的多少,在制定社会保障支付标准时,通过效率的杠杆,鼓励劳动者为社会多做贡献。因此,在基本养老金的构成上,还有一部分是个人账户养老金。个人账户养老金直接与职工个人缴费的多少和缴费年限的长短相联系。缴费多、缴费时间长的个人账户养老金数额就大。在社会保障基金支付标准上,正确地坚持公平与效率相结合的原则,才能在体现社会保障的基本保障功能的同时,不断巩固和完善社会保障制度。

(4)建立社会保障金支付标准随生产发展和物价变动而调整的机制。社会保障金的支付标准是依照保障基本生活需求而确定的。随着生产发展和物价变动,为保证基本生活的质量,应该建立社会保障金支付标准随生产发展和物价变动而相应调整的机制。考虑到社会保障金支付标准只能提高不能降低的刚性特征,建立调整机制必须十分谨慎,并使其具有灵活性。例如,国家对基本养老金标准建立了调整机制,各省、自治区、直辖市人民政府可以根据本地区经济生产的水平和物价水平对基本养老金的标准进行调整。在经济发展缓慢,物价水平下降的情况下,基本养老金标准可以微调整或不调整。

3.支付方式。讨论社会保障基金的支付方式,就是要解决如何保证社会保障金按时足额的支付给受保人的问题。

目前,社会保障基金的支付方式基本上是由社会保障经办机构将应支付给受保人的保险金数额支付给受保人所在的企业(或单位),再由企业(或单位)支付给受保人。这种支付方式的形成是有其历史和社会根源的。在计划经济条件下,企业既有组织生产经营的职能,又具有对职工的管理服务职能。企业对职工的年老、疾病、伤残、死亡等均要负责,形成了企业办社会的现象。这种现象加重了企业的资金负担和事务负担。从一定意义上讲,企业办社会问题是深化企业改革的重要阻碍。在社会保障制度改革初期,社会保障基金的支付仍然依靠企业这一中间管理环节,同时,在社会保障基金收缴和支付结算办法上采用了社会保障经办机构与企业之间的差额拨付的做法。以养老保险基金结算办法为例。

若某企业按规定应向社会保障经办机构缴纳100万元养老保险费,而社会保障经办机构应向该企业的退休人员支付80万元养老金,按差额拨付的办法,企业只需向社会保障经办机构缴纳20万元养老保险费,所余80万元养老保险费转换为应支付的养老金,由企业直接发放给该企业的退休人员;反之,若社会保障经办机构应支付给该企业退休人员的养老金数额大于企业应缴纳的养老保险费,则社会保障机构将其差额拨付给该企业,连同企业应缴纳的养老保险费一并由企业支付给退休人员。养老保险基金差额拨付的办法减少了基金流通环节,但是加重了企业的事务负担。另一个不可忽视的问题是,对于一些生产经营困难的企业,由于资金困难没有按月筹集到应支付给本企业退休人员的养老金,采取了延期支付或欠额支付部分养老金的做法,使得该企业退休人员不能按时足额得到养老金,给他们的生活造成较大困难。企业拖欠退休人员养老金问题具有相当的隐蔽性,从社会保障经办机构的基金收支账目上无法反映出来。

拖欠问题也出现在失业保险基金支付和医疗费用报销方面。为确保社会保障受保人的合法权益和基本生活,我国政府和社会保障部门对解决社会保障基金拖欠问题十分重视,采取了一系列措施:①改变社会保障经办机构与企业之间社会保障基金的收支结算方法,改差额拨付为全额拨付。企业按规定全额缴纳社会保障费,社会保障经办机构全额拨付应支出的社会保障基金。②大力推进社会保障金社会化发放。社会保障经办机构通过银行、邮局或直接发放等形式将社会保障金直接发到受保人的手中。③通过开设监督电话等方式,直接听取社会保障受保人的意见,对拖欠社会保障金的问题加大了查处力度,并通过社会监督来确保受保人能按时足额领到社会保障金。

(三)我国社会保障基金的"收支两条线"管理

由社会保障经办机构按照政府的规定负责征收社会保障基金,同时,按照相关政策负责(通过企业)向受保人发放社会保障待遇,是社会保障改革以来形成的基本管理模式。这种由同一个机构同时负责社会保障基金征收和支付的管理办法(简称"收支一条线"管理)简单易行,便于基金的收支协调。但也存在一些问题:①社会保障基金"收支一条线"管理缺乏管理中的制约机制,难以避免各种违纪问题的发生。从近年来通过审计、财务检查发现的一些地方政府、有关部门挤占挪用社会保障基金的问题来看,由单一部门负责基金的收支管理,缺乏管理中的相互制约是其重要原因之一。②"收支一条线"管理不利于彻底改变社会保障基金收支中的差额拨付结算方式,不利于解决社会保障待遇支付中的拖欠问题,也不利于实行社会保障金的社会化发放。③只有实行社会保障基金的"收支两条线"管理,将社会保障基金的收入和支出分别开来,才能及时准确地反映基金实际收入和支出情况,有利于开展基金的预算决算管理,为我国建立社会保障预算决算制度打下基础。因此,1998年1月,财政部、劳动部、中国人民银行、国家税务总局联合下发了《关于印发＜企业职工基本养老保险基金实行收支两条线管理暂行规定＞的通知》。

企业职工基本养老保险基金"收支两条线"管理主要包含以下内容。

1. 基本养老保险基金逐步纳入社会保障预算管理。在国家社会保障预算制度建立以前,基本养老保险基金纳入单独的社会保障基金财政专户,实行"收支两条线"管理。

2. 基本养老保障基金征收机构和财政部门在国有商业银行分别开设基金专户。社会保障经办机构开设"基本养老保险基金收入户"(简称收入户),该账户的重要用途是:暂存征集的基本养老保险费;暂存下级社会保障经办机构上解的基金收入或上级下拨的基金收入;暂存账户基金的利息收入;暂存财政补贴收入;等等。财政部门开设"社会保障基金财政专户",该账户的主要用途是:接受社会保障经办机构收入户划入的基本养老保险基金;接受国债到期本息及该账户资金的利息收入;划拨买国家债券资金;根据社会保障经办机构的用款计划向社会保障经办机构支出账户拨付基本养老保险基金。社会保障经办机构开设"基本养老保险基金支出账户"(简称支出户),该账户的主要用途是:接收社会保障财政专户拨入的基本养老保险基金;暂存1~2个月的基本养老保险支付费用;暂存银行支付该账户资金的利息;支付离退休人员的基本养老保险金;上解或下拨养老保险基金;等等。

3. 规范了养老保险基金征收、支付程序。在基金征收方面,由社会保障经办机构负责征收的,其具体程序是:①银行根据社会保障经办机构开出的托收凭证,将企业和职工个人缴纳的基本养老保险费从企业基本账户划入基本养老保险基金收入户;②社会保障经办机构按月将收入户资金全部划入社会保障财政专户。

基金由税务机关负责征收,其具体工作程序是:①社会保障经办机构向税务机关提供有关企业和职工个人缴费的基本数据;②税务机关根据上述基本数据向企业开出基本养老保险费征收凭证;③银行根据税务机关开出的凭证将企业和职工个人的缴费从企业基本账户中划入养老基金收入户;④社会保障经办机构按月将收入户中资金全部划入财政专户。

在基金支出方面,具体工作程序是社会保障经办机构按月向同级财政部门提出用款计划,经财政部门审核后,财政部门及时将基金从财政专户拨到基金支出户。

4. 明确和规范了有关部门的职责。明确和规范有关部门的职责是落实养老保险基金"收支两条线"管理的重要保证。在"收支两条线"管理暂行规定中对社会保障经办机构,社会保障行政部门,财政、银行、审计部门的职责都做出了相应规定。

社会保障经办机构负责编制基本养老保险基金收支计划和决算;负责基本养老保险费筹集和养老金的发放工作;负责养老基金收支会计核算工作;负责养老基金结余额存期和购买国债的安排;负责个人账户记录、管理;等等。

社会保障行政部门负责审核社会保障经办机构编制的养老基金收支计划和决算草案,加强对养老保险基金管理情况的监督检查。

财政部门负责有关财务会计制度的制定、贯彻落实及监督检查;负责财政专户核算工作;负责审核养老保险基金支出用款计划和结余额的安排;负责审核、汇总养老保险基金收支计划和决算;负责拨付社会保障经办机构经费。

银行负责按照社会保障经办机构或税务部门开出的托收凭证以及经财政部门审核同意的社会保障经办机构用款计划及时拨款,并加强对养老保险基金收支的监督。

审核部门依法对基本养老保险收入户、支出户和财政专户收支结余情况进行审计,行使审计监督的职责。

1999年1月,国务院颁布了《社会保障费征缴暂行条例》,一方面规定了基本养老保险费、基本医疗保险费、失业保险费实行集中、统一征收,另一方面规定征收的社会保障费存入财政部门在国有商业银行开设的社会保障基金财政专户。同时规定省、自治区、直辖市人民政府可以将上述管理办法用于工伤保险费和生育保险费的征收、缴纳。这表明,在养老保险基金实行"收支两条线"管理的基础上,我国各项社会保障基金实行收"支两条线管"理的制度已经建立。

2016年2月3日,国务院第122次常务会议通过了《全国社会保障基金条例》,自2016年5月1日起施行。该条例规定:全国社会保障基金理事会应当审慎、稳健管理运营全国社会保障基金,按照国务院批准的比例在境内外市场投资运营全国社会保障基金。全国社会保障基金理事会投资运营全国社会保障基金,应当坚持安全性、收益性和长期性原则,在国务院批准的固定收益类、股票类和未上市股权类等资产种类及其比例幅度内合理配置资产。同时,国家建立健全全国社会保障基金监督制度。任何单位和个人不得侵占、挪用或者违规投资运营全国社会保障基金。国务院财政部门、国务院社会保险行政部门按照各自职责对全国社会保障基金的收支、管理和投资运营情况实施监督;发现存在问题的,应当依法处理;不属于本部门职责范围的,应当依法移送国务院外汇管理部门、国务院证券监督管理机构、国务院银行业监督管理机构等有关部门处理。

本章综合案例

上海社保案

2006年8月9日,上海市劳动和社会保障局原局长祝均一在上海市人大十二届常委会第二十九次会议上被正式免去局长职务。祝均一落马问题涉及老百姓的保命钱:违规拆借32亿元社保基金,给民营企业家张荣坤旗下的福禧投资公司用于收购沪杭高速公路的权益。在此次会上,上海市市长韩正透露,上海市劳动和社会保障局社保基金监管处原处长陆祺伟、上海电气集团原副总裁韩国璋也在接受调查。

8月24日,据新华社发布电文称:"有关部门在对上海市劳动和社会保障局违规使用社保资金问题进行核查中发现,上海市宝山区原区委副书记、区长秦裕涉嫌严重违纪。"

9月24日,上海市原市委书记陈良宇因涉及上海市劳动和社会保障局违规使用社保资金、为一些不法企业主谋取利益、袒护有严重违纪违法问题的身边工作人员、利用职务上的便利为亲属谋取不正当利益等严重违纪问题被免职。

10月20日,张荣坤担任董事长的福禧投资控股有限公司发布公告称,"接到有关司法机关的通知,张荣坤董事长已被依法逮捕"。

(资料来源:编者根据相关资料整理)

▶思考题:通过上海社保案可以看出我国社会保障基金的管理存在哪些问题?

本章小结

1. 对社会保障基金的管理主要包括社会保障基金的收支管理、预算和决算管理、投资运营管理和稽核监督等。它主要有社会政策目的性、法律监控性、综合性和边缘性等特点。按照国际惯例,社会保障基金管理有三种途径,分别是财政集中型、多元分散型、专门机构型。

2. 国际上社会保障基金管理的类型主要有:部分基金制、中央公积金、私营化管理模式三种。在日新月异的国际环境下,社会保障基金管理也呈现出新的特点:基金管理多元化;重视基金监管;放宽对投资项目的限制;重视资本市场;基金投资伸向海外;等等。

3. 我国社会保障基金管理经历了从建立、恢复到改革与发展的历程。我国社会保障基金管理的主体是政府劳动保障部门及其所属的社会保险经办机构,它们负责社会保障基金的预算、决策等工作。

重要概念

社会保障基金管理　财政集中型基金管理　多元分散型基金管理模式　专门机构型基金管理模式　"收支两条线"

复习思考题

1. 社会保障基金管理的基本原则有哪些?

2. 社会保障基金管理的特点是什么?
3. 社会保障基金管理的主要途径有哪些?
4. 试述国际社会保障基金管理的新特点。
5. 简述我国社会保障基金管理的发展概况。
6. 简述我国社会保障基金管理的框架。
7. 试述我国社会保障基金管理的主要内容。

第三章
社会保险基金的筹集管理

学习目的与要求

通过本章的学习,掌握现收现付、完全积累和部分积累的筹资模式及其优缺点;了解社会保险基金筹集模式的演变和发展趋势,我国社会保险基金的总体来源、总收入及各项社会保险基金的收入对比,我国社会保险基金的征缴管理;掌握社会保险基金的征缴范围、机构、征缴管理、基金征缴的监督检查以及违规处理。

第一节 社会保险基金的筹集模式

一、社会保险基金的筹集模式介绍

社会保险基金的筹集模式主要有现收现付模式、完全积累模式和部分积累模式。

（一）现收现付模式

现收现付模式的筹资原则是近期横向收付平衡,这种筹资模式要求先做出当年或近几年内某项社会保障措施所需支付的费用预算,然后按照一定的比例分摊到参加社会保险的单位和个人,当年提取当年支付,一般不留余额,但在实际执行时会有一定余额。

现收现付模式的优点有：①管理成本低，操作相对简单；②根据需求变动及时调整征税比例或缴费额度，以保证收支平衡；③强调社会保障制度的再分配功能，体现了社会共济；④没有过多的资金积累，没有基金保值增值压力；⑤可以避免长期积累基金所面临的经济和政治风险。

现收现付模式的缺点有：①如果一国人口的年龄结构严重老化或者经济持续衰退，则会使在职劳动者不堪重负。这是因为一代人的退休费用是由下一代劳动者提供的。②现在各国普遍面临着人口老龄化问题，采用现收现付模式将会使一国经济的健康发展面临严重挑战。

现收现付模式是传统社会保障模式的筹资方式。在社会保障制度建立之初，各国都是使用这种方式筹集资金，虽然近几年人们认识到其缺陷，但这种筹资方式在各国仍占主导地位。到2004年，在全世界已建立社会养老保险制度的172个国家和地区中，有146个国家和地区采取这种模式。

（二）完全积累模式

完全积累模式筹资原则是远期纵向收付平衡，其实质是个体一生中的代内收入再分配制度。首先由政府基金管理部门对有关人口寿命、经济发展状况等作宏观预测，然后预测劳动者退休之后所需的保险费用支出，将其平均分摊到劳动者的整个就业期间和投保期间。

完全积累模式的优点有：①退休费用由自己在工作期间积累，未来收益和投保期的缴费高度正相关，可激励劳动者努力工作；②基金提取比例相对稳定，充分体现基金的储备功能，透明度较高；③费率在整个实施过程中相对稳定，不会有很大的起伏波动，具有较强的抗人口老龄化能力，受人口年龄结构影响比较小；④形成的储备基金短期内不会支用，可以为经济增长积累资金，促成资本形成，既为经济发展做贡献，又能使制度本身分享经济增长的成果。

完全积累模式的缺点有：①制度设计过于强调效率，没有再分配和互济功能，不利于缓和贫富差距，背离了社会保障制度的初衷；②个人之间的退休待遇差别大，不能体现社会保障的互助性原则；③储备的基金要抵制通货膨胀的影响，确保保值增值；④基金制需要建立个人账户，要求获得大量的个人信息，管理和运营的成本高。

世界上采用完全积累模式的国家只有少数几个，以智利和新加坡为典型代表，面对着人口老龄化的巨大压力及福利国家的普遍危机，使人们对积累制认识不断地加深，并倾向于采用这种积累模式。

(三) 部分积累模式

现收现付模式和完全积累模式都有各自难以克服的缺陷,因此,在实践中许多国家采取了部分积累的方式。这是对现收现付模式和完全积累模式的整合,是一种兼容近期横向平衡原则和远期纵向平衡原则的筹资模式。根据分阶段收支平衡的原则确定收费率,即在满足一定时期(5~10年)支出需要的前提下,留有一定的储备基金;储备基金的数额是一个变量,人口老龄化高峰到来之前,是储备基金的积累期;在老龄化高峰到来之后,则进入储备基金的消耗期。

在社会保险基金的筹集中,一部分采取现收现付方式,保证当前开支需要,另一部分采取积累方式,以满足未来支付需求的增长。该模式在维持现收现付模式的基础上,引进个人账户基金制,既保持了社会保障统筹互济功能,又具备个人账户的激励和监督机制,集中体现了前两种筹资模式的优点。

部分积累制的筹资模式的优点是具有较大的灵活性,既避免了基金制的较大风险,又可缓解现收现付模式缺乏储备和负担不均的问题。

但这种筹资方式操作起来难度较大,尤其是在各种比率的掌握上,很难做到恰到好处。如果各种标准和比率设置不当,不但得不到应有的效果,反而会导致管理成本的大幅度提高。因此,在制度设计上要谨慎,不仅要有定性分析,还要有定量分析。

二、社会保险基金筹资模式的演变

早期的社会保障制度其实是一种社会救济和慈善活动,还不具有现代社会保障制度的特征,但随着资本主义的发展,现代社会保障制度开始形成并发展起来。

现代社会保障制度的建立的两个基本条件:①人们面对越来越多的风险和不确定性,人们产生了保障自身安全的需求。②国家的物质财富和人们的经济收入开始增长,为现代社会保障奠定了物质基础。

除了这两个条件以外,现代社会保障制度的建立还有一个直接的诱因,这就是20世纪30年代的经济大危机。这次的经济大危机使相当数量的劳动者失去了工作,同时失去了生活的基本经济来源,人们陷入了生存的困境,而国家也陷入了严重的财政困难,不可能拿出大笔的救济款。困境促使人们思考建立一种安全保障制度,这一时期的社会保障强调社会个体的生存安全等公民的基本权利,国家在其中的作用突出,现收现付模式正好满足这一需要。

（一）社会保险基金筹资模式的形成

现代社会保障制度是由19世纪末德国俾斯麦政府最早建立的。德国早期的养老保险实行现收现付的筹资模式，该项制度的实施已有百年历史，但近50年才被现代工业化国家广泛使用。特别是第二次世界大战后，社会保障进入飞速发展和繁荣时期，各国普遍采取了现收现付的财务制度。

现代社会保障制度自建立起，就为保障人们的生活做出了极大的贡献，促进了国家的稳定和经济的发展。

（二）社会保险基金筹资模式的发展

现收现付的筹集模式虽然满足了当时的基本需要，但由于其固有的缺陷，已经面临了巨大的财务挑战，随着支出的不断大幅增长，需要筹集的金额也越来越高，给在职劳动者带来严重的负担。该制度还产生了很多的负面效应，例如，在西北欧的福利国家里，社会保障成为养懒人的制度。

以养老保险制度为例，20世纪80年代末，现收现付的养老金制度遇到人口老龄化的巨大压力及其所带来的收支不平衡的财政问题，这些成为各国社会保障领域的主要矛盾，由此引起很多相关问题，人们开始关注社会保障制度的改革。

这时，新的养老保险模式应运而生，智利和新加坡采纳了完全积累的模式。新加坡的中央公积金制度是在经济不够发达的阶段建立的，具有如下特点：①国家不对制度本身投资，不存在转移支付，只提供适当的政策鼓励；②公积金由劳动者个人供款，并在退休后提取使用；③中央政府直接管理公积金，运用公积金制度参与和调控社会经济活动；④公积金储蓄的管理和使用有严格的法律保证。

由于新加坡中央公积金制度不具有再分配功能，因此，在实施的最初阶段并不被国际社会接纳，但随着该制度安排取得的巨大成就，逐渐得到了国际社会的认可，并为一些国家所借鉴。

智利新的养老金制度始于1980年的改革。智利的制度有如下特点：①国家通过立法取消了雇主供款，改变了原来的资金来源结构，将原来的普通基金转换为个人基金，建立个人账户，成为强制的个人保险制度；②社会保障的管理由私人部门负责，投保人可自己选择私营基金管理公司；③政府仅对新制度中最低养老金保障线以下部分负补贴责任。

智利的社会保障改革成效显著，巨额的退休基金满足了国内资本的需求，稳定了国内金融市场;同时,成功地吸引了外资,促进了智利的经济增长。

(三)社会保险基金筹资模式的发展趋势

随着经济全球化的发展和人口老龄化加剧,现收现付模式面临着越来越多的挑战,而完全积累模式由于不具有再分配的特征,不能体现风险共担的原则,也不能成为社会保障制度的主要发展模式,人们开始考虑将两者结合起来,形成一种既有部分现收现付,又有部分完全积累的新模式,即称之为部分积累模式。该模式拥有两种模式的优点,并避免了两者的主要缺陷,是社会保障制度未来发展的主流趋势。

第二节 我国社会保险基金的来源和收入

一、我国社会保险基金的来源

我国社会保险基金来自于国家、企业和个人三个方面,由四个部分组成:一是由参保人所在单位按本单位职工工资总额的一定百分比缴纳的保险费;二是由参保人按其工资收入(无法确定工资收入的按职工平均工资)的一定百分比缴纳的保险费;三是政府对社会保险基金的财政补贴;四是社会保险基金的银行利息或投资回报及社会捐赠等。不同社会保险项目的资金来源渠道不完全相同。

国家对社会保险基金提供税前列支的优惠政策,并对社会保险基金的缺口通过中央和地方财政提供补贴。例如,2009 年中央财政补助为 825.89 亿元。

国家还通过其他方式来补贴社会保险基金缺口。在 2001 年 6 月,国务院发布《减持国有股筹集社会保障资金管理暂行办法》,减持国有股是指向社会公众及证券投资基金等公共投资者转让上市公司(包括拟上市公司,下同)国有股的行为。国有股减持主要采取国有股存量发行的方式。凡国家拥有股份的股份有限公司(包括在境外上市的公司)向公共投资者首次发行和增发股票时,均应按融资额的 10% 出售国有股;股份有限公司设立未满 3 年的,拟出售的国有股通过划拨方式转由全国社会保险基金理事会持有,并由其委托该公司在公开募股时一次或分次出售。国有股存量出售收入全部上缴全国社会保险基金。

2010年10月28日,中华人民共和国第十一届全国人民代表大会常务委员会第十七次会议通过了《中华人民共和国社会保险法》,自2011年7月1日起施行。该法规定社会保险基金通过预算实现收支平衡。县级以上人民政府在社会保险基金出现支付不足时给予补贴。国家设立全国社会保障基金,由中央财政预算拨款以及国务院批准的其他方式筹集的资金构成,用于社会保障支出的补充、调剂。

二、近年来我国社会保险基金的总收入

从2000年到2015年,我国社会保险基金收入呈现出大幅上升的趋势,其中,2000年基金总收入为2 644.5亿元;2007年基金总收入为19 276.1亿元,比2000年增长了629%;2015年基金总收入达到46 012.1亿元,比2007年增长了182.6%,比2000年增长了1 640%(见表3-1、图3-1)。

表3-1 近年来我国社会保险基金总收入　　　　单位:亿元

年度	2000	2001	2002	2003	2004	2005	2006	2007
收入	2 644.5	3 101.9	4 048.7	4 882.9	5 780.3	6 975.2	8 643.2	10 812.3
年度	2008	2009	2010	2011	2012	2013	2014	2015
收入	13 690.1	16 115.6	19 276.1	25 153.3	30 738.8	35 252.9	39 827.7	46 012.1

数据来源:中华人民共和国国家统计局。

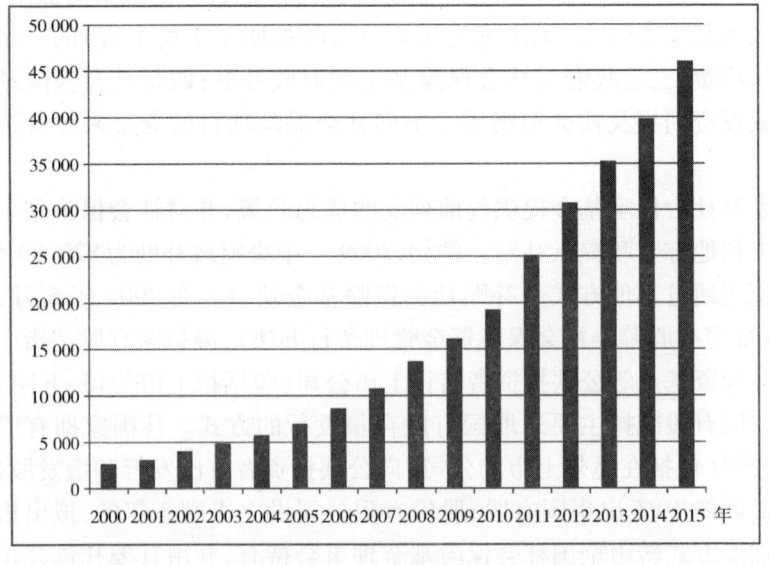

图3-1 近年来我国社会保险基金总收入(亿元)

三、近年来我国各项社会保险基金的分项收入

自 1991 年,我国的各项社会保险均呈现出良好、有序的发展趋势,特别是 1997 年以来,各项保险的基金收入大幅增长(参见表 3-2 和图 3-2)。

表 3-2　近年来我国社会保险基金分项收入　　　单元:亿元

年度	合计	基本养老保险	失业保险	医疗保险	工伤保险	生育保险
1997	1 458.1	1 337.9	46.9	52.3	13.6	7.4
1998	1 623.1	1 459	72.6	60.6	21.2	9.8
1999	2 211.8	1 956.1	125.2	89.9	20.9	10.7
2000	2 644.5	2 278.1	160.4	170	24.8	11.2
2001	3 101.9	2 489	187.3	383.6	28.3	13.7
2002	4 048.7	3 171.5	215.6	607.8	32	21.8
2003	4 882.9	3 680.4	249.5	890	37.6	25.8
2004	5 780.3	4 258.4	291	1 140.5	58.3	32.1
2005	6 975.2	5 093.3	340.3	1 405.3	92.5	43.8
2006	8 643.2	6 309.8	402.4	1 747.1	121.8	62.1
2007	10 812.3	7 834.2	471.7	2 257.2	165.6	83.6
2008	13 696.1	9 740.2	585.1	3 040.4	216.7	113.7
2009	16 115.6	11 490.8	580.4	3 671.9	240.1	132.4
2010	19 276.1	13 419.5	649.8	4 308.9	284.9	159.6
2011	25 153.3	16 894.7	923.1	5 539.2	466.4	219.8
2012	30 738.8	20 001	1 138.9	6 938.7	526.7	304.2
2013	35 252.9	22 680.4	1 288.9	8 248.3	614.8	368.4
2014	39 827.7	25 309.7	1 379.8	9 687.2	694.8	446.1
2015	46 012.1	29 340.9	1 367.8	11 192.9	754.2	501.7

数据来源:中华人民共和国国家统计局。

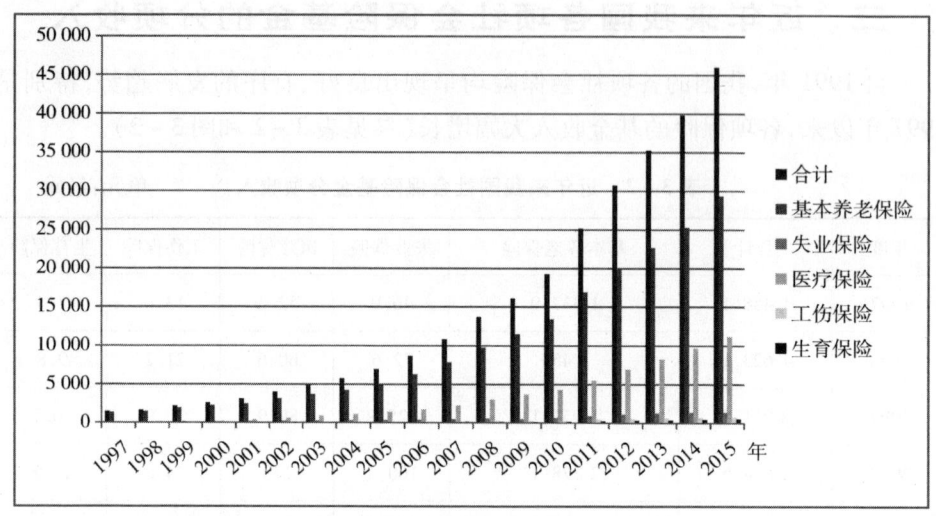

图 3-2 近年我国社会保险基金分项收入(亿元)

四、近年来我国社会保险基金的累计结余

近年来,我国的社会保险基金累积结余连续大幅增长,结余额已经从 2000 年的 1 327.5 亿元,增长到了 2015 年的 59 532.5 亿元(参见表 3-3 和图 3-3)。

表 3-3 近年来我国社会保险基金累计结余　　　单元:亿元

年度	2000	2001	2002	2003	2004	2005	2006	2007
结余	1 327.5	1 622.8	2 423.4	3 313.8	4 493.4	6 073.7	8 255.9	11 236.6
年度	2008	2009	2010	2011	2012	2013	2014	2015
结余	15 176.0	19 006.5	23 407.5	30 233.1	38 106.5	45 588.1	52 462.3	59 532.5

数据来源:中华人民共和国国家统计局。

五、近年来我国分项社会保险基金的结余

从分项结余来看,基本养老保险基金的结余额是最多的,基本养老保险基金的保值和增值是最为重要和关键的;其次是医疗和失业保险,工伤和生育保险基金只能满足短期的收支平衡,没有大量结余(参见表 3-4 和图 3-4)。

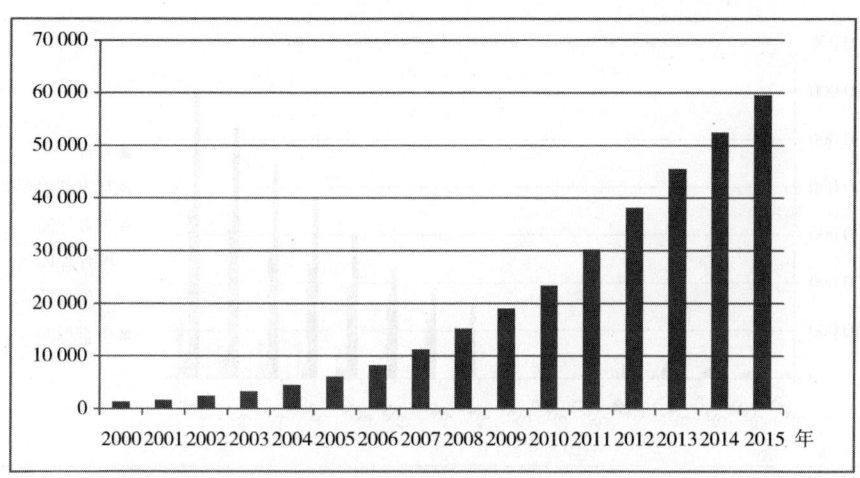

图3-3 近年来我国社会保险基金累计结余(亿元)

表3-4 近年来我国社会保险基金分项结余　　　单元:亿元

年度	合计	基本养老保险	失业保险	医疗保险	工伤保险	生育保险
2000	1 327.5	947.1	195.9	109.8	57.9	16.8
2001	1 622.8	1054.1	226.2	253.0	68.9	20.6
2002	2 423.3	1608.0	253.8	450.7	81.1	29.7
2003	3 313.8	2 206.5	303.5	670.6	91.2	42.0
2004	4 493.4	2 975.0	386.0	957.9	118.6	55.9
2005	6 073.7	4 041.0	519.0	1278.1	163.5	72.1
2006	8 255.9	5 488.9	724.8	1752.4	192.9	96.9
2007	11 236.6	7 391.4	979.1	2 476.9	262.6	126.6
2008	15 176.0	9 931.0	1 310.1	3 431.7	335.0	168.2
2009	19 006.5	12 526.1	1 523.6	4 275.9	468.8	212.1
2010	23 407.5	15 365.3	1 749.8	5 047.1	561.4	261.4
2011	30 233.1	19 496.6	2 240.2	6 180.0	742.6	342.5
2012	38 106.6	23 941.3	2 929.0	7 644.5	861.9	427.2
2013	45 588.1	28 269.2	3 685.9	9 116.5	996.2	514.7
2014	52 462.3	31 800.0	4 451.5	10 644.8	1 128.8	592.7
2015	59 532.5	35 344.8	5 083.0	12 542.8	1 285.3	684.4

数据来源:中华人民共和国国家统计局。

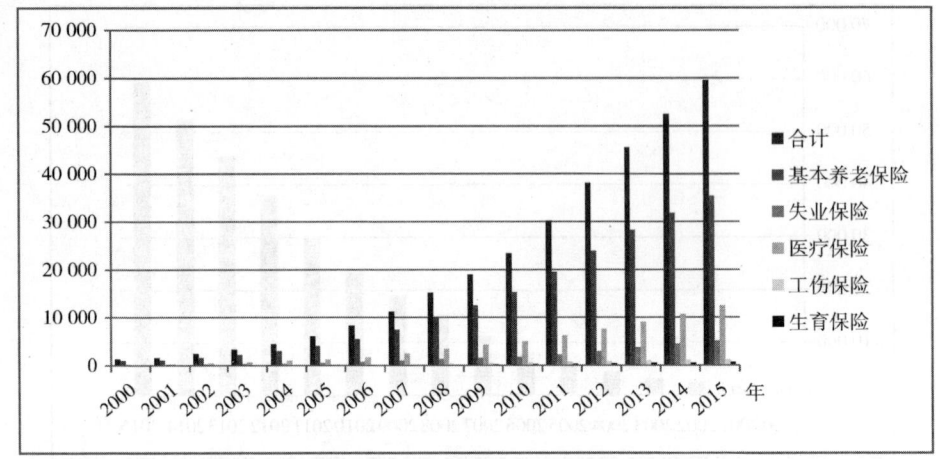

图3-4 近年来我国社会保险基金分项结余(亿元)

第三节 我国社会保险基金的征缴

我国的《社会保险费征缴暂行条例(国务院第259号令)》(以下简称《征缴条例》)明确规定了社会保险基金征缴的相关事项。

一、社会保险基金的征缴范围

基本养老保险费的征缴范围是:国有企业、城镇集体企业、外商投资企业、城镇私营企业和其他城镇企业及其职工,实行企业化管理的事业单位及其职工。

基本医疗保险费的征缴范围是:国有企业、城镇集体企业、外商投资企业、城镇私营企业和其他城镇企业及其职工,国家机关及其工作人员,事业单位及其职工,民办非企业单位及其职工,社会团体及其专职人员。

失业保险费的征缴范围是:国有企业、城镇集体企业、外商投资企业、城镇私营企业和其他城镇企业及其职工,事业单位及其职工。

省、自治区、直辖市人民政府根据当地实际情况,可以规定将城镇个体工商户纳入基本养老保险、基本医疗保险的范围,并可以规定将社会团体及其专职人员、民办非企业单位及其职工以及有雇工的城镇个体工商户及其雇工纳入失业保险的范围。

工伤保险保险费的征缴范围是：所有企业、民办非企业单位、国家机关、事业单位、社会团体及与之建立劳动关系的人员。在建筑施工和矿山行业工作的农村户口职工，在新参保和续保时，可以选择只参加工伤保险，暂不参加其他险种。

生育保险费的征缴范围是：所有企业和非国家财政拨款的事业单位、城镇个体工商及其职工（雇工）、国家机关、事业单位、社会团体、民办非企业单位及与之建立劳动关系的人员。目前先在本市城镇户口人员中实行。

二、社会保险基金征缴的机构

我国的社会保险基金的征缴机构是各级社会保险经办机构及其委托代为收缴的各级税务部门。截至2003年，我国共有15个省、自治区、直辖市的社会保险基金由社会保险经办机构征收，16个省、自治区、直辖市的社会保险基金由税务部门代为征收，由税务部门代为征收基金，其基数核定、登记申报、稽核等工作由当地的社会保险经办机构负责。

三、社会保险基金的征缴管理

（一）办理社会保险登记及变更

《征缴条例》规定，缴费单位必须向当地社会保险经办机构办理社会保险登记，参加社会保险。登记事项包括：单位的名称、住所、经营地点、单位类型、法定代表人或者负责人、开户银行账号以及国务院劳动保障行政部门规定的其他事项。

《征缴条例》施行前已经参加社会保险的缴费单位，应当自《征缴条例》施行之日起6个月内到当地社会保险经办机构补办社会保险登记，由社会保险经办机构发给社会保险登记证件。

《征缴条例》施行前尚未参加社会保险的缴费单位自《征缴条例》施行之日起30日内，《征缴条例》施行后成立的缴费单位自成立之日起30日内，持营业执照或者登记证书等有关证件，到当地社会保险经办机构申请办理社会保险登记。社会保险经办机构审核后，发给社会保险登记证件。

社会保险登记证件不得伪造、变造。社会保险登记证件的样式由国务院劳动保障行政部门制定。

缴费单位的社会保险登记事项发生变更或者缴费单位依法终止的,应当自变更或者终止之日起30日内,到社会保险经办机构办理变更或者注销社会保险登记手续。

(二)缴费规定及不按期缴费的处罚

缴费单位必须按月向社会保险经办机构申报应缴纳的社会保险费数额,经社会保险经办机构核定后,在规定的期限内缴纳社会保险费。

缴费单位不按规定申报应缴纳的社会保险费数额的,由社会保险经办机构暂按该单位上月缴费数额的110%确定应缴数额;没有上月缴费数额的,由社会保险经办机构暂按该单位的经营状况、职工人数等有关情况确定应缴数额。缴费单位补办申报手续并按核定数额缴纳社会保险费后,由社会保险经办机构按照规定结算。

省、自治区、直辖市人民政府规定由税务机关征收社会保险费的,社会保险经办机构应当及时向税务机关提供缴费单位社会保险登记、变更登记、注销登记及缴费申报的情况。

缴费单位和缴费个人应当以货币形式全额缴纳社会保险费,缴费个人应当缴纳的社会保险费由所在单位从其本人工资中代扣代缴,社会保险费不得减免。

缴费单位未按规定缴纳和代扣代缴社会保险费的,由劳动保险行政部门或者税务机关责令限期缴纳;逾期仍不缴纳的,除补缴欠缴数额外,从欠缴之日起,按日加收2‰的滞纳金。滞纳金并入社会保险基金。

(三)社会保险基金的分类管理

征收的社会保险费存入财政部门在国有商业银行开设的社会保险基金财政专户。

社会保险基金按照不同险种的统筹范围,分别建立基本养老保险基金、基本医疗保险基金、失业保险基金。各项社会保险基金分别单独核算。社会保险基金不计征税、费。

省、自治区、直辖市人民政府规定由税务机关征收社会保险费的,税务机关应当及时向社会保险经办机构提供缴费单位和缴费个人的缴费情况;社会保险经办机构应当将有关情况汇总,报劳动保障行政部门。

社会保险经办机构建立缴费记录,基本养老保险、基本医疗保险按照规定记录个人账户。社会保险经办机构负责保存缴费记录,并保证其完整、安全。

社会保险经办机构应当至少每年向缴费个人发送一次基本养老保险、基本医疗保险个人账户通知单。缴费单位、缴费个人有权按照规定查询缴费记录。

四、社会保险基金征缴的监督与检查

缴费单位每年向本单位职工公布本单位全年社会保险费缴纳情况,接受职工监督。社会保险经办机构应当定期向社会公告社会保险费征收情况,接受社会监督。

按照省、自治区、直辖市人民政府关于社会保险费征缴机构的规定,劳动保障行政部门或者税务机关依法对单位缴费情况进行检查时,被检查的单位应当提供与缴纳社会保险费有关的用人情况、工资表、财务报表等资料,如实反映情况,不得拒绝检查,不得谎报、瞒报。劳动保障行政部门或者税务机关可以记录、录音、录像、照相和复制有关资料,但应当为缴费单位保密。

劳动保障行政部门、税务机关的工作人员在行使前款所列职权时,应当出示执行公务证件。

劳动保障行政部门或者税务机关调查社会保险费征缴违法案件时,有关部门、单位应当给予支持、协助。

社会保险经办机构受劳动保障行政部门的委托,可以进行与社会保险费征缴有关的检查、调查工作。

任何组织和个人对有关社会保险费征缴的违法行为,有权举报。劳动保障行政部门或者税务机关对举报应当及时调查,按照规定处理,并为举报人保密。

社会保险基金实行"收支两条线"管理,由财政部门依法进行监督。审计部门依法对社会保险基金的收支情况进行监督。

五、对违反规定的处罚

缴费单位未按照规定办理社会保险登记、变更登记或者注销登记,或者未按照规定申报应缴纳的社会保险费数额的,由劳动保障行政部门责令限期改正;情节严重的,对直接负责的主管人员和其他直接责任人员可以处1 000元以上5 000元以下的罚款;情节特别严重的,对直接负责的主管人员和其他直接责任人员可以处5 000元以上10 000元以下的罚款。

缴费单位违反有关财务、会计、统计的法律、行政法规和国家有关规定,伪造、变造、故意毁灭有关账册、材料,或者不设账册,致使社会保险费缴费基数无法确定的,除依照有关法律、行政法规的规定给予行政处罚、纪律处分、刑事处罚外,依照《征缴条例》第十条的规定征缴;迟延缴纳的,由劳动保障行政部门或者税务机关依照《征缴条例》第十三条的规定加收滞纳金,并对直接负责的主管人员和其他直接责任人员处 5 000 元以上 20 000 元以下的罚款。

缴费单位的缴费个人对劳动保障行政部门或者税务机关的处罚决定不服的,可以依法申请复议;对复议决定不服的,可以依法提起诉讼。

缴费单位逾期拒不缴纳社会保险费、滞纳金的,由劳动保障行政部门或者税务机关申请人民法院依法强制征缴。

劳动保障行政部门、社会保险经办机构或者税务机关的工作人员滥用职权、徇私舞弊、玩忽职守,致使社会保险费流失的,由劳动保障行政部门或者税务机关追回流失的社会保险费;构成犯罪的,依法追究刑事责任;尚不构成犯罪的,依法给予行政处分。

任何单位、个人挪用社会保险基金的,追回被挪用的社会保险基金;有违法所得的,没收违法所得,并入社会保险基金;构成犯罪的,依法追究刑事责任;尚不构成犯罪的,对直接负责的主管人员和其他直接责任人员依法给予行政处分。

六、新的劳动保障监察条例

为贯彻实施劳动和社会保障法律、法规和规章,规范劳动保障监察工作,维护劳动者的合法权益,国务院发布了《劳动保障监察条例》(国务院第 423 号令),自 2004 年 12 月 1 日起开始实施,对企业和个体工商户(以下称用人单位)进行劳动保障监察。

(一)劳动保障监察的机构与管理

国务院劳动保障行政部门主管全国的劳动保障监察工作。县级以上地方各级人民政府劳动保障行政部门主管本行政区域内的劳动保障监察工作。县级以上各级人民政府有关部门根据各自职责,支持、协助劳动保障行政部门的劳动保障监察工作。县级、设区的市级人民政府劳动保障行政部门可以委托符合监察执法条件的组织实施劳动保障监察。

劳动保障行政部门和受委托实施劳动保障监察的组织中的劳动保障监察员应当经过相应的考核或者考试录用。劳动保障监察证件由国务院劳动保障行政部门监制。

县级以上地方各级人民政府应当加强劳动保障监察工作。劳动保障监察所需经费列入本级财政预算。

(二)劳动保障监察的范围和方式

用人单位应当遵守劳动保障法律、法规和规章,接受并配合劳动保障监察。各级工会依法维护劳动者的合法权益,对用人单位遵守劳动保障法律、法规和规章的情况进行监督。

任何组织或者个人对违反劳动保障法律、法规或者规章的行为,有权向劳动保障行政部门举报。

劳动者认为用人单位侵犯其劳动保障合法权益的,有权向劳动保障行政部门投诉。

劳动保障行政部门对用人单位参加各项社会保险和缴纳社会保险费的情况实施劳动保障监察。

劳动保障行政部门实施劳动保障监察,有权采取下列调查、检查措施:①进入用人单位的劳动场所进行检查;②就调查、检查事项询问有关人员;③要求用人单位提供与调查、检查事项相关的文件资料,并做出解释和说明,必要时可以发出调查询问书;④采取记录、录音、录像、照相或者复制等方式收集有关情况和资料;⑤委托会计师事务所对用人单位工资支付、缴纳社会保险费的情况进行审计;⑥法律、法规规定可以由劳动保障行政部门采取的其他调查、检查措施。

(三)劳动保障监察的结果处理

对依法应当受到行政处罚的,依法作出行政处罚决定;对应当改正未改正的,依法责令改正或者做出相应的行政处理决定;对情节轻微且已改正的,撤销立案。

发现违法案件不属于劳动保障监察事项的,应当及时移送有关部门处理;涉嫌犯罪的,应当依法移送司法机关。

劳动保障行政部门对违反劳动保障法律、法规或者规章的行为做出行政处罚或者行政处理决定前,应当听取用人单位的陈述、申辩;作出行政处罚或者行政处理决定,应当告知用人单位依法享有申请行政复议或者提起行政诉讼的权利。违反劳动保障法律、法规或者规章的行为在两年内未被劳动保障行政部门发现,也未被举报、投诉的,劳动保障行政部门不再查处。

前款规定的期限,自违反劳动保障法律、法规或者规章的行为发生之日起计算；违反劳动保障法律、法规或者规章的行为有连续或者继续状态的，自行为终了之日起计算。

用人单位违反劳动保障法律、法规或者规章，对劳动者造成损害的，依法承担赔偿责任。劳动者与用人单位就赔偿发生争议的，依照国家有关劳动争议处理的规定处理。

对应当通过劳动争议处理程序解决的事项或者已经按照劳动争议处理程序申请调解、仲裁或者已经提起诉讼的事项，劳动保障行政部门应当告知投诉人依照劳动争议处理或者诉讼的程序办理。

劳动保障行政部门应当建立用人单位劳动保障守法诚信档案。用人单位有重大违反劳动保障法律、法规或者规章的行为的，由有关的劳动保障行政部门向社会公布。

（四）法律责任

1. 用人单位有下列行为之一的，由劳动保障行政部门分别责令限期支付劳动者的工资报酬、劳动者工资低于当地最低工资标准的差额或者解除劳动合同的经济补偿；逾期不支付的，责令用人单位按照应付金额50%以上1倍以下的标准计算，向劳动者加付赔偿金：

用人单位向社会保险经办机构申报应缴纳的社会保险费数额时，瞒报工资总额或者职工人数的，由劳动保障行政部门责令改正，并处瞒报工资数额1倍以上3倍以下的罚款。

骗取社会保险待遇或者骗取社会保险基金支出的，由劳动保障行政部门责令退还，并处骗取金额1倍以上3倍以下的罚款；构成犯罪的，依法追究刑事责任。

2. 有下列行为之一的，由劳动保障行政部门责令改正；对有第①项、第②项或者第③项规定的行为的，处2 000元以上2万元以下的罚款：①无理抗拒、阻挠劳动保障行政部门依照本条例的规定实施劳动保障监察的；②不按照劳动保障行政部门的要求报送书面材料，隐瞒事实真相，出具伪证或者隐匿、毁灭证据的；③经劳动保障行政部门责令改正拒不改正，或者拒不履行劳动保障行政部门的行政处理决定的；④打击报复举报人、投诉人的。

违反前款规定，构成违反治安管理行为的，由公安机关依法给予治安管理处罚；构成犯罪的，依法追究刑事责任。

3. 劳动保障监察员滥用职权、玩忽职守、徇私舞弊或者泄露在履行职责过程中知悉的商业秘密的，依法给予行政处分；构成犯罪的，依法追究刑事责任。

劳动保障行政部门和劳动保障监察员违法行使职权,侵犯用人单位或者劳动者的合法权益的,依法承担赔偿责任。

本章综合案例

为何企业欠社保费会如此之多?

偷逃、欠缴社会保险费,是不少企业的"通病"。据劳动和社会保障部的一份最新统计表明,目前,全国企业欠缴养老保险费共383亿元,其中1 000万元以上的欠费大户有200余家。

国家发展社会保险事业,建立社会保险制度,设立社会保险基金,使劳动者在年老、患病、工伤、失业、生育等情况下获得帮助和补偿。企业欠保严重削弱了社会保险基金的支撑能力,加重了中央和地方财政负担,对确保养老金按时足额发放、维护社会稳定产生了不利影响。

当前,我国社会保障体系建设面临的主要问题有:其一、瞒报、少报职工缴费基数。按规定,职工缴纳社会保险费的基数是按照本人上年度月平均工资收入来确定的,但是有的单位为了达到少缴社会保险费的目的,瞒报职工人数和工资基数而少参保、少缴费。其二,有的国有企业改制、关闭、破产后,职工的社会保险关系未能及时理顺,衔接不到位,造成参保人数下降。其三,适应农民工、失地农民、乡镇企业劳动者的统一社会保障体系一时难以建立,农民工参保率比较低。据广东省一份抽样调查,农民工养老保险参保率仅36%。

企业为何欠社保费?其主要原因首先是,我国劳动保障制度推行的强制力不够。社会保险本应由国家立法强制推行,但由于立法滞后,目前,我国还未制定《社会保险法》,仅靠规章和政策支撑运作,不能从根本上解决社会保险投保率低的问题。

其次是,对违反社会保险法规的处罚力度不够。按照劳动保障部颁发的《社会保险费征缴监督检查办法》的规定,对不参加社会保险或欠缴社会保险费的,只能对用人单位处以5 000元以下罚款,对用人单位而言,这点罚款根本无关痛痒。因缴只不过5 000元的罚款显然比十几万的社会保险费少得多,且对同一个违法行为,《办法》规定不得给予两次以上的罚款行政处罚。因此,肯定会出现用人单位宁愿受处罚,也不愿意为职工办理社会保险的现象。

近几年,涉及社会保险费的案件不断增多,由于涉及的人数众多,极易引发群体性纠纷。因此,企业欠保问题必须引起足够的重视。

前不久,劳动和社会保障部、国家经贸委、财政部联合出台了《关于清理收回企业欠缴社会保险费有关问题的通知》(以下简称《通知》)。《通知》要求,建立清欠目标责任制。对长期欠缴社会保险费的企业,要逐户审核,建立专门的欠费记录,并进行动态跟踪。欠费 100 万元以上的企业由省级劳动保障部门直接监控;欠费 1 000 万元以上的企业,省级劳动保障部门要报劳动和社会保障部备案,同时向财政、经贸等有关部门通报情况。

这份《通知》很具体,也很及时,对解决企业欠保问题会有一定的促进作用,但问题的根本解决恐怕最终还得依靠法律的强制力。

(资料来源:人民网,2006 年 2 月 3 日,王化学,http://opinion.people.com.cn/GB/40604/4072759.html)

▶思考题:我国社会保险金的征缴存在哪些问题?

本章小结

1. 社会保险基金的筹集模式主要有现收现付模式、完全积累模式、部分积累模式。最早建立社会保障制度的德国最先使用的就是现收现付的筹资模式,而新加坡、智利等国使用的又是完全积累模式,随着经济全球化和人口老龄化的发展,一些国家将前两种模式结合起来形成了部分积累的模式。

2. 我国的社会保险基金主要来自于国家、企业和个人三个方面。它由四个部分组成:参保人所在单位按本单位职工工资总额的一定百分比缴纳的保险费;参保人按其工资收入的一定百分比缴纳的保险费;政府对社会保险基金的财政补贴;社会保险基金的银行利息或投资回报及社会捐赠。

3. 社会保险基金的征缴根据不同的保险项目有不同的征缴对象。

重要概念

现收现付模式　完全积累模式　部分积累模式

复习思考题

1. 现收现付模式的概念及其优缺点有哪些?
2. 完全积累模式的概念及其优缺点有哪些?
3. 部分积累模式的概念及其优缺点有哪些?
4. 国际上社会保险基金的筹集模式的演变趋势是什么?
5. 社会保险基金的征缴范围是什么?
6. 我国社会保险基金的缴费规定是什么?
7. 如何对社会保险基金的征缴进行监督与检查?

第四章 社会保险基金的支付管理

学习目的与要求

通过本章的学习，了解社会保险基金支付的内涵及各国社会保险支出的范围，了解我国社会保险各项目的基金支付和使用情况及我国在社会保险基金支付管理上存在的问题；掌握社会保险水平的概念和"适度"的标准，掌握现行制度下我国养老金的待遇给付和医疗保险金、失业保险金的支付条件与标准，以及完善我国社会保险基金支付管理的对策和建议。

第一节 社会保险基金支付的基本概念

社会保险基金的支付是与社会保险基金的筹集相对应的范畴，它与社会保险基金的收入共同组成了社会保险基金运转的两个基本方面。一般来说，社会保险基金支付是指社会保险基金的经办机构在遵守政府对社会保险支付管理原则和制度的前提下，将筹集的社会保险基金发给履行了社会保险缴费义务的个人的过程。

一、社会保险基金支付的内涵

从表面看，社会保险基金的支付仅仅是社会保险运行过程的一个环节，但它蕴含着极其丰富的内涵。它包括以下几个方面：

其一，支付的条件，即什么样的人才给予支付，包括缴费时间、缴费数额等等。

其二,支付的方式,即基金的支付是一次性发放,还是多次性发放;是定期发放,还是不定期发放。采取何种支付方式一般是根据支付条件确定的。

其三,支付的标准,即根据支付条件确定的保险额度、比例等,一般与筹集的标准保持一致或接近的口径。

其四,支付的记录,即社会保险基金按个人、地区、行业的发放情况记录和全国的汇总记录反映在一定时期内社会保险支出的动态情况,为政府制定和调整社会保险制度和政策提供可靠的依据。

其五,支付的效果,即社会保险基金发放后各方面的反映,收支对比分析以及在安定居民生活、保护人民健康、挽回灾害损失等方面的情况,是检验社会保险机制所起作用好坏的归纳、分析和总结。

其六,支付的监督,由专门的社会保险基金监督机构对社会保险基金发放过程予以监督,防止基金的挪用、贪污、浪费等现象的发生,确保社会保险基金正确、有效地支付和使用。

二、社会保险基金的支出范围

纵观世界各国社会保险基金的支出范围,主要包括如养老保险、医疗保险、失业保险、工伤保险、生育保险等。社会保险属于基本保障,保障劳动者在失去劳动能力、失去工资收入后仍能享有基本生活,保障对象是"劳动者"。国际上的社会保险支出通常划分为五个方面:①养老、残障、死亡;②疾病、生育、医疗护理;③失业;④家庭津贴;⑤工伤及其他。

社会保险基金的支出范围与经济发展水平直接相关联,发达国家的保险支出范围明显大于发展中国家的保险支出范围。

三、社会保险支出与财政支出的关系

财政支出一般划分为购买支出和转移支出,而转移支出以社会保险支出为主。从经济影响看,社会保险支出在国家财政支出中有着重要地位,它全面影响着国民收入的分配,并间接影响着资源的配置。从数额上看,社会保险支出在国家预算支出中已超过其他支出项目而占据首位。从结构上看,社会保险支出在国家财政开支中的比重也是呈上升趋势。

高比例的社会保险支出也给各国带来了一些问题,这就是福利国家危机的主要原因,表现为以下几个方面。

(一) 财政陷入困境

20 世纪 70 年代以来,发达资本主义国家出现了严重的"滞胀"现象,经济增长速度普遍大幅下降,通货膨胀严重,失业增加,外贸增长速度显著减缓。由于经济增长缓慢,个人、企业和政府的收入都明显减少,而失业和贫困人数同时在剧增,社会福利开支也随之增加,其结果是带有"刚性"特点的高社会福利和社会保险开支的增长幅度快于同期整个经济的增长幅度,从而使政府财政赤字不断地增长,经济和财政不堪重负。

事实上,各主要资本主义国家 20 世纪 70 年代以来通货膨胀加剧的一个重要原因,就是政府开支不断增加而导致了财政赤字大幅度增长,政府维持庞大的政府开支的一个重要手段就是不断地增加课税。社会福利支出的不断增加还对企业和个人负担的社会保险缴费造成了很大的压力,给企业生产经营带来了不利的影响。在"福利国家"普遍存在的一种现象是高福利与高赋税、高财政赤字并存。

(二) 失业严重

尽管"福利国家"失业问题产生的原因是多方面的,但是各国福利经济制度的某些具体规定存在着一些不合理的方面,从而使各国的失业率难以降低,这也是有目共睹的事实。在"福利国家",与高工资、高福利并存的是高税收负担,导致雇主雇佣劳动力的成本不断上升。在这种情况下,企业要么千方百计地少雇佣工人;要么将产品生产转移到具有丰富廉价劳动力资源的发展中国家,缩小本国的生产基地;要么提高商品价格,将他们负担的福利费用转嫁出去,这会降低企业产品的竞争力,影响企业的发展,最终影响就业。

同时,由于社会福利计划一般保证了失业者及没有正常收入的工人也能获得维持基本生活的福利津贴收入,并且这种福利性津贴收入一般不需要缴纳所得税,因而社会福利计划在一定程度上降低了失业者失业期间寻找、恢复工作或变换工作的积极性。很多人宁愿失业,也不愿意工作。这两方面的结果无疑加重了"福利国家"的失业状况。

(三) 行政低效率,结构不合理

"福利国家"臃肿的福利机构既是阻止社会福利制度充分发挥应有的积极作用的重要因素,也是调整福利政策的重要障碍。社会福利支出的大幅度增加,在意识形态上贬低了商业意识,滋养了社会行政官僚机构,使他们变成为凌驾于人类精神、社会之上的正规统治架构的一部分。政府官僚机构的扩大,不仅增加了社会福利的行政管理费用及管理人员所需的福利开支,增大了广大公民因申请福利津贴或救济的烦琐手续而造成的种种麻烦,而且使政府权力更加集中,运转更不灵活,办事效率更低,并使社会福利制度的结构变得不合理。

(四)社会危机产生

随着福利经济制度的不断发展,"福利国家"所实施的高福利政策及社会福利实施过程中的平均化,使人们产生了对社会和政府的依赖,造成了一种不干或少干工作照样可以生活得很好的社会观念。人们认为,政府有责任和义务防止贫困,保证社会公平。由于政府对所有的人都提供一定的生活保障,社会福利政策实际上具有一种"奖懒罚勤"的效果,因而会鼓励懒惰,不利于社会勤勉精神和工作道德的建立,削弱社会的生机和活力,致使国家财政负担加重,劳动力成本上升,国际竞争力下降。

与西方发达国家相比,我国的社会保险支出无论是从绝对数量还是相对数量上来看都远远不足。随着社会主义市场经济改革的深入,国家财政的社会保险职能作用也越来越重要。财政要把企事业单位开支中的社会保险支出转为国家财政的预算支出,并加强对此支出的统一管理与宏观调控。国家财政要逐步提高社会保险支出的比重,扩大社会保险的覆盖范围,真正实现社会成员享受社会保险权利的平等。同时,也要结合我国的具体国情进行适当选择。我国是一个发展中国家,经济基础比较薄弱,这就决定了我国国家财政支出中社会保险支出的比例不会一下子提得很高。

社会保险是社会保障体系的主要组成部分。2014—2016年,我国财政社会保障和就业支出占一般公共财政支出的比重分别为10.5%,10.8%,11.5%,财政社会保障和就业支出的增长速度均高于同期一般公共财政支出的增长速度。2015年,城镇职工基本养老保险基金收入为29 341亿元,其中各级财政补贴达到4 716亿元。

2004年9月17日,原中国劳动和社会保障部部长郑斯林出席在北京举行的国际社会保障协会第28届全球大会时表示,中国将积极调整政府财政支出结构,特别是加大地方政府对社会保障的财政投入,逐步把社会保障支出占财政支出的比例提高到15%~20%。中国财政部副部长肖捷也表示,中国财政部门正在努力健全公共财政体系,压缩生产性补贴和可以通过市场补偿的事业性支出,逐年加大财政对社会保障的投入力度。

四、社会保险水平

(一)社会保险水平的概念

社会保险水平是指在一定时期内一国或地区的社会成员享受社会保险的高低程度。它既包含量的内容,又包含质的特征。从量上讲,社会保险水平有"高""低"之分,一般把社会保险总支出占国内生产总值(GDP)的比重作为衡量社会保险水平的主要指标,其计算公式为:

$$社会保险水平 = 社会保险支出总额/国内生产总值 \times 100\%$$

这个指标集中反映了一国或地区经济资源用于提高居民社会保险待遇水平的程度,有利于不同国家和地区、不同时期之间进行横向和纵向的比较。同时,社会保险水平实际上是由一系列指标来完整描述的,不应把社会保险水平简单地等同于社会保险水平主指标。即使各国用于社会保险的国民经济资源的比重相同,由于各国的经济、社会结构、人口结构与规模不同,社会保险体系千差万别,实际的社会保险效果也可能大不一样。因此,在具体衡量一国或地区的社会保险水平时,除了考虑社会保险支出总额占国内生产总值的比重外,还应考虑人均的社会保险待遇水平、社会保险覆盖面与社会保险自身的制度结构等多项指标,这样才能对该国或地区的社会保险的实际水平做出客观全面的判断与评价。

(二)社会保险水平的适度标准

从质上来讲,社会保险水平有"适度"和"不适度"之分。社会保险水平并非越高越好,社会保险制度内在地要求维持和保证适当的水平。社会保险水平"适度"的判断标准是社会保险支出与国家生产力发展水平以及各方面的承受力相适应,既保障公民基本经济生活,又促进国民经济健康发展,同时,还能实现社会保险制度自身的良性运行。

适度的社会保险水平具体表现在以下几个方面:
(1)既保障公民的基本经济生活水平,又激励劳动者的劳动积极性;
(2)既保证社会稳定,又促进经济发展;
(3)既有利于社会公平,又有利于提高效率;
(4)既提高公民素质,又促进社会进步;
(5)有利于实现社会保险制度的周期平衡,避免出现财务危机,保证社会保险制度的良性运转。

(三) 社会保险水平的"不适度"

社会保险水平"不适度"对国民经济、社会和社会保险自身都会产生负面影响。"不适度"有两种情况：社会保险水平过低和水平超度。

水平过低反映了社会保险程度不足，不能很好地实现社会保险应有的功能，不能保障公民的经济生活，不利于社会稳定与发展，同时，降低了公民的劳动积极性，最终对于社会运转的效率产生不良影响。许多发展中国家的实践证明，社会保险制度的缺位、残缺或低水平，对总体经济的发展造成了瓶颈制约，阻碍了国民经济的发展。

水平超度是指社会保险支出增长过快，超过国民经济能承受的水平，从而超过了应有的适度水平。由于社会保险的刚性增长，社会保险水平超度是较为普遍和容易发生的现象，20世纪70年代以来西方国家出现的"福利危机"就是典型的例子。社会保险水平的超度会带来一系列不良影响，并且超度的程度越高，这种影响也越大。这具体表现在以下几个方面。

1. 社会保险支出过快，加上人口老龄化总体趋势和经济的周期性波动，往往导致社会保险的财务危机，危及社会保险制度的生存和发展。

2. 社会保险支付危机必然带来政府的赤字和债务增加，影响政府的信誉，并最终转嫁给下一代人承担。

3. 社会保险水平超度引起雇主缴纳社会保险税费增加，这些增加的人工成本在不能完全转嫁给消费者承担时，必然引起生产成本上升，在国际市场上的竞争力下降。

4. 社会保险水平超度不利于激励劳动者的积极性。过高的社会保险福利水平会造成部分人自愿失业或提前退休，坐享社会保险待遇，即所谓的"养懒人"。这既不利于提高经济效益，也损害了社会公平。

(四) 社会保险与公平、效率

公平、效率与社会保险制度密切相关。公平是社会保险的本质和核心。效率是社会保险制度正常运行的物质保证，效率的任何下降产生都会造成或加重社会保险制度的实施困难。过分追求公平特别是高保障水平的公平，会产生严重的负面效果：一方面，人们逐渐形成依附社会保险的惰性，宁愿领取失业保险金，也不愿从事体力劳动；另一方面，因社会保险支付水平过高，国家财政负担日益加重，政府只能通过高税收来弥补社会保险赤字，导致资本和技术外流，抑制经济发展。超越经济发展水平的社会保险制度即使公平，也难以长期有效地实施。但是，如果片面追求效率而忽视公平，财富分配的极大不公则可能引发社会动荡，经济发展也会面临动力不足的问题。因此，社会保险制度既要坚持公平，也要体现效率，寻求公平与效率的统一。要合理确定支付水平，使社会保险水平同经济发展水平相适应。

相关知识链接

福利国家

"福利国家"这个术语最早出现于20世纪20年代后期的德国，以及20世纪40年代前期的英国。战后的许多西方国家的生活安定巩固了广泛、全面的社会政策在现代国家政体中的地位。这些国家福利体系的出现往往会取代或接替由互助合作组织、企业或工人的福利供给，在此进程中扩展了领域、社会经济和职业覆盖面。尽管不同国家和不同政策领域中社会政策形式各异，但在20世纪后半叶，社会政策成为北方国家（发达国家）的大特色。瑟邦（Therborn，1983）把那些将其一半以上的政府开支用于社会政策的国家定义为福利国家，而不是经济、军事、法律和规定、基层组织和国家的其他传统功能。

第二节　我国社会保险基金各项目的支付与使用

一、养老保险

(一) 养老金待遇给付的财务机制

养老金待遇给付分为待遇确定型和缴费确定型，目前，在西方国家缴费确定型养老金给付方式已经占有越来越大的比重。采取缴费确定型也是政府应对人口老龄化，减轻财政负担的重要方式。

1. 待遇确定型。待遇确定型是指根据预先设定的养老金领取水平来决定缴费率，即"以支定收"。当职工退休时，可领取的养老金数额会保持与原有工资的一定比例（替代率），但由于职工寿命的难以预期和通货膨胀等因素，这种给付方式会使支付养老金的一方支出数额不确定，存在一定的风险。对于参保者来说，领取养老金需要满足相当的条件，如在单位连续工作达到一定的年限，这样的条件会使得部分劳动者实际难以领取养老金。

2. 缴费确定型。缴费确定型是指参保人按照一定的缴费率来缴纳保险费，保险金存入个人账户，退休后领取的养老金按照个人账户的积累额确定。养老基金通常委托社会保险机构、投资公司代为管理和投资，这样，职工退休后领取的退休金数额是不确定的。但由于个人账户是属于个人所有，职工不必担心其缴费得不到回报，并且个人账户可以随职工转换工作而转移，这有利于市场经济条件下的劳动力流动。

（二）现行制度下我国养老金的支付

根据1997年国务院颁发的《关于建立统一的企业职工基本养老保险制度的决定》，目前，我国养老金的给付实行"老人"（建立新制度以前退休的城镇从业人员）老办法、"中人"（建立新制度前已经工作但不到退休年龄的城镇从业人员）中办法，"新人"（建立新制度以后开始工作的城镇从业人员）新办法。

1. 支付条件。

（1）退休年龄。国家法定的企业职工退休年龄是男年满60周岁，女工人年满50周岁，女干部年满55周岁。从事井下、高空、高温、特别繁重体力劳动或其他有害身体健康工作（以下称特殊工种）的，退休年龄为男年满55周岁，女年满45周岁。

（2）缴费年限。个人缴费年限累计满15年的，退休后按月发给基本养老金。若其退休时的全部缴费年限不满15年的，则在退休时不享受基础养老金待遇，一次性领取个人账户全部储存额，同时终止养老保险关系。

"中人"在达到法定退休年龄时，个人缴费年限和视同缴费年限满10年（或15年）的，仍按月支付养老金，具体年限由各省、自治区、直辖市确定。

"老人"仍按国家原来的规定发给养老金，同时执行养老金调整办法。

（3）个人账户一次性支付的条件和支付项目。根据有关政策规定，如参保人员缴费年限（包括视同缴费年限）不足15年，达到法定退休年龄的，在职（或退休后）死亡、出国定居、农民合同制工人解除劳动合同等，可以一次性领取个人账户储存额。一次性领取个人账户储存额需要按照规定填写"个人账户一次性支付审批单"。

个人账户存储额用于支付以下项目:个人账户养老金;基本养老金正常调整应由个人账户支付的部分,即职工退休以后年度调整增加的养老金,按职工退休时个人账户养老金和基础养老金各占基本养老金的比例,分别从个人账户存储额和社会统筹基金中列支;被保险人死亡,个人账户余额中应继承的部分;职工退休时缴费不满15年的一次性支付额。

2. 支付标准。在待遇给付方面,"老人"的养老金按国家原规定执行;对于"中人",达到领取条件的,国家给予基础养老金和个人账户养老金,同时给予部分过渡性养老金;"新人"在达到领取条件时,领取基础养老金和个人账户养老金(参见图4-1)。

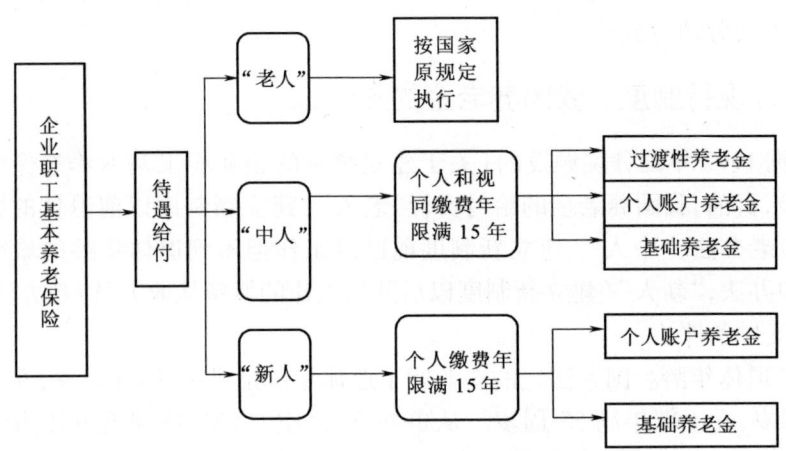

图4-1 企业职工养老保险待遇给付

2005年,《国务院关于完善企业职工基本养老保险制度的决定》(国发〔2005〕38号)明确规定:基本养老金月标准以当地上年度在岗职工月平均工资和本人指数化月平均缴费工资的平均值为基数,缴费每满1年发给1%,从社会统筹基金支付;个人账户养老金月标准为个人账户储存额除以计发月数,计发月数根据职工退休时城镇人口平均预期寿命、本人退休年龄、利息等因素确定,从个人账户储蓄额中支付。过渡性养老金大多是根据本人的指数化月平均缴费工资的一定比例,按视同缴费年限长短计发,也由社会统筹基金支付。各地因经济发展程度和收入水平不同,其比例略有差别,视同缴费年限每年的发放比例大致在指数化月平均缴费工资的1.0%~1.4%之间,个别省份也有略高于这一比例的;即过渡性养老金=指数化月平均缴费工资×1.0%(~1.4%)×视

同缴费年限。其中,指数化月平均缴费工资是指缴费工资乘以调整系数,其计算公式为:

$$S = (C1/C1X1 + C1/C2X2 + C1/C3X3 + \cdots, C1/CnXn)/12N$$

S 为指数化月平均缴费工资;

$C1, C2, C3, Cn$ 为退休前 $1, 2, 3, n$ 年的当地职工年平均工资;

$X1, X2, X3, Xn$ 为职工前 $1, 2, 3, n$ 年的年平均缴费工资;

N 为视同缴费年限。

3. 收支情况。据2016年人力资源和社会保障部发布的数据显示,2015年,我国全年城镇职工基本养老保险基金总收入为29 341亿元,比上年增长15.9%,其中征缴收入23 016亿元,比上年增长12.6%。各级财政补贴基本养老保险基金4 716亿元。全年基金总支出25 813亿元,比上年增长18.7%。年末城镇职工基本养老保险基金累计结存35 345亿元。

二、医疗保险

(一)医疗保险费用的支付方式

相对于其他几项险种,医疗保险系统要复杂得多。医疗保险系统是由医疗保险机构、被保险人、医疗服务的提供者组成的,在这三方之间及与政府之间的相互作用形成了医疗保险系统的运作的动力。因此,它们之间就形成了一种三角四方关系。医疗保险的费用支付是医疗保险机构作为付款人,代替被保险人支付他们因接受医疗服务所花去的医疗费用,对医疗机构提供医疗服务所消耗的经济资源进行补偿。目前,国际上的医疗费用支付方式多种多样,这些方式各有利弊。

1. 按项目付费方式。按项目付费方式属于"后付制"类型。这一支付方式的特点是医院收入与提供的服务项目数直接相关。这样容易刺激需求,供方会增加不必要的医疗服务项目或服务量,以此从保险机构获得更多的费用偿付。由于保险机构作为服务的局外人(第三方),只能事后对医院上报的服务项目和收费账单进行审查,在控制医疗费用方面显得"软弱无力"。

2. 按服务单元付费方式。按服务单元付费方式的特点是医院或医生的收入与提供服务的次数直接有关。它容易刺激医生通过增加服务次数(如分解门诊次数,分解住院单元)以提供过量服务,获取多偿付费用。

3. 按人头付费方式。按人头付费方式的特点是在一定时间内,按一定服务对象人数,预先承包给约定医疗单位的医疗费用。在此期间,医院或医生能够自觉地开展健康教育、体检等活动,以期最大限度地降低发病率,从而减少医疗费用开支。

4. 按病种付费方式。按病种付费通过统一的疾病分类定额偿付标准的制定,达到医疗资源利用标准化。它的费用制约力度较强,在客观上促进医院注意节约,避免不必要的支出。

5. 总额预算付费方式。总额预算付费方式的特点是政府或医疗保险机构与医疗服务提供方协商,确定供方一年的年度总预算,相当于为供方设立了一个封顶线。这种支付方式将医疗消费和费用的控制主动权交给了服务提供方,医疗保险管理得以简化,成本得以下降。

(二) 医疗保险费用的分担方式

为了避免医疗保险中的"道德风险",控制因免费医疗而导致过度需求,从而造成医疗费用过快上涨,社会保险机构通常会让被保险人在接受医疗服务的同时自付部分医疗费,具体分担方式有如下几种。

1. 定额自付。定额自付是指被保险人每发生一次门诊或住院费用,都自付一定数量的医疗费用。

2. 扣除保险。扣除保险是指被保险人在就医时先支付一笔固定的费用,其余费用全部或部分由社会保险机构支付。自付的医疗费用水平又称起付线或超保线。实行这种办法可以减少处理小额支付的手续和管理成本,也有利于控制参保人可能出现的浪费行为。

3. 共付保险。共付保险要求参保人在第三方为其支付医疗费用的同时,本人也要支付一定比例的费用。其优点是在降低医疗服务价格的同时,仍能促使病人去寻求较便宜的医疗服务。共付保险的有效程度取决于医疗服务利用率对价格下降的反击程度,即医疗服务需求的价格弹性。

4. 限额保险。限额保险是指保险机构设立最高支付限额,超出这一限额的医疗费用由病人自己负担,这个最高支付限额是医疗社会保险支付的"封顶线"。

(三) 现行制度下我国医疗保险基金的支付

1998年12月,国务院颁布了《关于建立城镇职工基本医疗保险制度的决定》,这一制度建立了基本医疗统筹基金和个人账户,发挥互助互济和个人自我保障的作用,形成医、患、保三方激励与制约相统一的内在机制,控制医疗费用过快的增长。

1. 支付条件。基本医疗保险基金支付职工和退休人员的医疗费用,应当符合规定的基本医疗保险药品目录、诊疗项目目录及服务设施范围和支付标准。基本医疗保险药品目录、诊疗项目目录及医疗服务设施范围和支付标准的具体办法,由劳动保障行政部门会同有关部门另行制定。

2. 支付标准。统筹基金和个人账户要划定各自的支付范围,分别核算,不得互相挤占。要确定统筹基金的起付标准和最高支付限额,起付标准在原则上控制在当地职工年平均工资的10%左右,最高支付限额在原则上控制在当地职工年平均工资的4倍左右。起付标准以下的医疗费用从个人账户中支付或由个人自付。起付标准以上、最高支付限额以下的医疗费用主要从统筹基金中支付,个人也要负担一定比例。超过最高支付限额的医疗费用,可以通过商业医疗保险等途径解决。统筹基金的具体起付标准、最高支付限额以及在起付标准以上和最高支付限额以下医疗费用的个人负担比例,由统筹地区根据以收定支、收支平衡的原则确定。

3. 支付项目。我国医疗保险基金的支付项目主要有以下几项:

(1)个人账户支付以下医疗费用:门诊、急诊的医疗费用;到定点零售药店购药的费用;基本医疗保险统筹基金起付标准以下的医疗费用;超过基本医疗保险统筹基金起付标准,按照比例应当由个人负担的医疗费用。个人账户不足部分由本人支付。

(2)基本医疗保险统筹基金支付以下医疗费用:住院治疗的医疗费用;急诊抢救留观并收入住院治疗的,其住院前留观7日内的医疗费用;恶性肿瘤放射治疗和化学治疗、肾透析、肾移植后服抗排异药的门诊医疗费用。

4. 收支情况。2015年,全国城镇基本医疗保险基金总收入为11 193亿元,支出9 312亿元,分别比上年增长15.5%和14.5%。年末城镇基本医疗保险统筹基金累计结存8 114亿元(含城镇居民基本医疗保险基金累计结存1 546亿元),个人账户积累4 429亿元[①]。

三、失业保险

(一)失业保险待遇的科学确定

要保障就业者安全渡过失业风险,并在失业状态中仍能维持基本生活,实

---

① 人力资源和社会保障部2016年统计数据。

现劳动力的扩大再生产,关键在于科学地制订失业保险给付标准。一般而言,确定失业保险金给付标准要遵循以下原则:第一,给付标准不应高于失业者原有的工资标准,以促使失业者尽快找到新工作,继续为社会创造财富,防止产生懒惰、依赖思想;第二,给付标准不应低于享有最低生活水平的收入标准,失业保险制度建立的目的就是保障失业者享有基本而不是最低生活水平;第三,不仅应设计失业保险的基本给付标准,还应设计基本给付期过后的失业救助标准。

(二)我国失业保险基金的支付

1999年1月国务院发布了《失业保险条例》,对失业保险基金的支出做出了详细的规定。

1. 失业人员的界定。具备下列条件的失业人员可以领取失业保险金:按照规定参加失业保险,所在单位和个人按规定履行缴费义务满1年的;非本人意愿中断就业的;已经办理失业登记,并有求职要求的。

2. 失业保险金的领取期限。失业人员失业前所在单位和本人按照规定累计缴费时间满1年不足5年的,领取失业保险金的期限最长为12个月;累计缴费时间满5年不足10年的,领取失业保险金的期限最长为18个月;累计缴费时间10年以上的,领取失业保险金的期限最长为24个月。重新就业后再次失业的,缴费时间重新计算。再次失业领取失业保险金的期限可以与前次失业应领取而尚未领取的失业保险金的期限合并计算,但是最长不得超过24个月。失业保险金自办理失业登记之日起计算。

3. 失业保险金的支出标准。失业保险金由社会保险经办机构按月发放。社会保险经办机构为失业人员开具领取失业保险金的单证,失业人员凭单证到指定银行领取失业保险金。失业保险金的标准按照低于当地最低工资标准、高于城市居民最低生活保障标准的水平,由省、自治区、直辖市人民政府确定。单位招用的农民合同制工人连续工作满1年,本单位并已缴纳失业保险费,劳动合同期满未续订或者提前解除劳动合同的,由社会保险经办机构根据其工作时间长短,对其支付一次性生活补助金。补助的办法和标准由省、自治区、直辖市人民政府规定。

4. 失业保险基金的支出项目。失业保险基金的支出项目主要有:失业保险金;领取失业保险金期间的医疗补助金;领取失业保险金期间死亡的失业人员的丧葬补助金和其供养的配偶、直系亲属的抚恤金;领取失业保险金期间接受职业培训、职业介绍的补贴,补贴的办法和标准由省、自治区、直辖市人民政府规定。国务院规定或者批准的与失业保险有关的其他费用。

5. 收支情况。2015年年末,全国失业保险基金收入1 368亿元,比上年下降0.9%,支出736亿元,比上年增长19.8%。年末,失业保险基金累计结存5 083亿元[①]。

四、工伤保险

(一)工伤保险资格的认定

职工有下列情形之一的,应当认定为工伤:在工作时间和工作场所内,因工作原因受到事故伤害的;工作时间前后在工作场所内,从事与工作有关的预备性或者收尾性工作受到事故伤害的;在工作时间和工作场所内,因履行工作职责受到暴力等意外伤害的;患职业病的;因工外出期间,由于工作原因受到伤害或者发生事故下落不明的;在上下班途中,受到机动车事故伤害的;法律、行政法规规定应当认定为工伤的其他情形。

2. 职工有下列情形之一的,视同工伤:在工作时间和工作岗位,突发疾病死亡或者在48小时之内经抢救无效死亡的;在抢险救灾等维护国家利益、公共利益活动中受到伤害的;职工原在军队服役,因战、因公负伤致残,已取得革命伤残军人证,到用人单位后旧伤复发的。

(二)工伤保险基金的支付条件

职工因工作遭受事故伤害或者患职业病进行治疗,享受工伤医疗待遇。职工治疗工伤应当在签订服务协议的医疗机构就医,情况紧急时可以先到就近的医疗机构急救。治疗工伤所需费用符合工伤保险诊疗项目目录、工伤保险药品目录、工伤保险住院服务标准的,从工伤保险基金支付。工伤保险诊疗项目目录、工伤保险药品目录、工伤保险住院服务标准,由国务院劳动保障行政部门会同国务院卫生行政部门、药品监督管理部门等部门规定。

(三)工伤保险基金的支付项目

职工住院治疗工伤的,由所在单位按照本单位因公出差伙食补助标准的

---

① 人力资源和社会保障部2016年统计数据。

70%发给住院伙食补助费;经医疗机构出具证明,报经办机构同意,工伤职工到统筹地区以外就医的,所需交通、食宿费用由所在单位按照本单位职工因公出差标准报销。

工伤职工到签订服务协议的医疗机构进行康复性治疗的费用,从工伤保险基金支付。

工伤职工因日常生活或者就业需要,经劳动能力鉴定委员会确认,可以安装假肢、矫形器、假眼、假牙和配置轮椅等辅助器具,所需费用按照国家规定的标准从工伤保险基金支付。

工伤职工已经评定伤残等级并经劳动能力鉴定委员会确认需要生活护理的,从工伤保险基金按月支付生活护理费。

生活护理费按照生活完全不能自理、生活大部分不能自理或者生活部分不能自理三个不同等级支付,其标准分别为统筹地区上年度职工月平均工资的50%、40%或者30%。

具体等级以及工亡待遇参见表4-1。

表4-1 工伤等级以及工亡待遇一览表

工伤工亡等级	劳动关系	一次性伤残(工亡)补助金	按月支付的伤残津贴(供养亲属抚恤金)	退休或解除劳动关系后待遇(丧葬补助金)	备注
一至四级	保留劳动关系,退出工作岗位	一级伤残为24个月的本人工资	一级伤残为本人工资的90%	伤残津贴实际金额低于当地最低工资标准的,由工伤保险基金补足差额	工伤职工达到退休年龄并办理退休手续后,停发伤残津贴,享受基本养老保险待遇。基本养老保险待遇低于伤残津贴的,由工伤保险基金补足差额	由用人单位和职工个人以伤残津贴为基数,缴纳基本医疗保险费
		二级伤残为22个月的本人工资	二级伤残为本人工资的85%			
		三级伤残为20个月的本人工资	三级伤残为本人工资的80%			
		四级伤残为18个月的本人工资	四级伤残为本人工资的75%			
五至六级	保留与用人单位的劳动关系,由用人单位安排适当工作。难以安排工作的,由用人单位按月发给伤残津贴	五级伤残为16个月的本人工资	五级伤残为本人工资的70%	伤残津贴实际金额低于当地最低工资标准的,由用人单位补足差额	经工伤职工本人提出,该职工可以与用人单位解除或者终止劳动关系,由用人单位支付一次性工伤医疗补助金和伤残就业补助金	由用人单位按照规定为其缴纳应缴纳的各项社会保险费
		六级伤残为14个月的本人工资	六级伤残为本人工资的60%			

续表

工伤工亡等级	劳动关系	一次性伤残（工亡）补助金	按月支付的伤残津贴（供养亲属抚恤金）	退休或解除劳动关系后待遇（丧葬补助金）	备注
七至十级		七级伤残为12个月的本人工资 八级伤残为10个月的本人工资 九级伤残为8个月的本人工资 十级伤残为6个月的本人工资		劳动合同期满终止，或者职工本人提出解除劳动合同的，由用人单位支付一次性工伤医疗补助金和伤残就业补助金	
死亡		48个月至60个月的统筹地区上年度职工月平均工资	按照职工本人工资的一定比例发给由因工死亡职工生前提供主要生活来源、无劳动能力的亲属。标准为：配偶每月40%，其他亲属每人每月30%，孤寡老人或者孤儿每人每月在上述标准的基础上增加10%	丧葬补助金为6个月的统筹地区上年度职工月平均工资	核定的各供养亲属的抚恤金之和不应高于因工死亡职工生前的工资。供养亲属的具体范围由国务院劳动保障行政部门规定

（四）工伤保险基金的收支情况

2015年年末，全国工伤保险基金收入754亿元，支出599亿元，分别比上年增长8.6%和6.8%。年末工伤保险基金累计结存1 285亿元（含储备金209亿元）[①]。

五、生育保险

（一）生育保险基金的支付条件

女职工同时符合下列情况时，享受生育保险：连续工龄满一年以上；结婚、生育符合《婚姻法》及有关法规规定。

（二）生育保险基金的支付项目和标准

女职工生育保险基金支付项目及标准是：正常产假期间的生育津贴。由社

---

① 人力资源和社会保障部2016年统计数据。

会保险机构,按女职工所在单位上年度职工月平均工资标准,支付给女职工所在单位,单位再按生育女职工产假前月工资标准支付给本人。剩余部分留给企业,不足的由企业补齐。

分娩前的检查费、接生费、手术费、住院费、治疗费和医疗费。由社会保险机构支付给每个生育女职工。其中产前检查费 100 元,正常接生费 300 元(难产、双胞胎接生费 500 元,剖宫产接生手术费 800 元)。超出上述标准的医疗费及药费,由单位报销。

(三) 生育保险基金的收支情况

2015 年年末,全国生育保险基金收入 502 亿元,支出 411 亿元,分别比上年增长 12.5% 和 11.8%。年末生育保险基金累计结存 684 亿元[①]。

第三节 我国社会保险基金支出存在的问题

自从改革开放以后,随着我国总体经济实力的增强和人民生活水平的提高,我国社会保险制度进入恢复、发展和改革时期,总体支出水平呈上升趋势。20 世纪 90 年代以后,随着我国国有企业改革的深化,原来以单位为主的保险功能逐渐弱化,而社会保险体制改革刚刚起步,覆盖范围一时难以扩大,因此,这一时期我国社会保险支出水平较低。1998 年以来,我国加快了养老保险、医疗保险、失业保险等为主的社会保险改革步伐,覆盖范围逐步扩大。但是,我国在社会保险基金支出这一环节上仍然存在着一系列问题。

一、社会保险支出水平总体偏低

(一) 与发达国家相比较

在社会保险为主的社会保障体系中,发达国家的社会保障支出水平均呈逐

---

① 人力资源和社会保障部 2016 年统计数据。

步上升的趋势,到20世纪90年代中期,大部分国家社会保障支出占到GDP的1/3左右。

2002年,我国人均GDP水平接近1 000美元,社会保障支出水平为7.15%,这与发达国家1960年的支出水平有较大差距,甚至低于当时人均GDP仅458美元的日本(参见表4-2)。

表4-2 部分发达国家1960年社会保障支出水平与我国2002年水平的比较

国家	年份	人均GDP(美元)	社会保障支出占GDP的比重(%)
英国	1960	1 363	13.9
瑞典	1960	1 641	12.8
芬兰	1960	1 110	12.7
丹麦	1960	1 298	12.5
美国	1960	2 783	10.3
日本	1960	458	8.0
法国	1960	1 297	13.4
德国	1960	1 345	20.5
中国	2002	≈1 000	7.15

资料来源:根据IMF:Government Finance Statistics Yearbook(2001)和United Nations:Statistical Yearbook(1965)有关数据整理。

(二)与发展中国家相比较

2002年,我国与菲律宾、玻利维亚、哈萨克斯坦、伊朗、俄罗斯等国家的人均GDP水平相近,社会保障支出水平与这些国家相比处于中等水平(参见表4-3)。

表4-3 部分发展中国家社会保障支出水平与我国的比较

国家	年份	人均GDP(美元)	社会保障支出占GDP的比重(%)
菲律宾	2000	988	0.6
玻利维亚	2000	954	5.5
哈萨克斯坦	1999	1 230	8.5
伊朗	2000	822(1999年数据)	1.8
俄罗斯	1999	1 150.6	9.6
中国	2002	≈1 000	7.15

资料来源:根据《世界经济年鉴》和IMF:Government Finance Statistics Yearbook(2001)有关数据整理。

二、社会保险覆盖面小

我国在社会保险制度建设方面走的是一条先城镇、后农村,重城镇、轻农村的路子。我国早期社会保障体系基本限于城镇居民,而农村居民除了部分人享受社会救济外,基本被排除在社会保障体系之外,社会保险的覆盖面就更小了。

世界各国将农民纳入社会保险覆盖范围的时间及当时的经济发展水平有较大差异。美国、加拿大在人均 GDP 超过 20 000 美元后才实行农民养老保险,而德国、波兰、斯里兰卡则在人均 GDP 分别为 1 345 美元、1 822 美元和 369 美元时,将农民纳入养老保险覆盖范围。另外,俄罗斯及东欧国家一般均实行全民保险,在制度建立之初即覆盖全体集体农庄的农民(参见表 4-4)。

表 4-4 部分国家建立农民养老保险的时间与经济发展水平

国家	城镇养老保险建立时间(年)	农民养老保险建立时间(年)	农民养老保险建立时的人均 GDP(美元)
德国	1889	1957	1 345(1960 年数据)
日本	1941	1971	3 802
丹麦	1891	1977	10 958(1978 年数据)
芬兰	1937	1977	7 132(1978 年数据)
美国	1935	1990	21 696
加拿大	1927	1990	21 842
韩国	1973	1994	6 740
波兰	1927	1977	1 822
斯里兰卡	1958	1987	369

资料来源:根据《世界经济年鉴》有关数据整理。

近年来,我国政府不断完善社会保障体系建设,虽取得了显著成就,但仍存在着覆盖面窄的问题,尤其是现行的社会保障制度对从事非农产业的个体经营者、灵活就业者特别是农民工等特殊群体的保障严重不足。

三、社会保险水平结构性不合理

我国城乡之间、不同地区之间、不同所有制职工之间的社会保险水平存在着较大的差异。

巨大的城乡差别是以户口性质作严格划分的。以户口性质而定,我国有近

80%的农业户口。长期以来,这些持农业户口的居民完全被摒弃于国家的社会保险体系之外,全部的保障依赖于家庭和土地。在农村中国家正式推行的社会保险制度目前处于起步阶段,各地实施的情况也相去甚远。广大农村人口的社会保险水平仍然很低。城市人口的社会保险水平要比农村人口高得多。

地区发展不平衡也是我国国情的基本特征之一。在改革开放后的经济高速增长过程中,各地区经济增长仍存在显著的差异性,地区间收入差距不断扩大,职工的工资水平呈现出东高西低的状况。经济发展的差异性和人口年龄结构的差异性,决定了各地在中央关于社会保险制度改革的总的框架原则下,确定了各自的缴纳比例,一些地区至今还难以实现省级统筹,地区间的互济性低。一些地区企业不缴或拖欠社会保险费的情况还较为严重。

不同所有制职工之间的差异就更为明显了,企业事业单位、国家机关的职工之间的差距至今仍然较大。2015年国务院发布《关于机关事业单位工作人员养老保险制度改革的决定》,实现了机关事业单位和企业职工养老保险在制度上合二为一,有望缩小不同所有制职工在社会保险水平上的差异。

四、社会保险资金匮乏

我国正在逐步推行的社会保险制度改革将给全国财政带来很大压力。我国1997年实行社会统筹和个人账户相结合的社保体系。由于统筹账户入不敷出,使个人账户空账运行、有名无实。2014年年底,个人账户的空账规模已达3.6万亿元。财政社会保险支出的增长为保持社会稳定、推进改革开放事业和全面建设小康社会提供了必要保证,同时,也对财政支出产生了巨大压力。

虽然近年来,社会保险覆盖面不断扩大,收缴率不断提高,但社保基金收支缺口仍然很大。目前,我国企业职工基本养老保险的单位缴费率为20%左右,而已普遍进入老龄化的欧洲经济合作与发展组织(OECD)国家的雇主缴费为12%,拉丁美洲、中东、撒哈拉以南非洲和亚洲发展中国家约为10%~12%。如果加上基本医疗保险、失业保险、工伤保险、生育保险等社会保险缴费,我国企业缴费率达30%左右(如果考虑住房公积金等因素,则企业负担更加沉重)。较高的企业缴费率直接增加了企业的人工成本,严重影响了企业的竞争力,也引发了企业千方百计逃费、漏费的道德风险。

近几年,在我国以社会保险为主体的社会保障体系中,各级财政对社会保障和就业支出的投入占财政总支出的比重已由2011年的10.17%提高到2015年的10.81%。(分年度列示参见表4-5),但是,教育、科技、农业及经济转型等对财政投入的需求较大,今后对社会保障的投入在短期内难有大的增长。

表4-5 2011—2015年全国财政社会保障支出情况表

单位:亿元、%

项 目	2011年		2012年		2013年		2014年		2015年	
	数额	比重	数额	比重	数额	比重	数额	比重	数额	比重
社会保障和就业支出	11 109.40	10.17	12 585.52	9.99	14 490.54	10.33	15 968.85	10.52	19 018.69	10.81
财政对社会保险基金补助	3 152.19	2.89	3 828.29	3.04	4 403.14	3.14	5 042.83	3.32	6 596.19	3.75
行政事业离退休人员经费	2 737.75	2.51	2 848.84	2.26	3 208.43	2.29	3 668.01	2.42	4 360.95	2.48
就业补助	670.39	0.61	736.53	0.58	822.56	0.59	870.78	0.57	870.93	0.50
城市居民最低生活保障	675.06	0.62	666.36	0.53	763.38	0.54	737.47	0.49	753.81	0.43
自然灾害生活救助	231.65	0.21	272.02	0.22	240.91	0.17	210.47	0.14	195.52	0.11
农村最低生活保障	665.48	0.61	698.71	0.55	861.04	0.61	869.00	0.57	911.36	0.52

注:表中"比重"为各项支出占当年财政总支出的比重,数据来源:《中国财政年鉴(2016年)》。

五、社会保险支出受政府的临时性政策制约

20世纪80年代中期以后,我国对以社会保险为主体的社会保障体系进行了改革。随着我国对物价管制的逐渐放松,物价水平出现较大幅度的上涨。为了使广大职工和离退休人员的生活水平不受物价上涨因素的影响,国家在1984—1988年先后出台了一系列物价补贴措施,如肉价补贴、粮价补贴、副食品价格补贴等,并相应地提高了城镇职工生活困难补助标准。社会保障支出增长率连续5年超过20%。1989年底,国务院决定从10月1日起提高机关事业单位和企业职工工资水平,同时提高离退休人员离退费标准。由于该项增资措施从第二年开始执行,因此,1990年社会保障支出增长率达21.43%。1993年,我国进行了公务员工资制度改革,机关事业单位离退休人员离退休费也有了较大幅度的提高,因此,这一年社会保障支出增长率达到26.77%。1995年,国务院决定晋

升机关事业单位工作人员职务工资档次,离退休人员离退休费随之上调,同年企业离退休人员基本养老金水平也按当地上年职工平均工资增长率的40%~60%予以增加。因此,当年社会保障支出增长了20.52%。1999年,国家大幅度提高了机关事业单位在职人员工资水平,同时,机关事业单位离退休人员离退休费、企业离退休人员的基本养老金以及国有企业下岗职工基本生活保障、失业保险和城镇居民最低生活保障等"三条保障线"标准也相应大幅度提高。为保证调资政策的落实,中央财政增加了对中西部地区和老工业基地转移支付的数额。因此,当年社会保障支出增长率猛增至38.17%。2001年,国家再次出台机关事业单位工作人员增资措施,机关事业单位离退休人员离退休费也相应提高,同时两次提高了企业离休人员基本养老金水平,这一年社会保障支出增长率达到22.1%。

六、社会保险支付环节的行为缺乏规范

目前,我国的社会保险金支付环节缺乏统一的规范管理,不规范行为时有发生,这加重了社会保险基金的支付危机。这一点在各保险项目都有表现。在失业保险中,有隐性就业问题,一些人在享受失业保险金的同时又在从事有报酬的工作,造成失业保险基金的流失。在养老保险中,则有较为严重的虚报、冒领情况,如死亡不报告、死人办退休、更改死亡时间、多处同时领取养老金等。更值得重视的是提前退休问题。有的地方违反政策规定,在富余职工安置过程中甩包袱,强迫职工提前退休,一度造成提前退休成风。1998年,违规提前退休人数占当年退休人数的17.4%,个别省份高达40%。大量职工"未老先退",导致退休队伍年轻化。据一些城市的典型调查,参保的退休人员平均年龄只有53岁,说明新退休的多数是四五十岁的中年人。提前退休造成人力资源浪费和挤占就业岗位并存,而最直接的后果就是造成养老保险基金"食之者众,生之者寡",入不敷出形成了拖欠。提前退休使缴费人数减少,也会增加基本医疗保险的压力。

 相关知识链接

养老金计发领取有变化

2005年12月,国务院发布了《关于完善企业职工基本养老保险制度的决定》(以下简称新规定),这个关乎城镇大多数老百姓的利益的文件受到热切关注,因为与1997年政府发布的《关于建立统一的企业职工基本养老保险制度的决定》(以下简称旧规定)相比,新规定导致在基金积累和将来养老金计发公式以及养老金领取额等方面都会发生一些变化。

第一,同旧规定相比,单位和个人缴纳社会基本养老保险费的负担没有发生变化,总共仍然占个人缴费工资的28%左右,其中单位负担20%左右,个人承担8%。不过,与旧规定不同的是,自2006年1月1日起,过去由单位缴纳的个人缴费工资3%的保险费不再进入个人账户,而是转存入社会统筹账户。

第二,根据旧规定,职工退休时领取基础养老金的月标准为省、自治区、直辖市或地(市)上年度职工月平均工资的20%(缴费满15年)。而新规定规定,职工退休时领取基础养老金的月标准以当地上年度在岗职工月平均工资和本人指数化月平均缴费工资的平均值为基数,缴费每满1年发给1%,鼓励参保者缴满15年以后继续缴费,缴费35年就可在领取养老金时每月从统筹账户领到届时社会平均工资的35%。

第三,根据旧规定,职工退休时领取个人账户养老金的月标准为本人账户累积储存额除以120。而新规定规定,职工退休时领取个人账户养老金的月标准为个人账户储存额除以计发月数。计发月数根据职工退休时城镇人口平均预期寿命、本人退休年龄、利息等因素确定,假定60岁退休,届时预期寿命是75岁(不考虑利息因素),计发月数就是180,而不是此前规定的120。

(资料来源:《大众理财顾问》,2006年02月14日,http://finance.sina.com.cn)

第四章 社会保险基金的支付管理

本章综合案例

延迟退休　缓解老龄化冲击

从现在开始的一二十年内,中国将经历人类历史上最大的人口转变。中国老龄化浪潮要越过三次人口高峰:"婴儿潮"一代退休、劳动力减少和人口总量下降。

2015年左右,中国的"婴儿潮"一代开始步入退休年龄。2020年,中国的适龄劳动人口(15~64岁)达到顶峰,计9.4亿人。2035年左右,中国人口将达到14.6亿,然后开始下降并被印度超过。

从2006年中国新增劳动力达到高峰,到2020年中国适龄劳动人口达到峰值,是中国建设和谐社会和创新型国家的关键时期,如何管理这一巨大的人口转变,使中国经济在创造充足的就业岗位的同时,实现劳动力整体素质的提高,并且建立一个能保障所有退休人员基本享有小康生活水平的养老保险体系,是摆在政府面前的一个战略性问题。

由于中国老龄化的速度比当今所有发达国家历史上所经历的都要快,国家计生委主任张维庆把中国的人口问题称作随时可能引爆的"定时炸弹"。所以,留出充足的时间来进行前瞻性的政策研究和实践,显得尤为重要。

从2015年起到2020年,正是中国从"婴儿潮"一代开始退休到中国适龄工作人口达到顶峰并开始下降的关键时期。中国经济增长所享有的"人口红利"将逐步消失,用来衡量一个国家养老负担的抚养比,即退休人员与适龄劳动人口之比,将迅速上升。从2020年中国劳动力总数开始萎缩到2035年中国人口总数开始下降,是抚养比上升最快的时期。

"婴儿潮"一代进入退休,以及后来的社会劳动总人口相对于退休人员比例的缩小,将会给中国养老金系统带来巨大的当期支付压力。届时的退休人员将会同时从个人账户和社会统筹账户中支取养老金,而目前我国的养老金改革还处于艰难的攻坚阶段,特别是个人账户的空账运行缺口依然庞大,国务院已经决定完全做实,但资金的落实依然悬而未决。

在中国目前劳动力供应总体过剩,但高技能的劳动力又存在着短缺,而且在不远的将来,养老保险系统又会遇到当期支付的巨大压力的情况下,延迟一部分劳动人口的退休年龄,不失为可行的政策选择。实际上,这也是许多面临沉重社会保障支付压力的发达国家正在考虑的对策。

推迟高技能劳动者退休年龄,是这样缓解养老金系统的支付压力的:一方面,雇员缴纳个人积累部分和统筹部分的时间延长;特别是这部分高技能雇员的薪酬水平一般比较高,他们的缴纳能同时为个人和统筹部分做出较大的贡献。另一方面,假设中国人均寿命的延长不会有显著的变化,延迟退休,会使整个养老金体系的支付期限缩短,进而减少支付总额,减少了整个社会的养老负担。当然,所有这些都应该建立在对整个人口结构及养老金系统的精算基础上。

首先在高技能雇员,而不是在所有劳动者中推行,是一个比较可行的选择。如果这一政策能近期在全国推出的话,它既能增加高技能劳动者的供应,又不至于对年轻人的就业造成压力。今年是中国 16 岁以上新增劳动人口达到高峰的一年,尽管今后几年新增就业人口会下降,但劳动力的总量还在增加,今后几年的就业压力不容忽视。

老龄化走在全国前列的上海,已经提前实践这种做法了。目前上海约有八成达到退休年龄的高技能劳动者,在单位没有办理按月领取养老金手续,并且继续缴纳社会保险费,自然推迟了办理领取养老金手续的时间。这样,上海在缓解支付压力的同时,又能保持一支高技能的劳动力大军,实际上是通过提高劳动生产率和经济的创新能力来应对老龄化。

(资料来源:《第一财经日报》,2006 年 11 月 24 日,http//www.China.cbn.com)

▶思考题:根据上述案例可以看出我国的养老金支付主要面临哪些压力?

本章小结

1. 社会保险支付主要有支付给什么样的人,采用什么样的支付方式、支付的水平怎样,支付的过程监督等问题。

2. 我国的社会保险基金的支付分为养老保险支付、医疗保险支付、失业保险支付、工伤保险支付、生育保险支付五部分。

3. 我国的社会保险基金支付存在的问题有:支出水平总体偏低、覆盖程度低、社会保险水平结构性不合理、资金匮乏、受政府临时性政策制约、支付环节的行为缺乏规范。

第四章 社会保险基金的支付管理

重要概念

社会保险基金支付　社会保险水平　社会保险水平指标　社会保险水平适度　缴费确定型　给付确定型　基础养老金　过渡性养老金

复习思考题

1. 社会保险基金支付的内涵是什么？
2. 社会保险水平的含义是什么？如何测定和评价社会保险水平？
3. 社会保险支出与财政支出的关系是什么？高比例的社会保险支出会带来哪些方面的问题？
4. 养老金待遇给付的财务机制有哪两种？各自的优缺点是什么？
5. 在现行制度下，我国养老、医疗、失业三大保险基金的支付条件和标准各有哪些？
6. 我国的社会保险基金支付存在哪些问题？都有哪些解决的途径？

第五章 社会保险基金监管

CHAPTER 5

学习目的与要求

通过本章学习，了解社会保险基金监管的含义、基本原则和进行基金监管的必要性；理解社会保险基金监管的原理与任务目标；了解社会保险基金运营的监管体系与监管人员的管理及任期经济责任审计；充分认识社会保险基金监管的方式，并深刻地了解社会保险基金经办风险与运营风险的监管。

第一节 社会保险基金监管概述

一、社会保险基金监管的含义

社会保险基金监管是指由国家授权专门机构（行政监管机构、专职监管部门）为防范和化解社会保险基金风险，依据国家相关的法规和政策，对参保单位、社会保险经办机构、基金运营机构管理的各分项社会保险基金、全国社会保障基金和企业年金基金，以及社会保险基金的征缴、安全运营、基金保值增值等过程与结果进行监督、评审、认证和鉴定，以确保社会保险基金正常、稳定地运行，最大限度地保障被保险人的合法利益。

从法律和规则的角度，基金监管是指基金管理，即运用法律和规章对基金的管理运营活动加以法律和规则的约束，系统地进行管理和控制，使其遵守规则或符合标准。从宏观调控和保证安全的角度,基金监督是指基金控制,即政府部门、经办机构和社会公众普遍认识到基金对公民利益、国家利益和经济、社会稳定的重大影响,所采取的某种法律和行政的约束行动。从有关监督部门实施现场检查的角度,基金监管是指基金检查与审计,即监督官员指定某一日期或在会计年度终了,依法进入现场对基金投资业务和财务状况进行的检查与审计。从行政监督机构进行非现场检查的角度,基金监管是指指标管理,即运用有关技术手段对经办机构进行报表监督,建立一个能迅速、准确反映基金管理运营状况,并能规范运作行为的监控系统。

社会保险基金监管是通过对基金征缴、支付、管理和投资运营的各个环节进行监管,确保社会保险基金的完整与安全,实现基金的保值增值,维护劳动者合法权益,并为国家的宏观经济运行提供参考。社会保险基金监管体系的主要内容包括:对社会保险基金运营机构的选定,制定相关的监管规则和政策,设计社会保险基金运营的各项指标测量体系,实施社会保险基金的现场监管与非现场监管,确保社会保险基金的长期稳定运行和实现社会政策目标。

从时间序列看,基金监管可以划分为三种:一是事先控制,主要采用基金预算、确定收益率指标等方法进行控制;二是实时监控,特指对基金在征缴、支付和运营过程中所实施的控制,如现场检查基金运营情况;三是事后控制,是指从基金的运行结果中获取信息,并采取积极措施,处理有关问题,如清理被挤占挪用的基金等问题。从监管方式看,基金监管可以分为非现场监管和现场监管两种方式。

二、社会保险基金监管的基本原则

(一)法制性监管和政府行政性监管并立原则

社会保险基金行政监督是在法律法规的基础上,政府管理社会保险基金的一种形式。法律赋予监管机构法律地位、权威和职责。监督机构必须依照法律法规独立行使行政监督权力,不受其他部门和个人的干预,以确保监督的严肃性、强制性、权威性和有效性。政府监管机构利用法律手段管理社会保险基金经办机构和运营业务。这主要体现在三个方面:一是利用法律确定监管对象的权利、义务,以及管理和运营的行为标准;二是用法律确定监管机构的法律地位、监管权与监管职责,及其行为标准和管理办法;三是用法律确定监管机构与其他机构之间的联系,涉及政策制定部门、中介机构、国内外相关机构。由于法制原则的确定,使得基金监管具有严肃性、强制性和权威性等特点,从而保证基金监管有效运行。

我国社会保险基金自身的运行特点决定了必须依法对社会保险制度的全过程实施管理,政府监管部门应当严格遵循社会保险基金管理等相关的法律法规,对社会保险费的征缴、社会保险基金的给付、基金投资营运与管理实施法律监管。同时,我国的现实国情决定了政府行政监管对养老保险机制稳健发展的重要意义。养老保险最终体现国家的社会政策目标,政府监管显得至关重要。

(二) 公正性原则

公正性原则是指社会保险基金监管机构按照客观、公正、公开的原则履行其监管职能,以客观事实为依据,以相关的法律、法规为准绳,综合运用法律、经济和行政手段,对社会保险基金经办机构及有关机构的基金管理行为予以监管。监管机构应按照公开原则,提高执法的透明度,对监督的主体、对象、目的、手段和程度做出统一规范,使监管对象充分了解自己的权利和义务,依法管理社会保险基金。

(三) 独立性原则

独立性原则是指监管机构依照法律独立行使行政监管权利,对所检查的管理运营活动及责任保持独立地位,有关检查人员不参与相关机构的管理运营活动,如有利害关系和亲属关系,应予回避,不受其他机关、单位、社团和个人的干预。这主要体现在两个方面:一是监管机构与监管对象及其他机构既要密切合作,又要划清职责界限,互不干涉、越位;二是监管机构对经办机构和运营机构执法时,不能受其他机构、个人的左右,应保持相对的独立性。

(四) 安全性、谨慎性基金运营原则

社会保险基金运营必须把基金的安全性原则放在首位,既是国家职责的体现,又涉及千家万户的切身利益。因而,安全性、谨慎性原则应贯穿社会保险基金监管过程的始终。

1. 安全性原则。安全性原则是指监管机构通过监管,保护国家利益,维护基金安全与稳健运行,确保参加保险人员的合法权益,防止以权谋私、违规运作,避免基金流失以及由此引起的社会保险金支付困难。基金运营安全性原则具有重要意义:就宏观而言,维持了社会稳定,保护了国家利益;就微观而言,保护了参保人员的合法权益,避免了基金损失以及由此引发的支付困难。社会保

险基金经办机构和运营机构要安全、稳健地进行基金的管理和投资业务,安全、稳健是一切基金监管当局监督管理工作的基本目标;否则,可能危及社会保障的基金基础,从而引发社会动荡。

2.谨慎性原则。谨慎性原则是指监管机构必须谨慎地对待社会保险基金的准入资格与退出规范、社会保险基金监督检查的定论与处理,创造一个良好的监督管理环境。监督机构应按照基金的安全性、流动性、效益性三大原则,合理设置有关监管指标,进行评价和预测,促进管理运营机构自我约束基金运作行为,最大限度地防范风险,保证基金的保值增值目标的实现。

(五)科学性原则

基金监管是一门处于发展和完善的管理科学。它包含了监管组织体系、监管方式体系、法律体系,以及管理运营预警体系和风险监测体系等。监管机构必须运用先进的科学技术手段,以强有力的行政监督体系为基础,运用先进的计算机技术,建立严密适度的监督法规体系和科学规范的监督指标体系,不断提高监管的质量和效率,推动基金监管工作迈向更高的层次和水平。

三、社会保险基金监管的重要性和必要性

《中华人民共和国劳动法》规定:"社会保险基金监督机构依照法律规定,对社会保险基金的收支、管理和运营实施监督。"社会保险基金的安全与完整,直接关系广大参保人员的切身利益和社会稳定。

(一)有利于确保社会保险基金的安全和完整[①]

确保基金的安全和完整是基金监督的直接目标。从社会保险基金收支过程及具体运营的操作而言,都具有一定的风险性。并且,随着基金规模的增大,社会保险基金所面临的风险也越大。风险事故一旦发生,将直接影响社会保险对象待遇的给付,从而进一步影响到国民经济的发展和社会的稳定。因此,对社会保险基金实行完善的监管,保证基金的安全和完整具有必要性和紧迫性。

(二)是保护劳动者合法权益的要求

社会保险基金监管旨在保障劳动者在年老、失业、疾病、伤残、生育时的基

---

① 郭琳:《浅谈社会保险基金监督管理》,《新疆农垦经济》,2004年第4期。

本生活需要。但是,由于社会公众对社会保险基金运营情况难以充分了解,部分地方在社会保险基金的征缴、管理、运营、支付的过程中出现的违规行为,使公众的利益受到侵害,导致部分单位和个人对社会保险产生了信任危机。社会保险基金监管机构代表参保人员对基金的运行进行严格的监管成为必要,以切实维护劳动者的合法权益。

在《中共中央关于建立社会主义市场经济体制若干问题的决议》中提出:"建立由政府有关部门和社会公众参加的社会保险基金监督组织,监督社会保险基金的收支和管理。"在《国务院关于完善城镇社会保障体系的试点方案》中指出:"要建立由政府部门、用人单位、职工代表和专家等组成的社会保障监督委员会,依法对社会保障政策执行和基金管理情况进行监督。有关部门要切实履行监督职能,对玩忽职守、徇私舞弊和贪污、挪用、扣压、拖欠社会保障资金等行为依法予以查处。"

(三) 是建立和完善社会保险体系的需要[1]

社会保险基金是社会保险制度的物质基础,是社会保险制度具有可持续性发展的重要支撑。进一步完善社会保险体系,关键在于建立稳定、可靠的资金筹措机制,增加社会保险基金的来源渠道,健全社会保险基金的监督机制和保值增值机制。其中,基金监管制度是社会保险体系的重要组成部分,是基金安全和完整的根本保证。在建立完善社会保险体系的新形势下,客观上需要建立和发展与社会保险体系相适应的监管制度,对基金的收缴、支付、结余和运营管理进行独立的监督检查,确保其规范化、制度化。

我国相关条例规定对社会保险基金实行专项管理、专户存储、专款专用,任何部门、单位和个人不得挪作他用。但是,由于我国社会保险基金管理缺乏统一而有效的监管措施和内部控制机制,使得违规动用社会保险基金的行为时有发生。

(四) 有利于社会保险基金的保值增值的实现[2]

经研究发现,通货膨胀与经济增长存在强相关关系。通货膨胀造成结余基金本身贬值,导致社会保险基金支出增加。人口老龄化使得社会保险基金的保

---

[1] 刘金山:《对做好社会保险基金监督工作的思考——确保基金的安全运行》,《市场经济研究》,2001年第5期。

[2] 郭琳:《浅谈社会保险基金监督管理》,《新疆农垦经济》,2004年第2期。

值增值具有紧迫性。社会保险基金的保值就是通过一定的资金投资运营方式，保持基金的购买力不随社会经济的发展而下降。基金的增值就是在基金保值的基础上，增加基金的购买力。社会保险基金投资项目之一就是在保值的基础上，实现基金的增值。

目前，实行社会保险制度的国家，基金的筹集模式大体可概括为现收现付模式、完全积累模式和部分积累模式三种类型。现收现付模式基金存续时间较短，几乎不会受到通货膨胀的影响，对基金的保值增值的要求不高。部分积累模式是根据分阶段收支平衡原则确定缴费，即在满足一定时期支出需要的前提下，留有一定的结余基金，主要特点在于收费比例分阶段调整。在费率相对稳定的条件下，结余基金可以为以后出现的意外支出作准备。部分积累模式有一定的结余基金，但其结余基金总量较完全积累模式下的基金总量少，基金将存续一个较长的时间，易受到通货膨胀的影响，对基金保值增值的要求也比较高。而完全积累模式存续的时间长达几十年，受通货膨胀的影响较大，如果不能保证积累基金的保值，就难以保证保险费率的相对稳定性。通过对基金进行有效监管，不仅可以确保基金安全，而且还可以促进基金经办和运营机构建立良好的基金运营结构和信息反馈体系，逐步改善管理方式和运营环境，合理配置基金资源，稳步提高投资效益，最终实现保值增值的目标。

 **相关新闻链接**

人社部：要加强社会保险基金监管

人力资源和社会保障部新闻发言人尹成基指出，下一步要加强社会保险基金监管，完善社会保险基金预算制度，制定社会保险基金监管条例，推进非现场监督和网络即时监控，加强基本养老保险基金投资运营政策研究。

尹成基指出，中国已经进入老龄化快速发展的阶段，为了应对人口老龄化对养老保险的挑战，养老保险要实现长期可持续发展。2011年7月施行的《社会保险法》规定，社会保险基金在保证安全的前提下，按照国务院规定投资运营，实现保值增值。

尹成基介绍说，人力资源和社会保障部正在研究制定全国的基本养老基金投资运营管理办法,颁布实施之后,要对委托投资运营的问题进行统一的调整。下一步,人力资源和社会保障部将会同有关部门继续对养老保险基金的投资运营模式、管理机制、政策措施等进行深入研究,抓紧制定基本养老保险基金投资管理办法,促进基金保值增值,维护广大参保人的切身权益。

(资料来源:新华社,2012年4月25日,http://www.cnstock.com/index/gdxw/201204/1980623.htm)

四、社会保险基金监管的理论依据

社会保险基金是社会保险制度的物质基础,而社会保险基金监管是社会保险基金安全、有效运行的条件保证。社会保险基金监管的基本理论依据将对社会保险基金监管体系的形成和发展、实现社会保险基金任务目标有着重要的影响。

(一)公共经济学理论

1.公共经济学理论[①]。在完全市场经济条件下,在市场这只"看不见的手"的指导下,生产相似产品的公司会按最低价格出售产品,使得每一个公司的边际收入等于边际费用,社会效率最大化。但是,在现实中,完全竞争的市场是不存在的,垄断的出现导致不完全竞争市场、垄断竞争市场乃至寡头垄断市场的出现,从而产生市场失灵。市场失灵产生的主要原因有:一是公共产品和外在性产品的存在;二是不完全竞争;三是不完全的信息;四是不确定性。市场机制本身无法改变市场失灵的局面,经济学家们认为,只有国家干预是解决问题的途径。在市场经济体制下,需要政府对市场进行干预,以纠正市场失灵。因此,在现实中,市场和政府干预得相互协调配合,才会实现社会效率最大化。

公共经济学理论认为,政府对经济的干预主要表现在以下职能:一是优化资源配置职能,即政府一定程度地参与资源配置管理,通过财政等手段弥补市场在进行资源配置方面的缺陷,使社会的人力、物力、财力等资源得到更为有效的利用。二是再分配职能,即针对市场缺陷造成的收入和财富分配不平等和贫富悬殊、两极分化的情况,为缓和社会矛盾,保证经济稳定发展,政府通过税收和支出政策,对收入与财富进行再分配,以增进公平,同时力争达到效率代价最小化。三是调节稳定职能,即针对市场机制有效发挥受到限制而导致总供给与

---

① 鲁毅:《关于社保基金监管的若干思考》,《特区理论与实践》,2002年第6期。

总需求失衡,造成较大经济动荡,而给经济和社会发展带来不利影响的状况,政府通过财政政策和货币政策保证实现经济的稳定和增长。在鼓励经济增长的同时减少失业,降低通货膨胀,保持物价水平的稳定。政府按一定价格供应社会保险,就是克服市场无效配置,用强制性手段干预资源配置,为公共利益而生产供给这样一种公共产品;同时,也是作为再分配措施的一部分,以保证遇到各种生活障碍或丧失劳动能力的劳动者,能够从社会获得满足基本生活需要的物质来源,缩小贫富差距,增进社会公平,从而促进经济持续、稳定、健康发展与社会稳定。

但是,与市场会出现失灵一样,政府也会出现失灵。政府失灵是指政府干预导致浪费或不恰当的收入再分配,从而降低经济效益,或加剧不公平状态。公共经济学理论认为,政府失灵产生的主要原因是:①有限的信息使政府干预的结果不可预测,难免出现决策失误,导致政府干预失败;②政府对私人市场反应的控制能力有限;③决策程序的局限性,使政府的决策受到既得利益集团的影响,而不能真实、综合地反映社会成员的社会偏好;④官僚及利益集团的寻租行为,导致分配不公;⑤政府决策滞后,使得政府计划难以快速跟踪不断变化的情况,产生负面影响;⑥政府干预成本过高[①]。公共经济学认为,由于政府失灵在现实中的存在,因此,必须对政府干预进行制衡,通过监管以达到预定目标。

2. 公共经济学理论与社会保险基金监管。

(1)社会保险基金的外部效应。社会保险制度的建立与完善为社会劳动者提供了基本的生活保障与医疗需求,从而维护社会的稳定和促进了经济的发展,具有社会公共产品的属性,存在相应的外部性。通过对社会保险基金的有效运行,可以保证社会保险受益者的基本生活,这必然有利于维护社会的稳定局面,从而为经济的发展提供一个良好的外部环境,从而可以促进社会整体的协调进步;反之,当社会保险基金的运行出现严重的收支负缺口时,老年人和其他社会弱者会陷入生存的困境,职工也会受到影响,不利于经济发展和社会进步的,对社会保险基金的运营进行监管就显得很有必要了。

收支规模庞大的社会保险基金,已经成为影响社会总供给和总需求的重要因素,是影响社会宏观经济活动的一个重要变量。相关数据显示,在发达国家,用于社会保障的转移支付已经占到了其财政预算支出总额的30%–60%,发展

[①] 许利民,胡伟业:《社会保险资金监管的理论依据和重要启示》,www.csss.whu.edu.cn,2002年12月。

中国家的比例稍低一些,但一般也在10%以上[1]。就收入方面而言,社会保险费率的提高将降低单位的经营活力,进而影响社会产品的供给量,妨碍经济的增长;就支出方面而言,在经济高涨时期,用于社会保险的开支过大,会推高总需求,导致经济过热,从而可能引发通货膨胀,对社会保险资金的运动进行有效监管也成了必要的选择。

(2) 社会保险基金运动的垄断性。在我国目前的情况下,基金的管理具有分散性,随着改革的深化,社会保险基金将实行集中管理。巨额的社会保险基金积累一旦实现集中管理,将产生垄断。另外,社会保险基金进入资本市场后,金融垄断的产生将不可避免。社会保险基金运营的垄断将限制竞争,不利于资金运用效率的提高,尤其是在我国目前金融市场尚未规范的情况下,利用垄断进行不正当竞争以谋取特殊利益的现象十分严重。因此,为了保证广大劳动者的切身利益,为了维护社会保险制度的顺利运转,对社会保险基金进行监管是客观现实的需要。

(二) 信息不对称理论[2]

1. 信息不对称理论。传统经济学认为,在市场经济条件下,市场通过价格调整供求平衡,达到对资源的有效配置。信息不对称理论研究发现,市场中的买卖双方所拥有的信息常常是不对称的,此时,仅仅通过价格的调整难以达到有效的资源配置。信息不对称理论认为,对于市场中的信息不对称状况必须进行各种调整,包括通过加强监管,使不具备信息的一方能有效地"筛选"有信息的一方,通过强化监管,克服因信息不对称可能导致的道德风险等。

2. 信息不对称理论与社会保险基金监管。

(1) 社会保险基金的运行因信息不对称会导致逆向选择。在社会保险基金的征缴阶段,参保单位与社会保险经办机构之间就存在着信息的不对称,参保单位拥有着本单位的职工数量、工资水平等信息,而社会保险经办机构可能存在着不完整甚至是错误的信息。由此,易于导致一部分单位按规定缴纳社会保险费,而另一部分单位则利用社会保险机构拥有职工人数、工资水平等的不完全信息的状况,按照低于规定标准缴纳社会保险费,从而出现社会保险费收不抵支的现象。与此同时,社会保险机构为了解决这一问题,不得不提高统筹费

---

[1] 许利民,胡伟业:《社会保险资金监管的理论依据和重要启示》,www.csss.whu.edu.cn,2002年12月。

[2] 鲁毅:《关于社保基金监管的若干思考》,《特区理论与实践》,2002年第6期。

率。结果是遵守法规的单位或因产品成本上升、竞争力下降而退出市场,或者避缴社会保险费;而不守法单位在高统筹费率的情况下,进一步采取各种手法避缴,最终导致市场上只剩下逃避社会保险费征缴的单位,避缴率不断上升,陷入恶性循环。在社会保险基金的营运阶段,社会保险机构必须选择相关的金融机构,将社会保险基金委托其营运,并确定相应的收益率。在选择时,社会保险机构只知道在全部金融机构中存在一定比例的不能完全履约的机构,会形成一定的损失,但对每个金融机构本身的竞争实力、赢利与抗风险能力等信息都难以确切掌握。为了保证社会保险基金的保值增值,社会保险机构需要提出一个较高的收益率,以抵消损失的风险。面对较高的合同收益率,稳健经营、风险较低的金融机构可能退出竞争,而高风险经营的金融机构却乐意接受,因为他们进行高风险投资如果成功就能得到较高的赢利;而一旦投资失效,就宣告破产而避债。这样就产生"逆向选择",即招标市场上有可能只剩下高风险的金融机构,导致社会保险基金营运的整体风险上升。

(2)信息不对称会导致社会保险基金营运中的道德风险。社会保险基金从征缴到支付,社会保险基金的营运从委托经营到收回全部本息,都有一个较长的周期。在营运过程中,社会保险的购买者(社会保险的参保人)和社会保险基金的营运委托人(社会保险机构),难以完全观察营运者的行为;同时,对于始终处在运动过程中不断变换形态的社会保险基金的具体资产组合的瞬时价值,难以准确估值和完全证实。在缺乏有效监管的条件下,社会保险基金经营的被委托人易产生道德风险,使社会保险基金有可能形成巨大损失。

(3)信息不对称会产生社会保险基金的营运风险。部分社会保险基金投向资本市场,购买股票。企业经营者比投资者对企业的经营状况、财务状况、竞争能力和未来投资项目的成功率、赢利能力掌握更多的信息。那些实际赢利能力较低的企业为了在竞争中生存与发展,可能通过增加成本支出来制造虚假信息,形成企业高赢利的虚景象。由于购买这些股票的资金供给量增加而可供购买的股票有限,从而更加造成这些股票价值的高估,信息失真进一步加剧。在监管不完善的股票市场,操纵股票、进行投机的庄家更乐于与这样的企业合作。由于他们掌握更多的不对称信息,因此,他们往往在其他信息不明晰的投资者还在涌入、股票升值到其有高额获利时,抛出手中持有的大量低价位购入的股票,就导致股票价格突然下跌,给不掌握信息的投资者造成巨大的投资损失。这是社会保险基金在经营过程中由于信息不对称极易遭受的投资风险。

综上所述,根据信息不对称理论,社会保险基金在其运行过程中面临多重风险,造成损失的概率很高。要克服信息不对称所造成的风险和损失,就必须加强对社会保险基金运行全过程的监管,通过监管强化信息披露,减少信息不对称的负面影响,增强社会保险基金经营的透明度;增强社会保险基金营运主体的理性行为;通过监管完善制度设计,控制和减少"逆向选择",从而保证社会保险基金安全、高效地经营①。

(三)社会公众利益说

社会公众利益说认为,社会保险基金监管就是要维护社会公众利益。社会公众利益分散于社会的各个层面,要实现维护社会公众利益的职能,只能由国家法律授权的机构行使。按照经济学的一般原理,当某一经济单位所从事的经济活动有着某种外在效益,尤其是存在着外在不经济或外在成本的情况时,就会出现其自我运行所达到的利益目标不可能与社会利益保持一致,从而需要代表社会公共利益的国家对其行为进行必要的干预,以引导或强制其活动尽量与社会公众利益保持一致。基金的经办及运营就存在这样的外在不经济。某一经办或运营机构不能够承担全部风险成本时,风险成本只能由整个社会保障体系及社会来承担。因此,代表公众利益的国家有必要对基金实施监管。

社会保险基金运营过程表明政府失灵的存在,并可能会影响社会保险运营目标的实现。因此,根据公共经济学理论,对社会保险基金的运营必须进行科学的监管,保证其符合社会公众利益,以实现公共政策目标。

(四)金融体系内在风险性理论②

克罗凯特(A. Crockett,1997年)认为,金融体系的风险是"由于金融资产价格的不正常波动或大量的金融机构背负巨额债务及其资产负债结构恶化使得他们在经济冲击下极为脆弱并可能严重地影响到宏观经济的正常运行"。

1. 现代金融体系内在风险性理论。在金融市场中,除了上面所述的由于信息不对称产生的社会保险基金的运营风险以外,金融体系还存在着内在的不稳定性,与此同时伴随着巨大的风险,并且具有较大的波及性。某个金融机构出现金融危机,可能演变成全局性的金融动荡,然后波及整个经济。鉴于现代金融体系的脆弱性,为了控制金融风险,防范和克服金融危机,政府有关监管机构必须强化金融监管,采取一切可能的措施和方法,增强金融主体行为的理性,降

---

① 鲁毅:《关于社保基金监管的若干思考》,《特区理论与实践》,2002年第6期。
② 鲁毅:《关于社保基金监管的若干思考》,《特区理论与实践》,2002年第6期。

低金融资产价格的波动性,防范和减少金融体系风险的产生与积累,通过监管改变金融体系的内在脆弱性,增强金融体系的稳定性。

2. 金融体系内在风险理论与社会保险基金监管。社会保险基金是以金融资产的状态存在和运动的。社会保险基金的运营必须遵循安全性这一首要原则。社会保险基金必须保证参加社会保险的职工因年老、疾病、伤残、失业、生育、死亡而丧失劳动能力或生活遇到困难时,及时给予他们基本的生活保障。因此,必须切实保证社会保险基金的安全性。从社会保险基金的营运过程来看,一方面,社会保险基金必须通过营运实现保值增值,但是金融资产的各种品种都受利率、汇率等多种因素的影响,极易贬值甚至损失;另一方面,社会保险基金必须委托基金公司、证券公司、银行等金融机构来运作,而金融机构本身又是高负债高风险经营,其抵御金融风险的能力是有限的。这就产生了社会保险基金的安全性、保值增值性的内在要求,与金融体系、金融机构、金融资产内在风险性和脆弱性的矛盾。为解决这一矛盾,就必须强化对社会保险基金的监管。

（五）委托代理理论[①]

根据制度经济学的观点,所有权和经营权的分离使得监管成为必要,该理论为社会保险基金在金融市场的监管提供了依据。

从本质上来讲,部分社会保险基金进入资本市场,这种基金是一种信托资金。资金的所有者（职工）和基金的运营者之间存在着委托代理的关系。同样,政府向单位与职工征收一定比例的社会保险费,并允诺在将来某个时间、约定的条件下按照适宜的水平给付保险金,资金的运动也具有信托的性质。

同样,在运营社会保险基金的机构内部,由于存在着多重而且复杂的授权与分工,委托代理的关系同样存在,对基金的运动进行监管,也就理所当然了。另外,社会保险基金以基金形式进入资本市场,相关金融机构之间形成基金管理人、基金投资人、基金保管人三者之间相互牵制、相互监督的关系,其根源也在于社会保险基金的信托性质。

[①] 许利民,胡伟业:《社会保险资金监管的理论依据和重要启示》,www.csss.whu.edu.cn,2002年12月。

(六)边际经济理论[①]

1. 边际经济理论。任何产品的产出都需要多种要素的组合投入。在其他投入固定不变的情况下,增加某一要素的投入,将会使该产品的产量增加。边际经济理论将一个单位的某一要素新增投入所增加的成本称为边际成本。将与之对应的该产品新增加的产量称为边际产量,而由其所带来的新增加收益称为边际收益。当其他要素的投入不变,仅仅增加某一要素的投入时,由于增加的该要素的投入所能作用的其他要素越来越少,因此,产品的边际产量会下降,相应的边际收益也会下降。边际经济理论认为这是边际收益递减规律。当某一产品生产的边际成本等于边际收益时,该产品的产量及收益达到最大化,实现均衡状态。这时再增加该要素的投入,将会使总收益减少,从而造成要素的浪费。

2. 边际经济理论与社会保险基金监管。社会保险基金的监管将会使社会保险基金的运营增加安全度和赢利性,从而产生较大的社会综合收益。但是监管本身需要较大的成本。因此,在构建社会保险基金的监管体系时,必须考虑其中的成本与收益间的平衡。当社会保险基金监管的边际成本与边际社会收益相等时,社会保险基金监管体系就达到最优状态。

五、社会保险基金监管的目标任务

当前,我国已经进入了全面建设小康社会,加快推进现代化建设的新的发展阶段,社会保险事业得到了健康的发展,社会保险基金管理和监督得到了加强。但是,目前,社会保险基金监管工作中还存在一些矛盾和问题,收支和管理运营环节中存在一些隐患。特别是出现了部分地区缴费人数相对下降,提前退休人员数量增加,基金当期入不敷出,支付缺口逐年扩大。与此同时,各地基金监管机构组建时间不长,专业人员不足,这些问题在相当程度上制约着社会保险基金工作的发展与完善。随着社会保障制度改革的进一步深化,各项社会保险基金收入、支出、结余规模越来越大,加强社会保障基金监管,确保基金安全,是各级政府面临的一项十分重要的长期任务。各级劳动保障部门要充分地认识加强基金监督管理工作的长期性和艰巨性,加强制度建设,完善业务经办流

[①] 鲁毅:《关于社保基金监管的若干思考》,《特区理论与实践》,2002年第6期。

程,推动基金监管工作深入开展。

(一) 维护劳动者的合法权益

社会保险基金的性质和功能决定着基金监管的出发点。社会保险的根本性政策目标之一就是为广大人民群众解除后顾之忧,使广大人民群众得到基本的生活保障,使人民群众生活水平随着经济发展稳步提高。各项基金是政府强制建立的专项资金,是保障广大劳动者切实利益的"养命钱"和"保命钱"。由于种种原因,社会公众难以了解基金管理运营和资产质量的状况,无法直接参与并保护劳动者切身利益,这使得监管机构代表参加保险人员对基金运营实行监管成为一种必然。因此,维护广大劳动者的权益是政府基金监管的根本目的。

(二) 建立健全社会保险基金的监管体系[①]

建立健全社会保险基金监管体系是完善社会保险制度的重要组成部分,对于确保社会保险制度的运行具有重要的意义。社会保险基金监管体系主要包括行政监管、专门监管、社会监管和管理机构监管四个方面。劳动和社会保障部门基金监管机构实施的行政监管在社会保险基金监管体系中发挥着主导和协调作用,并与有关部门建立协同监管的机制,确保社会保险基金的安全完整。要贯彻"法制、监管、自律、规范"的监管工作方针,加强与财政、税务、银行、审计等部门的合作,加快建设以行政监督为主体的社会保险基金监管体系。

(三) 确保社会保险基金的安全完整

从目前情况看,我国社会保险基金主要包括各分项社会保险基金、全国社会保障基金及企业年金基金等。从近几年来看,我国的养老保险基金、失业保险基金、医疗保险基金的收支规模越来越大,加强管理和监督的任务也越来越重。由于基金来源不同,管理主体不同,运作方式差异很大。基本养老和医疗保险统筹基金,失业、工伤和生育保险等社会保险基金,将按现收现付或部分积累模式,在现有管理的基础上加以规范。全国社会保险风险储备基金、企业年金基金将按完全积累模式,由受委托的金融机构管理运营。要进一步建立和完

---

① 刘永富:《总结经验,再接再厉,进一步做好社会保障基金监管工作》,在全国社会保障基金监管工作座谈会上的讲话,2002年6月17日。

善社会保险基金管理制度，依法规范社会保险经办机构和财政专户管理机构的运作行为，加强监督管理，及时纠正违规违纪问题，严防基金收支过程中的"跑、冒、滴、漏"，保证积累基金的安全。要加强对基金管理人、托管人和投资管理人的监管，定期公布基金资产状况，接受社会公众监督，确保社会保险基金资产的完整性。

（四）实现社会保险基金保值增值

实现社会保险基金的保值增值，提高基金投资管理的收益是加强基金管理和监督的重要任务。管理好社会保险基金，实现有效增值，对于巩固"两个确保"，促进社会保障事业的可持续发展具有重要意义。我们要督促制定社会保险基金收支和管理计划，减少基金隐性损失。要建立和完善基本养老保险个人账户基金管理制度，逐步拓展投资渠道，规范运作行为，提高基金投资回报率。

（五）维护社会稳定

社会保险的根本性目标之一是维护社会稳定。社会稳定是我国经济和社会稳步健康发展的前提。社会保险基金是我国社会保险制度的物质基础，它的收支、管理和运营状况直接影响着我国社会的稳定。目前，我国正处于经济结构调整、经济体制转型时期，社会保险基金与社会稳定之间的关系更为密切。

（六）建立社会保险基金收支的反欺诈机制

经过逐步的改革和调整，我国社会保险基金的收支管理已由社保经办机构一家承办，逐步变为税务、财政、银行等部门和社会服务机构多家参与。实行养老保险费用差额缴拨改为全额缴纳和社会化发放以来，大部分地区社保经办机构委托银行、邮局和社区组织直接发放养老金，近年来部分省市又实行社会保险费由税务征收。一些单位瞒报或少报工资基数和人数，逃避应当承担的社会责任；一些人员冒领或多头领取社会保险金，造成社会保险基金的流失；一些管理机构的工作人员擅自更改有关记录，违规办理提前退休，增加了社会保险基金的负担。解决这些问题，一要加强社会保险政策的宣传，增强广大职工的责任意识，提高单位和职工按时足额缴纳社会保险费的自觉性；二要建立公开、透明的机制，发动社会各方和广大群众参与监督管理，加大对冒领社会保险金等欺诈行为的打击力度；三要开发监控系统，加强社会保险基金收支、管理的事前和事中监督，严格防范基金征缴、支付过程中的内部和外部欺诈行为，减少征收机构滞留基金的现象，督促发放机构按时发放保险金，最大限度地发挥社保基金的保险作用。

 **相关新闻链接**

全国社会保障基金条例公布 5 月 1 日起施行

新华网北京 3 月 28 日电 据中国政府网消息,近日,国务院总理李克强签署第 667 号国务院令,公布《全国社会保障基金条例》,《条例》自 2016 年 5 月 1 日起施行。

中华人民共和国国务院令
第 667 号

《全国社会保障基金条例》已经 2016 年 2 月 3 日国务院第 122 次常务会议通过,现予公布,自 2016 年 5 月 1 日起施行。

总理 李克强

2016 年 3 月 10 日

全国社会保障基金条例
第一章 总 则

第一条 为了规范全国社会保障基金的管理运营,加强对全国社会保障基金的监督,在保证安全的前提下实现保值增值,根据《中华人民共和国社会保险法》,制定本条例。

第二条 国家设立全国社会保障基金。

全国社会保障基金由中央财政预算拨款、国有资本划转、基金投资收益和以国务院批准的其他方式筹集的资金构成。

第三条 全国社会保障基金是国家社会保障储备基金,用于人口老龄化高峰时期的养老保险等社会保障支出的补充、调剂。

第四条 国家根据人口老龄化趋势和经济社会发展状况,确定和调整全国社会保障基金规模。

全国社会保障基金的筹集和使用方案,由国务院确定。

第五条 国务院财政部门、国务院社会保险行政部门负责拟订全国社会保障基金的管理运营办法，报国务院批准后施行。

全国社会保障基金理事会负责全国社会保障基金的管理运营。

第二章 全国社会保障基金的管理运营

第六条 全国社会保障基金理事会应当审慎、稳健管理运营全国社会保障基金，按照国务院批准的比例在境内外市场投资运营全国社会保障基金。

全国社会保障基金理事会投资运营全国社会保障基金，应当坚持安全性、收益性和长期性原则，在国务院批准的固定收益类、股票类和未上市股权类等资产种类及其比例幅度内合理配置资产。

第七条 全国社会保障基金理事会制定全国社会保障基金的资产配置计划、确定重大投资项目，应当进行风险评估，并集体讨论决定。

全国社会保障基金理事会应当制定风险管理和内部控制办法，在管理运营的各个环节对风险进行识别、衡量、评估、监测和应对，有效防范和控制风险。风险管理和内部控制办法应当报国务院财政部门、国务院社会保险行政部门备案。

全国社会保障基金理事会应当依法制定会计核算办法，并报国务院财政部门审核批准。

第八条 全国社会保障基金理事会应当定期向国务院财政部门、国务院社会保险行政部门报告全国社会保障基金管理运营情况，提交财务会计报告。

第九条 全国社会保障基金理事会可以将全国社会保障基金委托投资或者以国务院批准的其他方式投资。

第十条 全国社会保障基金理事会将全国社会保障基金委托投资的，应当选择符合法定条件的专业投资管理机构、专业托管机构分别担任全国社会保障基金投资管理人、托管人。

全国社会保障基金理事会应当按照公开、公平、公正的原则选聘投资管理人、托管人，发布选聘信息、组织专家评审、集体讨论决定并公布选聘结果。

全国社会保障基金理事会应当制定投资管理人、托管人选聘办法，并报国务院财政部门、国务院社会保险行政部门备案。

第十一条 全国社会保障基金理事会应当与聘任的投资管理人、托管人分别签订委托投资合同、托管合同，并报国务院财政部门、国务院社会保险行政部门、国务院外汇管理部门、国务院证券监督管理机构、国务院银行业监督管理机构备案。

第十二条 全国社会保障基金理事会应当制定投资管理人、托管人考评办法，根据考评办法对投资管理人投资、托管人保管全国社会保障基金的情况进行考评。考评结果作为是否继续聘任的依据。

第十三条 全国社会保障基金投资管理人履行下列职责：

（一）运用全国社会保障基金进行投资；

（二）按照规定提取全国社会保障基金投资管理风险准备金；

（三）向全国社会保障基金理事会报告投资情况；

（四）法律、行政法规和国务院有关部门规章规定的其他职责。

第十四条 全国社会保障基金托管人履行下列职责：

（一）安全保管全国社会保障基金财产；

（二）按照托管合同的约定，根据全国社会保障基金投资管理人的投资指令，及时办理清算、交割事宜；

（三）按照规定和托管合同的约定，监督全国社会保障基金投资管理人的投资；

（四）执行全国社会保障基金理事会的指令，并报告托管情况；

（五）法律、行政法规和国务院有关部门规章规定的其他职责。

第十五条 全国社会保障基金财产应当独立于全国社会保障基金理事会、投资管理人、托管人的固有财产，独立于投资管理人投资和托管人保管的其他财产。

第十六条 全国社会保障基金投资管理人、托管人不得有下列行为：

（一）将全国社会保障基金财产混同于其他财产投资、保管；

（二）泄露因职务便利获取的全国社会保障基金未公开的信息，利用该信息从事或者明示、暗示他人从事相关交易活动；

（三）法律、行政法规和国务院有关部门规章禁止的其他行为。

第十七条 全国社会保障基金按照国家规定享受税收优惠。

第三章　全国社会保障基金的监督

第十八条 国家建立健全全国社会保障基金监督制度。

任何单位和个人不得侵占、挪用或者违规投资运营全国社会保障基金。

第十九条 国务院财政部门、国务院社会保险行政部门按照各自职责对全国社会保障基金的收支、管理和投资运营情况实施监督；发现存在问题的，应当依法处理；不属于本部门职责范围的，应当依法移送国务院外汇管理部门、国务院证券监督管理机构、国务院银行业监督管理机构等有关部门处理。

第二十条 国务院外汇管理部门、国务院证券监督管理机构、国务院银行业监督管理机构按照各自职责对投资管理人投资、托管人保管全国社会保障基金情况实施监督；发现违法违规行为的，应当依法处理，并及时通知国务院财政部门、国务院社会保险行政部门。

第二十一条　对全国社会保障基金境外投资管理人、托管人的监督,由国务院证券监督管理机构、国务院银行业监督管理机构按照与投资管理人、托管人所在国家或者地区有关监督管理机构签署的合作文件的规定执行。

第二十二条　审计署应当对全国社会保障基金每年至少进行一次审计。审计结果应当向社会公布。

第二十三条　全国社会保障基金理事会应当通过公开招标的方式选聘会计师事务所,对全国社会保障基金进行审计。

第二十四条　全国社会保障基金理事会应当通过其官方网站、全国范围内发行的报纸每年向社会公布全国社会保障基金的收支、管理和投资运营情况,接受社会监督。

第四章　法律责任

第二十五条　全国社会保障基金境内投资管理人、托管人违反本条例第十六条、第十八条第二款规定的,由国务院证券监督管理机构、国务院银行业监督管理机构责令改正,没收违法所得,并处违法所得1倍以上5倍以下罚款;没有违法所得或者违法所得不足100万元的,并处10万元以上100万元以下罚款;对直接负责的主管人员和其他直接责任人员给予警告,暂停或者撤销有关从业资格,并处3万元以上30万元以下罚款;构成犯罪的,依法追究刑事责任。

第二十六条　全国社会保障基金理事会违反本条例规定的,由国务院财政部门、国务院社会保险行政部门责令改正;对直接负责的主管人员和其他直接责任人员依法给予处分;构成犯罪的,依法追究刑事责任。

第二十七条　国家工作人员在全国社会保障基金管理运营、监督工作中滥用职权、玩忽职守、徇私舞弊的,依法给予处分;构成犯罪的,依法追究刑事责任。

第二十八条　违反本条例规定,给全国社会保障基金造成损失的,依法承担赔偿责任。

第五章　附　　则

第二十九条　经国务院批准,全国社会保障基金理事会可以接受省级人民政府的委托管理运营社会保险基金;受托管理运营社会保险基金,按照国务院有关社会保险基金投资管理的规定执行。

第三十条　本条例自2016年5月1日起施行。

(资料来源:新华网,2016年03月28日,http://news.xinhuanet.com/legal/2016-03/28/c_128841505.htm)

第二节 我国社会保险基金监管的组织构建与监管内容

建立健全社会保险基金监管体系是完善社会保险制度的重要组成部分,对于确保社会保险制度的正常运转有着重要的意义。1997年,我国国务院将社会保险基金纳入财政专户,实行"收支两条线"管理。这一措施扭转了我国社会保险基金管理无序的状态,使社会保险金在管理的方式方法上产生了重大的改变。随之,国务院在1998年组建劳动和社会保障部时,建立了社会保险基金监督司,通过各级政府的逐步改革,自上而下地建立了社会保险基金的行政监管体系,进而逐步形成我国的社会保险基金监管体系。

一、社会保险基金监管体系

目前,我国已经初步形成了以劳动和社会保障部门行政监管为主,财政监督、审计监督、税务监督、银行监督、内部控制和社会监督有机配合的社会保险基金监管体系。关于这一监管体系的制度规范,主要体现在《劳动法》(1995年1月1日施行)第74条第二款、劳动和社会保障部《关于加强社会保障基金监督管理工作的通知》(以下简称《通知》)(2002年7月15日发布)、《社会保险基金行政监督办法》(以下简称《办法》)(2001年5月18日施行)、《社会保险基金财务制度》(以下简称《制度》)、《社会保险费征缴监督检查办法》(以下简称《检查办法》)(1999年3月19日施行)、《关于加强企业职工社会保险基金投资管理的暂行规定》(以下简称《暂行规定》)(1994年11月22日施行)、《企业职工养老保险基金管理规定》(以下简称《管理规定》)(1993年7月2日实施)及《社会保险费征缴暂行条例》(以下简称《暂行条例》)(1999年1月22日施行)中的相关规定,劳动部关于印发《关于贯彻〈国务院关于深化企业职工养老保险制度改革的通知〉的实施意见》的通知(以下简称《实施意见》)(1995年5月1日发布)等有关法律法规和规章中。

（一）劳动和社会保障部门的监管及其职责[①]

行政监督主要是从政府的角度来监管社会保险基金的管理和运营。行政监督是按照行政管理权限和行政隶属关系，由行政机关对社会保险基金管理的监督。社会保险基金的行政监督包括劳动和社会保障行政主管部门的监督、财政部门的财务监督和审计部门的审计监督。劳动和社会保障部门作为负责社会保险工作的主要行政部门，承担着对社会保险基金实施监管的主要职责。《办法》规定，劳动和社会保障部主管全国社会保险基金监督工作，县级以上地方各级人民政府劳动保障行政部门主管本行政区域内的社会保险基金监督工作。其基本监管内容包括：有关社会保险基金管理法律、法规和国家政策的贯彻执行情况；社会保险基金预决算执行情况；社会保险基金征收、支出及结余情况；社会保险基金管理的其他事项；等等。《办法》还规定了监督机构及其监督人员在履行职责时享有的职权，并规定了实施现场监督和非现场监督的相应程序。其中，现场监督分为定期监督、不定期监督和按《社会保险基金监督举报工作管理办法》的规定受理的举报案件的查处；非现场监督分为常规监督和专项监督。

根据国务院有关规定，劳动和社会保障部门负责协调各项社会保障基金管理政策，拟定基金监管制度和社会保险经办机构管理规则，认定基金运营机构资格，建立监管网络，监管社会保险基金的运营，会同有关部门制定全国社保基金、企业年金和补充医疗保险等基金的监管政策，依法对各类社会保险基金管理运营和信息披露情况实施监督检查，以及查处基金管理过程中的重大违规违纪案件等。我国的各级劳动保障部门社会保险基金监管机构构成了我国社会保险基金监管体系的主体。

（二）财政部门的监管及其职责[②]

根据国务院的有关规定，财政部门负责拟定会计法规，实施财务会计监督，是政府的综合管理部门，要进行正常的社会保险财务管理工作。《制度》中具体规定了财政部门的监管职权：基金财务管理的任务是认真贯彻执行国家有关法律、法规和方针、政策，依法筹集和使用基金，建立健全财务管理制度，努力做好基金的计划、控制、核算、分析和考核工作，并如实地反映基金收支状况，严格遵守财经纪律，加强监督和检查，确保基金的安全。并要求基金纳入单独的社会

---

① 张新民，曹明睿：《我国社会保险基金监管法律制度研究》，《江西社会科学》，2004年第2期。
② 卢纯佶：《社会保险基金监管工作谈》，《中国劳动》，2002年第7期。

保险基金财政专户,实行收支两条线管理,专款专用,任何地区、部门、单位和个人均不得挤占、挪用,也不得用于平衡财政预算;基金根据国家要求实行统一管理,按险种分别建账、分别核算,专款专用,自求平衡,不得相互挤占和调剂。

(三)审计部门的监管及其职责

根据国务院的有关规定,审计部门依法实施审计监督。审计机关依据国家有关法律制度主要是依照《审计法》,运用审计机关职能、权限、程序,采取内部审计与外部审计相结合的方法,对征缴、拨付、存储行为以及财政专户的管理情况进行审计监督,对社会保险基金运行过程及结果进行定期审核监管。通过审计监督,及时查出各部门、各环节在基金运行中存在的问题,并提出整改建议,限期整改。

审计部门是财经法纪的维护者,它与社会保险机构存在着间接关系,具有依法行使审计监督的权力,更具有专门性、独立性、公正性和权威性(这里仅指外部审计而言,内部审计一般归入内部监督的范畴)。有关审计部门对社会保险基金的监管职责被分散地规定在各相关规范中,如《制度》第44条。该条规定,审计部门要与劳动和社会保障部门、财政部门等定期或不定期地对收入户、支出户和财政专户内的基金收支和结余情况进行监督检查,发现问题及时纠正,并向政府和基金监督组织报告。《暂行条例》第22条,该条第二款规定,审计部门依法对社会保险基金的收支情况进行监督。《通知》要求各级审计部门要依法对社会保险基金管理及使用情况进行审计监督,对基金收入户、支出户及财政专户基金管理情况进行审计。《国务院关于建立城镇职工基本医疗保险制度的决定》(以下简称《决定》)(1998年12月14日发布),要求审计部门要定期对社会保险经办机构的基金收支情况和管理情况进行审计。《工伤保险条例》(2004年1月1日施行)第49条规定,财政部门和审计机关依法对工伤保险基金的收支、管理情况进行监督。

此外,税务、中国人民银行各分支行、证券监管等金融监管机构和邮政部门以及监察部门、国家计划发展部门也承担有相应的行政监督职责。

(四)内部控制[1]

内部控制是社会保险经办机构的内部稽查和上级社会保险经办机构对下

---

[1] 卢纯佶:《社会保险基金监管工作谈》,《中国劳动》,2002年第7期。

级社会保险经办机构的监督。内部控制是基金监管工作的基础环节,一般应包括与社会保险基金工作相关的单位及机构的内部审计和职工监督两部分,主要包括社保经办机构,财政专户管理机构,税务征收机构以及银行、邮政等社会服务机构,为防范运作风险、提高管理质量和水平,建立的内控制度。管理运营基金的各级社会保险经办机构和有关运营机构,都必须加强基金规章制度建设,都要建立相互制约、职权分离的管理制度。每个工作环节都应有相应的监管措施。要实现收、支、存相对分离的管理制度,确保社会保险基金在运行过程中不受损失。

关于内部审计机关监督职权和内部职工监督权利的安排见于一些相关的制度规范中,如《暂行条例》第 17 条第一款。该款规定,缴费单位应当每年向本单位职工公布本单位全年社会保险费交纳情况,接受职工监督。《决定》第四部分相关内容规定,社会保险经办机构负责基本医疗保险基金的筹集、管理和支付,要建立健全内部审计等制度。又如,《管理规定》第 17 条、第 23 条等。第 17 条规定,各级社会保险管理机构要建立健全基金的内部审计等基金管理的各项制度;第 23 条规定,各级劳动行政部门要定期作内部审计[①]。

(五) 法律监督

根据经济法律、社会保险法和相关的管理条例,对社会保险基金运行情况实施全面的法律监管和监督检查,特别要加强对各监管机构的监管工作实施监督,确保基金的安全有效运行。政府监管机构必须授权加强法制建设,制定和完善有关基金监管的法律制度。相关法律主要包括主体法律、行政法规、部门规章和地方性法规三个方面。在主体法律方面,已颁布的社会保险法律还没有涵盖我国社会保险的各个方面,仍存在着社会保险基金监管的空白地带,因此,应适时地完善我国主体法律的框架。在行政法规方面,主要是制定基本法律实施细则。在部门规章和地方性法规方面,对于近期内不易立法的项目,国务院社会保险主管部门可以制定一些具体可操作性的部门规章。各省、自治区、直辖市的人民代表大会及其常务委员会依照法律和行政法规,结合本辖区具体情况制定和发布本辖区内的规范性文件。

劳动和社会保障部门基金监管机构实施的行政监管,在社会保险基金监管体系中发挥主导和协调作用,并与有关部门建立协同监管的机制,确保社会保

---

① 张新民,曹明睿:《我国社会保险基金监管法律制度研究》,《江西社会科学》,2004 年第 2 期。

险基金的安全完整。继续贯彻"法制、监管、自律、规范"的监管工作方针,加强财政、税务、银行、审计等部门的合作,加快建立以行政监管为主体的社会保险基金监管体系。

相关新闻链接

我国将立法监管社保基金

社会保险基金是老百姓的"养命钱""救命钱",目前我国社保基金规模已相当庞大,为了确保社保基金的安全完整和保值增值,我国正在起草制定社会保险法和社保基金监督管理条例,并将尽快出台,以对社保基金实施有效监管。这是劳动和社会保障部副部长刘永富24日在此间召开的全国社会保险基金监督座谈会上透露的。

据了解,这项工作主要包括几方面内容:一是在社会保险法、劳动法修正案、刑法修正案等国家基本法律中,对社保基金监督做出相关规定,确定其法律地位和基本原则。二是制定社保基金监督管理条例,作为基金监督的实体法,规范基金征收缴、管理、支付、运营等行为,明确法律责任,确定监管主体,设定处罚权,增强执法效率。三是根据实际工作需要,研究制定单项法规或规范性文件,对社会保险基金投资运营、反欺诈、企业年金等做出制度性规定,实现规范管理。

(资料来源:《上海青年报》,2006年4月25日,http://www.cnss.cn/xwzx/sbjj/jjjd/200609/t20060912_22886.html)

(六) 司法部门的监督及其职责

作为最后的和最严厉的监管制度安排,司法监督是指通过司法系统对社会保险基金的运行行使特殊的监管职责,以及时处理社会成员与社会保险机构之间的争议,惩罚社会保险工作人员及其他相关人员的严重违法行为。这种形式的监督主要体现为对有关社会保险基金争议的最后解决以及对有关当事人刑事责任的追究。司法部门监督职责安排几乎体现于各相关的制度规范中,例如,《通知》指出,社会保险基金管理中涉嫌犯罪的要移交司法机关。《办法》第14条、第15条、第16条规定,被监督单位和监督人员在社会保险基金工作中构成犯罪的,由司法机关依法追究刑事责任;法机关依法追究刑事责任。《暂行条例》第 25 条规定,对复议决定不服的,可以依法提起诉讼。第 27 条、第 28 条规定,劳动和社会保障行政部门、社会保险经办机构或者税务机关的工作人员以及任何单位、个人在社会保险费征缴和管理中违法构成犯罪的,依法追究刑事责任。《制度》第 48 条规定,单位以及主管人员和直接责任者的违法行为触犯刑律的,依法追究刑事责任。

(七)社会监督系统的监督及其权利

社会监督是人民群众通过社会团体和社会组织(包括人民政协、民主党派、工会、共青团、妇联等)、舆论机构(包括报刊、电视、广播等)、公民个人对社会保险基金管理情况的监督。各级政府社会保险监督委员会的监督和社会保险基金监管机构开设举报电话、受理来信来访等监督,充分发挥社会公众的监督作用。根据有关法律制度,依法实行社会保险经办机构年度会计报告,由社会中介机构注册会计师进行审计,确保财务报告提供的财务信息质量;并将经过注册会计师审计的会计报告向全社会公布。要发挥纪委、银行、工会等部门的监督职能,对社会保险的政策执行情况和基金管理情况进行全面监管。要定期向社会公布基金收支和结余情况,自觉地接受群众、团体和组织的社会监督,不断完善社会保险监管体系。

社会监督是指非官方的、非专门的社会保险基金正式监管系统之外的监督,属于群众性、社会性、非强制性的监督。社会监督系统的监督权利也体现在相关的规范中,如《暂行条例》第 17 条第二款。该款规定,社会保险经办机构应当定期向社会公告社会保险费征收情况,接受社会监督。《管理规定》第 25 条规定,社会保险管理机构要主动接受工会等部门对养老保险基金及管理服务费的监督检查,提供有关账目和原始凭证等资料。《实施意见》第八部分的有关内容规定,要向参加养老保险的单位和社会公布养老保险政策执行情况和养老保险金使用情况,增加透明度,主动接受社会公众的监督。《制度》第 43 条规定,经办机构要定期或不定期地向社会公告基金收支和结余情况,接受社会监督。《暂行规定》第 9 项规定,社会保险事业管理机构要严格执行规定及各项财务制度,自觉地接受社会公众的监督检查。《检查办法》第 7 条规定,劳动保障行政部门应当向社会公布举报电话,设立举报箱,指定专人负责接待群众投诉;对符合受理案件的举报,应当于 7 日内立案受理,并作调查处理,且一般应当于 30 日内处理结案。《工伤保险条例》第 50 条规定,任何组织和个人对有关工伤保险的违法行为均有权举报,劳动保障行政部门对举报应当及时调查,按照规定处理,并为举报人保密;第 51 条规定,工会组织依法维护工伤职工的合法权益,对用人单位的工伤保险工作实行监督①。

 **相关新闻链接**

劳动和社会保障部称欢迎媒体监督社保基金管理

劳动和社会保障部部长田成平日前就上海社保局长涉嫌刑事案件和一些企业忽略劳工权益变成"血汗工厂"等问题表示,中国将依法管理社保基金、保护劳工权益,对涉嫌威胁基金安全的人和侵害劳工权益的人移交司法机关,欢迎新闻监督。

田成平透露,中国人口多,底子薄,就业压力大和社会能够提供的岗位之间,在今后相当长的时期,都是一个突出的矛盾。

田成平说,今后几年,中国城镇每年需要就业的人口都将超过 2 400 万人,而新增的就业岗位加上自然减员也只有 1 100 万个,供大于求的缺口在 1 300 万以上,矛盾十分尖锐。特别是在中西部地区、资源枯竭的城市就业问题更加突出。在农村,现有劳动力 4.97 亿人,除去已经转移就业的 2 亿多人,以及农村需要务农的 1.8 亿人,尚有 1 亿左右的富余劳动力。

(资料来源:中国社会保障网,2006 年 9 月 19 日,http://www.cnss.cn/xwzx/sbjj/jjjd/200609/t20060919_31224.html)

二、监管人员的管理

(一)监管人员的权利与义务②

1. 监管人员在履行职责时应享有如下权利:

(1)要求被监管单位提供或报送社会保险基金预算或财务收支计划、预算执行情况、决算及账务报告及其他与社会保险基金管理有关的资料;

---

① 张新民,曹明睿:《我国社会保险基金监管法律制度研究》,《江西社会科学》,2004 年第 2 期。
② 劳动和社会保障部:《社会保险基金行政监督办法》,2001 年 12 号令。

(2) 查阅被监管单位与社会保险基金有关的会计凭证、会计账簿、会计报表及其他与社会保险基金管理有关的资料；

(3) 就监管事项的有关问题向有关单位和个人进行调查，并取得有关证明材料，有关单位和个人应当如实向监督机构反映情况，提供有关证明材料；

(4) 对被监管单位违反社会保险基金管理法律、法规、规章的行为予以纠正或制止；

(5) 对被监管单位转移、隐匿社会保险基金资产的行为予以纠正或制止；

(6) 对被监管单位违反社会保险基金管理法律、法规的其他行为予以纠正或制止。

2. 监管人员在履行职责时应承担如下义务：

(1) 应当依法履行职责，忠于职守、秉公执法、清正廉洁，不得利用职务之便谋取私利；

(2) 保守在监管工作中获悉的缴费单位的商业秘密；

(3) 为举报人保守秘密。

同时，监管人员在履行职责时，应当由两名以上监管人员共同进行。如果监管人员与被监管单位或监管事项有利害关系的，应当进行回避。

(二) 监管人员的任职资格

为了切实保证社会保险基金监管质量和监管任务的完成，各级基金监管机构的干部管理应借鉴财政、审计部门监管机构的管理办法，实行条块结合的双重管理体制，以地方管理为主，上级主管部门管理为辅。社会保险基金监管机构负责人由地方劳动保障部门人事机构考核，党组研究确定，报上级劳动保障部门同意后，按规定程序任免。

凡是从事社会保险审计稽核工作的人员均须参加统一考试，只有领取了由劳动和社会保障部统一印制并加盖钢印的《社会保险审计检查证》（以下简称《检查证》），方可获得任职资格。持证人员如果发生调离社会保险稽核工作岗位等情况，发证机关将立即收回其《检查证》并报社会保险基金监督司备案。

(三) 监管人员的培训[①]

随着社会保险制度改革的不断深入和社会保险的法律法规的不断完善，国

---

① 王建伦：《统一思想，坚定信心，努力创建社会保险基金监督体系》，在全国社会保险基金监督工作会议上的讲话，2001年。

家对监管人员的知识水平、整体素质提出了更高的要求,需要一批掌握社会保险政策,既懂财务、审计业务,又了解金融、保险、法律知识的监管干部。这就要求首先要加强监管人员的业务学习,提高其分析和解决问题难的能力。其次,要提高监管人员的政治思想素质,增强工作的事业心和责任感。最后,要搞好监管人员的廉政建设,做到不在被监管单位报销任何费用,并将此作为一条工作纪律,努力造就一支作风正、业务精、能力强的社会保险基金行政监督干部队伍。

三、国外社会保险基金的监管体系[①]

由于各国经济、政治、文化的不同和国民经济发展水平的差异,在有关社会保险的法律框架下,各国采取了不同的方式对社会保险基金进行管理监督。

(一)管理机构

各国社会保险基金的管理机构不同,主要政府部门、事业性机构、协会或工会。

1.政府部门。由政府部门直接负责对社会保险基金的管理监督。多数国家是由政府的社会保险主管部门或财政部门来承担这一责任,有的国家是由不同的政府部门分担基金的管理监督任务。有的国家的政府部门在社会保险基金管理监督过程中,要听取由公众代表和雇主代表组成的咨询委员会的意见。在英国所有的社会保险基金管理都纳入社会保障部。该部由行政机构和民间团体组合而成,全面负责国民保险费的收缴、营运、管理,并组织社会保险金的发放。该部在全国各地设有500多个办事机构具体实施社会保险基金的管理。国民缴纳的所得税和雇主、雇员缴纳的社会保险税经税务部门汇总,由财政部门划拨到社会保障部,由社会保障部统一制定政策,统一安排使用。历年滚存金额由社会保障部负责营运投资。美国的社会保险基金行政管理和经营相分离。行政管理机构为联邦政府的社会保障总署,负责制订计划和制定政策;经营管理机构为社保信托基金会,该基金会领导成员由财政部部长、劳工部部长、健康和人类服务部部长、社会保障总署及两名重要政党成员构成,负责管理社会保险基金。

---

① 鲁毅:《社会保险基金监管体系的形成与发展》,《特区理论与实践》,2003年第2期。

2. 事业性机构。政府部门只负责制定有关法规,基金的管理监督则由下属的或独立的事业机构承担。新加坡的公积金由中央公积金管理局统一管理,是一个事业单位,负责公积金的营运和财务管理。

3. 协会或工会。由一些协会、工会及公众代表参与社会保险基金的管理监督。德国的社会保险基金由雇员和雇主共同组成的社会保险民间管理机构具体负责管理和提供服务,充分体现了自主管理、独立经营、民主参与的原则。德国的养老保险基金民间管理机构按行业分类,有23个州级的工人养老保险机构、联邦铁路雇员、联邦海员、联邦职员、联邦矿工和农民养老保险机构共六类。为加强社会保险基金管理,联邦政府委派了专职法官,与劳动部、保险监管局官方代表共同组成了"社会法庭",统一监督和控制社会保险基金管理机构的管理工作。

(二) 管理方式

大多数国家通常采用中央和地方合理分工的办法来管理监督社会保险基金。通常,首先由国家立法确定以下内容:社会保险机构的司法性质;基金的筹集方式和资金来源;福利金与储备金的分配比例;全国和各地的资金周转;基金的投资方式;国家有关基金管理部门及财务监督部门的责任划分;基金适用的会计制度、审计制度、统计制度;全国和地方预算及其规则的制定权限。日本的社会保险基金管理机构分为两个层次:第一层次是厚生省,负责拟定年金计划,制定年金管理制度,计算和统计社会保险基金等工作以及实施具体管理事务;第二层次是都道府县和地方社会保险事务所,分别负责社会保险制度的实施、指导和监督以及各种被保险人资格的申请、征收保险费、短期保险金的审查。

(三) 管理监督

在国外,通常由中央或全国性的管理机构来负责基金的投资营运、资金的地区分配等重要决策。具体地说,中央机构负责以下事务:汇总、审核地方机构的定期报告及有关基金管理问题的建议;地方机构管理费用的预算;对社会保险基金进行总体监督;在专家的建议下制定投资决策、人事安排和培训等。地方机构负责以下事务:雇主的登记、注册;雇员的登记、缴费与偿付;当地的财务和审计业务;对雇主的监督;信息披露服务;有关基金的其他业务等。一般的管理程序是:确认受益人并对其雇主进行注册登记、收取缴费、建立个人档案(及账户)、偿付保险待遇。许多国家根据险种的不同,由不同的机构承担不同基金的营运职能。各机构内部也有中央和地方之分。例如,法国就分别由全国医疗保险委员会、全国养老保险委员会、全国就业工商联合会负责医疗、养老、失业的社会保险基金。

四、任期经济责任审计

(一) 审计概论

审计是指由独立的专门机构或人员接受委托或根据授权,对国家行政、事业单位和企业单位及其他经济组织的会计资料和其他资料进行事前和事后的审查。按主体的不同,审计可划分为政府审计(也称国家审计)、内部审计和注册会计审计(也称独立审计、民间审计);按目的、内容的不同,审计可划分为会计报表审计、合规性审计和经营审计;按范围的不同,审计可划分为全面审计和局部审计、综合审计和专题审计。

政府审计、内部审计和注册会计师审计,相应地形成了三类审计组织机构,共同构成审计监督体系。政府审计是由国家审计机关代表国家依法进行的审计。我国目前的审计机关由政府领导,分中央与地方两个层次。我国宪法规定,审计机关独立行使审计监督权,不受其他行政机关、社会团体和个人的干预。内部审计是由各部门、各单位内部设置的审计部门进行的审计。内部审计主要监督检查本部门、本单位的财务收支和经营管理活动。我国目前的内部审计部门一般由本部门、本单位的主要负责人领导,业务上接受同级国家审计机构或上一级主管部门审计机构的指导。会计师事务所不附属于任何机构,自收自支、独立核算、自负盈亏,具有法人资格,因此,业务上具有较强的独立性、客观公正性。

社保经办机构主要领导人任期经济责任审计如果是由各级基金监管机构进行的,其性质应该是内部审计。如果是委托社会中介机构进行的,则应该为民间审计,或称独立审计。

任期经济责任审计即任期终结审计,是指对单位的法人代表或主要领导的整个任职期间经济活动的真实性、合法性和效益性,以及所应承担的经济责任履行情况,对有关经济活动应当负有的责任,包括领导责任和直接责任等进行的审计。

(二) 社保经办机构领导干部任期经济责任审计概述

1. 作用。社保经办机构领导干部经济责任审计的作用主要体现为以下几点。首先,加强领导干部任期经济责任审计,树立了正确的用人导向,使干部考察选拔和任用工作更趋合理。通过审计,可以正确划分前任和后任的责任,使新任领导干部能轻装上阵,并能吸取前任的经验教训。

其次,加强领导干部任期经济责任审计,加大了对领导干部的监督力度,促进领导干部廉洁自律。最终的审计将促使领导人员和主要管理人员采取较好的内部控制制度和管理制度。

最后,加强领导干部任期经济责任审计可以发现违法违纪案件的线索,并能为单位以后的管理提供参考性意见。借助审计还能发现领导干部在经济方面的违法违纪线索,移送司法和纪检机关。通过任期经济责任审计也能发现单位管理中的问题,并提供改进的参考意见。

2. 目的。审计目的包括一般目的和特殊目的。一般目的是指对被审计单位的年度会计报表进行审计,获得充分、适当的审计证据后,对被审计单位的会计报表表示审计意见,进行经济鉴证和监督。特殊目的是指对被审计单位年度会计报表以外的其他特定事项进行审计,并表示审计意见。特殊目的审计意见一般也包括公允性、合法性和一贯性几个方面,只不过审计意见所表述的内容有所差别,它往往还需要对被审计单位的财务收支和经营管理活动的合理性和经济效益表示审计意见。

社保经办机构领导干部任期经济责任审计就是要出具特殊目的的审计意见。特殊审计目的包括:总体合理性,即审计人员须先根据他所掌握的被审计单位的全部信息,评价某账户余额的合理性;真实性,即所列余额真实;完整性,即所发生的金额均已包括;所有权,即所列金额均属被审计单位所有;估价,即所列金额均经正确估价和计量;截止,即接近资产负债表日的业务已记入适当的期间;机械准确性,其目标所关心的是有关账表资料、数字、计算、加总及钩稽关系的正确性;披露,即财务报表中恰当地反映账户余额和相应的披露要求。

领导干部任期经济责任审计就是为了在审计的基础上,查清领导干部任职期间财政收支、财务收支、资产、负债、损益工作目标完成情况,遵守国家财经法规情况等,分清领导干部对本单位财政收支、财务收支、资产、负债、损益,资金使用效益差,以及违反国家财经法规问题应当负有的责任,查清领导干部有无侵占国家资产,违反领导干部廉政规定和其他违法违纪问题。

3. 对象和范围。社保经办机构领导干部任期经济责任审计的审计对象是指各级社会保险经办机构的正职或主持工作的副职领导干部。审计范围涉及离任的社会保险经办机构领导干部任职期的所有经营管理活动,在每次审计中可以有所取舍和侧重,如对社保经办机构的预算经费、预算外资金使用情况和社会保险基金的管理运营情况。

4. 内容和重点。任期经济责任审计涉及所有的经济活动的真实性、合法性和有效性,审计范围广泛需要从财务与会计责任、经营与管理责任和财经法规责任等方面进行全面的审计与评价。

财务与会计责任审计主要审查被审计单位(社保经办机构)资产、负债状况的真实性,通过核对和查询,确定被审计单位各项资产的真实性,并分析被审计单位资产的保值增值情况。通过审查会计资料,向债权方查询确定负债的真实状况。

经营与管理责任审计主要审查法人代表和主要领导人重大管理决策的正确性,有无重大决策失误,有无因为个人利益做出基金管理决策,是否因为决策的失误而造成基金的损失,如有无挤占挪用社会保险基金等。

财经法规责任审计主要考察法人代表和主要领导人是否执行国家财经法规、相关法律和政策的规定,是否根据相关政策法规制定适合本单位的具体管理办法。例如,有无将业务经费转移到"小金库"任意支配甚至私分公款的现象;日常支出是否合法,等等。

(三)社保经办机构领导干部任期经济责任审计程序

社保经办机构领导干部任期经济责任审计与人事、纪检监察工作密切相连,是考核、管理、监督领导干部的一项重要工作,因此,领导干部任期届满,或者任期内办理调任、转让、转岗、离职、辞职、解聘、退休等事项前,应当接受任期经济责任审计。领导干部任期经济责任审计过程一般分为申请、实施、复议等几个主要过程。

1. 申请。任期经济责任审计首先由各省劳动保障厅的人事、纪检监察部门提出意见,报同级劳动保障厅(局)主管领导批准,批准后由各省社会保险基金监督机构组织实施。地市级社会保险经办机构领导干部的任期经济责任审计由省级基金机构组织实施,同级基金监督机构配合进行。劳动保障厅(局)人事管理部门应当将审计结果作为对领导干部考核的参考依据。

2. 准备阶段。任期经济责任审计的准备阶段主要包括以下工作内容:

(1)确定审计目标和审计范围。一项审计以选择被审计者作为审计起点,审计有关人员可以基于不同的原因、用不同的方法来选择被审计者。但在多数情况下,被审计者不是由审计人员自行选择的,而是由其他人员选定的。社保经办机构领导干部的任期经济责任审计更是如此,是由人事、纪检等部门选择的。

(2)研究背景资料。制订审计计划应收集适当的背景资料,检查和分析这些背景资料要在确定审计目标和审计范围之前进行。与审计有关的人员和组织应该通过查阅文件、以前的审计文书、报告等资料,以及与被审计单位相关人员或被审计领导干部座谈等方式获得背景资料,了解熟悉被审计者的经营管理状况,为初步调查和摸清深浅、选定审计小组成员做好准备。研究相关的背景资料有利于审计人员熟悉被审计单位的内部控制制度和离任领导人的工作情况,从而有助于审计人员估计审计中可能发现的重要的问题和例外情况。

(3)成立审计小组。社保经办机构领导干部任期经济责任审计小组成员一般由具体审计机构的人员、纪检监察等部门的人员组成。其中,两名以上的审计人员负责到现场具体实施外勤审计,还需要由审计机构一名负责人作为审计小组的审计主管领导,通常不需要到现场实施审计,只负责确定审计的目标、范围、监督审计工作的进行并对审计结果负责。审计前,审计主管通常需要通过电话等方式与被审计单位的领导干部联系,通知其审计的目的、审计小组的成员组成、审计的时间安排和需要对方完成的准备工作等情况,并与被审计方进行沟通。另外,需要委派审计人员中的一名为审计工作组长,负责协调审计工作的质量和进度。

(4)制定初步审计方案。审计方案是为实施审计而制订的计划,通常是由审计组长制定,审计小组其他人协助,经负责审计的主管领导批准。由于审计工作的各个阶段紧密结合,每个阶段的工作要以前一阶段的审计工作为基础,同时又要受下一阶段工作的影响,因此,初步审计工作的方案应包括其他审计工作的估计和安排。随着审计工作的进行,审计组长要确定哪些步骤应修改,哪些步骤需要增减。

(5)发出审计通知书。任期经济责任审计要由基金监管机构组成专门的审计小组实施,实施审计3日前,向被审计的领导干部所在单位送达审计通知书,同时抄送被审计的领导干部。

审计通知书应写明审计的时间、目的、范围和预期的审计行为等,预先通知可以让被审计单位做好收集审计所需的资料、保证审计涉及的人员在场等准备工作。实施审计应尽量不影响被审计单位正常工作,被审计单位可以因为工作需要请求推迟被审计人员的全面配合,但审计小组认为被审计单位要求推迟是为了逃避审计时,可以决定马上进行审计。

在审计小组依法实施任期经济责任审计时,被审计人员及其所在单位不得拒绝、阻碍和干涉。在审计通知书送达后,被审计的领导干部所在单位应当做好接受审计的准备工作,及时、如实地提供有关资料。领导干部本人应当按照审计小组的要求,写出自己负有领导责任和直接责任的社保基金收结余、运营状况的书面材料,并于审计工作开始后5日内送交审计小组。

被审计的领导干部所在单位提供的审计资料不齐全,经交涉仍不能及时提供的,应暂停审计,并责令其限期补齐。对隐匿、拒绝或拖延提供与审计事项有关的资料,或阻挠审计的,应通知人事、纪检监察部门依法追究当事人和有关责任人的行政责任。

3. 审计实施阶段。审计实施阶段是审计全过程的中心环节,其主要工作包括:调查审计;提出审计发现和审计建议并征求被审计单位和离任干部意见;出具审计报告;整理审计档案;等等。

在初步调查阶段,要召开审计会议,审计小组成员和被审计者均出席会议。审计会议通常在被审计者单位进行,主要向被审计单位介绍拟开展的审计工作,并协调好审计工作和被审计者的经营活动。

审计工作组负责人不可能亲自参与全部查账业务操作,但要对查账工作质量负主要责任,这就需要通过审查查账证据,全面了解领导干部离任审计过程,督促审计工作组成员按照查账质量要求,完成工作任务。因此,审计小组取得的查账证据必须有较强的证明能力。

使用审计证据的目的在于认定审计事项事实。审计证据既可能是对原揭发、检举问题的肯定,也可能是对揭发、检举问题的否定;必要时还要依靠工商、银行等部门的证据。

为了及时向委托审计者、审计小组负责人和被审计单位反馈情况,有些审计项目需要进行中期报告,通常是在审计过程中遇到或发现一些重要问题,不能延误,需要立即提请讨论或管理者需要了解审计的具体情况时进行中期报告。

中期报告可以是书面报告,也可以是口头报告;可以是正式报送,也可以是非正式报送。非正式的口头报告一般采取会议的形式。中期报告的特点就是及时性,当较严重的情况和变动出现时,能让管理者尽快获悉有关情况。某项审计也可能不止一次地进行中期报告,最终报告也将要参考中期报告中提到的特别发现和为此采取的措施。

4. 审计完成阶段。审计完成阶段是实质性的项目审计工作的结束,主要工作包括:整理、评价执行审计业务中收集到的审计证据;复核审计工作底稿;编制审计报告;等等。

5. 复议。被审计单位或离任领导干部对审计决定和处理意见不服,可以在收到审计报告之日起15日内向审计机构所在单位领导申请复审。受理复审的审计部门或单位领导应当在接到申请后30日内提出复审意见书,送离任领导及其所在单位。

(四)审计报告及审计结果的执行

1.审计报告的准备。审计报告的准备工作应在审计开始后,而不是审计结束后进行。在审计的过程中,就应该考虑有关的报告事项,例如,报告的整体或具体格式;报告可能报送的对象;审计目的和范围的表述;如何描述审计发现以及需要哪些资料;如何在报告中披露特别敏感的问题,包括报告中披露的机密内容,被审计单位和个人会怎样接受或拒绝审计发现的事实;等等。

在审计结束后,由审计小组成员根据审计资料和证据编制审计报告草稿,进行修订后交审计小组组长检查和修订,报送审计主管领导检查和修订后,再送交被审计的领导干部所在单位并向本人征求意见,被审计单位和个人可以对审计报告的准确性提出意见,对不准确的数据要求进行最后检查,但无权修订和变更报告的内容。

审计小组应对其提交的审计报告承担相关责任。审计报告的主要内容包括:被审计单位的基本情况;任期内领导干部的主要业绩;任期内发生的应由领导干部承担责任的主要经济问题;审计评价、意见和建议;等等。

被审计的领导干部所在单位和本人应在接到审计报告10日内签署意见,10日内未签署意见的视同无意见。审计小组将领导干部任期经济责任审计结果报告和被审计的领导干部所在单位及其本人的书面意见一并报送委托审计的单位和领导,并抄送人事、纪检监督部门。审计报告发送前,由审计工作负责人决定报送的范围。

2.审计报告的报送及审计结果的执行程序。领导干部任期经济责任审计能否发挥应有的作用,能否成为单位干部任用程序中的一种制度,关键在于能否正确、有效地运用任期经济责任审计的结果。领导干部任期经济责任审计结果对被审计的领导干部具有评价、鉴定的作用,是选拔、推荐和使用领导干部的重要依据。如果不能充分运用和发挥审计结果的作用,那么任期经济责任审计只是走过场,审计结果只是装进档案袋,甚至连档案袋都不装,根本起不到监督和惩治或奖励的效果。

审计机构在完成任期经济责任审计,将审计结果送被审计单位和离任领导干部征求意见后,应将审计报告、管理建议书提交给委托人。委托人应在规定的时间内,将审计报告和离任领导人的书面意见一同按照干部管理权限,根据审计结果反映问题的轻重分别报送同级或上级的党组织、纪检监察部门和人事部门,由有关部门根据审定后审计报告,做出审计处理决定,并交由有关部门执行。离任领导人如对审计决定和处理、处罚不服,要求复议的,可按有关规定提出复议申请。

经审计发现被审计单位有违反国家财经法规的,应按照国家有关规定做出处理决定,下达被审计单位执行。对应由离任领导人承担一般经济责任的,审计部门提出处理意见,由人事干部管理部门处理。离任领导人有违反财经纪律,弄虚作假,以权谋私或贪污、行贿受贿以及玩忽职守造成重大损失浪费的,由审计机构移送纪检监察部门立案查处。对触犯刑律的,应移交检察、司法机关处理。被审计的离任领导人在任职期内管理活动成绩显著、贡献突出的,审计部门应向有关部门提出嘉奖意见,经批准后由有关部门实施。

最后,审计部门将审计材料和结果归入审计档案,纪检监察部门将审计结果作为备案材料归入干部廉政档案,人事部门将其归入干部档案,作为考察和任用干部的重要依据;同时,应将审计报告与相关的复印件、资料、底稿一起保存。

 **相关新闻链接**

广东审计机关强化监督　查处违规资金174亿元

2003年,广东审计机关共完成审计项目5 321个,查处违规金额174.12亿元,查出违规金额比上年增加8%。其中,财政资金是否按预算执行,财政资金支出效益如何,医疗社保基金、下岗职工基本生活保障金和再就业资金是否按规定使用等,均成为审计重点。

据介绍,2003年全省县级以上审计机关全面开展了预算执行审计,查出违规金额15.16亿元,管理不规范金额108.16亿元,并对存在的虚列财政支出、截留挪用预算资金等问题进行了纠正。2003年广东还开展了医疗社保基金的审计,涉及金额66.17亿元,对挤占挪用医保统筹资金等违规行为依法进行了纠正。此外,广东审计机关积极配合反腐败和廉政建设工作,查出重大经济案件67宗,涉案金额达7.72亿元。

(资料来源:中国社会保障网,2006年9月,http://www.cnss.cn/xwzx/sbjj/jjjd/200609/t20060912_23257.html)

第三节 社会保险基金监管的方式

社会保险基金监督的方式是指为履行基金监督职能,完成或达到基金监督任务或目的而采取的措施、方法。其主要包括现场监管和非现场监管。社会保险基金监管的内容主要包括以下几个方面:贯彻执行社会保险基金管理法律、法规和国家政策的情况;社会保险基金预算执行情况及决算;社会保险基金征收、支出及结余情况;社会保险基金管理的其他事项。

一、现场监督

(一)现场监管的基本概念[①]

现场监督是监督机构实施有效监督的主要方法,也是社会保险基金监督过程至关重要的组成部分。监督机构应当制订年度监管计划,明确现场监管的地区或单位的比例,并抄送同级财政、审计部门。劳动保障行政部门基金监督机构派人到被监督单位对被监督单位管理社会保险基金情况进行实地检查,主要包括对基金管理水平、基金资产质量、基金收益水平、基金流动性等进行的全面或专项检查。被监督单位包括社会保险费征缴机构、社会保险待遇支付机构、社会保险基金管理、运营机构。现场监管是实施有效监督的主要方法,按其周期性可分为定期监管和不定期监管;按其内容可分为全面监管和专项监管。全面监管是对有关机构的相关业务、管理运营和财务状况进行监管。专项监管是对某一业务或某一方面进行监管。监督机构通过检查,详尽地掌握有关基金运作的控制程序和相关信息,对其业务经营合规状况、内部控制和管理水平,以及基金流动性、安全性和效益性进行深入、细致的了解,发现一些财务报表和业务资料中很难发现的隐蔽性问题,并对有关机构的资产财务状况和遵守法规政策情况做出客观的评价。

现场监督主要包括定期监管、不定期监管和按《社会保险基金监督举报工作管理办法》的规定受理的举报案件查处。对社会保险基金的收缴、支付和结

---

① 郭琳:《浅谈社会保险基金监督管理》,《新疆农垦经济》,2004年第2期。

余基金管理等环节全过程的监管。

(二) 监管机构的权限[①]

社会保险基金监管机构在实施现场监管时,具有以下权力:①要求被监督单位提供或报送社会保险基金预算或财务收支计划、预算执行情况、决算、财务报告及其他与社会保险基金管理有关的材料;②查阅被监督单位与社会保险基金有关的会计凭证、会计账簿、会计报表及其他与社会保险基金管理有关的材料;③就监管事项的有关问题向有关单位和个人进行调查,并取得有关的证明材料;④对被监管单位转移、隐匿、篡改、伪造、变造、毁弃会计凭证、会计账簿、会计报表及其他与社会保险基金管理有关的材料的行为,有权予以纠正或制止;⑤对被监督单位转移、隐匿社会保险基金资产的行为,有权予以纠正或制止;⑥对被监督单位违反社会保险基金管理法律法规的其他行为予以纠正或制止。

(三) 现场监管的实施方式

现场监管应当由两名以上监管人员共同进行。现场监管的实施主体可以是监管机构,或者由监管机构委托下级监管机构或社会中介机构实施。现场监管一般应预先告知被监管单位,被监管单位准备相关的材料以备检查。这些资料主要包括该机构高级管理人员的名单及其业务分工、有关政策指令汇总、各项基金运营业务操作及分级授权程序,最近一年基金的资产负债表和损益表、逾期存款档案内外稽核审计报告,以及该机构曾经发生的重大事务和卷入的法律纠纷等内容。但是,对于特殊情况下的突击检查,监管机构可以不预先告知被监管单位。在形式上,监管机构指派监管官员或委托社会中介机构到基金管理或运营机构进行综合或专项检查,详尽地了解、掌握监管对象的基金运作程序、管理状况及水平,对其业务经营状况、内部控制和管理水平及基金流动性、安全性和效益性进行深入、细致的了解,以便发现一些从财务报表和业务资料中很难发现的隐蔽性问题,并对监管对象的资产财务状况和遵守法规政策情况做出客观的判断。

按照国际惯例,由监督机构进行的现场检查一般每年至少一次。在两次现场检查期间,监管机构和监管官员主要通过非现场检查对监管对象的基金收益

---

① 劳动和社会保障部:《社会保险基金行政监督办法》,2001 年第 12 号令。

和流动情况、基金资产质量和管理质量(包括内部控制程序)等进行认真的评价和处理,并写出综合检查报告。对基金管理运营有问题的机构,要视其情况增加监管检查的次数。另外,现场检查也可由监管机构指定的会计师和检查组进行检查,并向监管机构提交检查报告。当查出的问题比较严重或敏感时,可派人到有关机构进行现场核查,证实监管机构提出的问题。

(四)现场监管的程序

社会保险基金现场监管的程序主要包括立项、准备、实施、报告和处理五个阶段。一是立项阶段,即根据年度检查计划确定具体检查的对象、目的和内容,组成检查组。确定检查组长和主查人。二是准备阶段,即收集有关政策法规,根据上次检查报告和上次检查以来非现场监测报表,分析报告和其他有关资料,确定检查重点,研究检查方案,准备检查问卷,向被检查单位发出检查通知。三是实施阶段,即检查组进驻管理运营社会保险基金的机构,出示检查证,听取自查情况汇报,检查分析会计凭证和报表,调查取证,核实有关问题。四是报告阶段,即现场检查结束后,检查组在规定的时间内向监管机构提交检查报告。检查报告应简明、扼要地写清检查对象、内容和时间,被检查单位的基本情况和与监察事项有关的事实、存在的问题及处理问题的意见和依据等。五是处理阶段,即检查报告经监管机构审核后,劳动保障行政部门对被检查单位存在的一般性问题提出整改建议,出具检查意见书,对应当纠正或给予行政处罚的行为,依法做出检查处理决定。

(五)现场监管所分析评估的内容

对社会保险基金管理状况检查的内容主要包括以下几个方面。

1.检查基金管理水平。这是考核经办机构基金管理运营状况的主要因素之一。检查组开始检查时,先要与被检查机构的主要负责人、分管负责人及部门负责人进行会谈,全面地了解基金管理运营状况,针对现行管理、投资方式及风险管理上的疑点提出有关问题,并请有关人员解答。通过会谈,初步掌握高级管理人员对基金管理运营的兴趣及积极参与程度、有关决策形成的程序和过程,以及高级管理人员接受监督和各级管理人员得到培训的情况,从而对该机构高级管理人员的领导工作和应付风险的能力、管理队伍的素质、日常运作遵守的原则、方法和措施等进行总体评价。

2.检查基金资产质量。这是衡量基金管理运营状况的最重要的依据、监管机构不仅要考虑基金资产的数量,而且还要考虑其风险的比重,并对基金资产质量的下降做出迅速的反应,及时采取严厉的纠正行动。社会保险基金资产主要包括各种银行存款、有价证券和现金。银行存款时基金运营的最主要的业务,也是资产质量和整个监管检查的核心内容,主要是检查其存款数量、结构特征、操作程序、审批权限、风险状况和逾期处理方式,分析有关存款的变化趋势,以及对总账和各类存款对账单证,避免集中存放,限制风险投资,有效分散风险,合理配置资产,力求取得较好收益。有价证券主要是不同品种和期限的国债,主要是检查其购买方式是否合规,品种组合、期限搭配是否能够保障有关支付的需要。通过上述检查,核查风险资产的数量、逾期存款的数量、存款的集中程度、资产风险的分散性、近期出现问题的可能性,查对是否账账相符、账实相符,评价被检查单位基金资产的总体状况,以及及时提出有关问题的处理办法等。

3. 检查基金收益水平。这是反映基金资产质量和运营状况的重要指标之一,也是监管机构现场检查的重要内容之一。监管机构评价经办机构及有关机构基金管理收益状况时,既要考虑该机构过去两年的净收益状况,还要考虑基金收益来源是否有非常因素,并在此基础上分析过去几年基金收益的走势和未来收益率变化的趋势,评定该机构长久、基本和可持续的收益能力。

4. 检查基金流动性。流动性是基金管理运营的三大原则之一,也是经办机构资产负债管理的关键因素。检查人员判断基金流动性是否合适,主要考虑该机构的一般存款波动能否满足经办机构的支付需要,以及近期可能出现的流动性需求。由于各级经办机构基金的积累规模不一,运作环境不同,检查组不能以简单的公式或标准衡量基金的流动性,而是必须评估当前基金流动性情况,判断不利变化对其影响,估测为满足各种需求所需的流动性资金的审慎数量,并依据其获得短期可兑现流动资产的能力和银行进入货币市场筹资的能力,制订调剂基金流动性结余和弥补长期缺口的计划,以有效地进行资产负债管理,控制利率风险,取得最大收益,应付可能出现的突发事件。

(六)监督报告

在检查结束时,检查人员将各项检查的结果汇总,对被检查单位的基金资产质量、收益水平、流动性和管理控制等情况做出全面评估,并向检查组高级管理人员通报检查情况,提出初步改进意见或建议。与此同时,检查组要向监管机构提交一份检查报告,指出有关违法、违规行为及存在的问题,提出相应的处理决定。检查报告以检查过程中发现的问题为主要内容,通常可分为三大部分:第一部分阐述检查过程中发现的问题,以及检查小组对这些问题的看法;第二部分是全面地分析被检查单位基金管理运营的状况,详细地列举各种财务数据,并对有关数据做出分析和评价;第三部分属于保密部分,仅供监管机构内部掌握,其内容包括检查组对被检查单位的管理水平和管理人员素质的评价,以及检查组认为应采取哪些措施纠正查处的问题。检查报告写出后,分别送监管机构和被检查单位,然后检查组再次到被检查单位与其高级管理人员见面,正式通报检查情况,阐述检查小组的意见和建议,督促其及时予以纠正,把问题消灭在萌芽状态。

(七)处理与执行

监管机构根据监察小组的监察报告提出监管意见、处理决定和处理建议,经劳动保障行政部门批准后送达被监管单位。监检报告主要包括:对被监管单位的社会保险基金管理的评价,对于出现的问题应当指出并责令其改正,下达监督意见书;对出现的违纪、违规行为应当做出处理、处罚决定,下达监管意见书;对违反规定的单位及其责任人,监管机构认为应当由被监管单位行政主管部门处理的,应当向被监管单位行政主管部门提出处理建议,下达监管建议书。监管机构对被监管单位执行监管意见书、监管决定书及有关部门做出的处理决定的情况进行监督检查。

二、非现场监管

社会保险基金非现场监管是现场监督的基础,也是基金监督的重要方式之一。非现场监督是劳动保障行政部门社会保险基金监督机构对手工报送或网络传输的有关数据资料进行检查、分析,掌握被监督单位社会保险基金管理和制度的运行状况,及时发现问题,采取防范措施的一种远程监督。开展非现场监督有利于提高监督工作的质量和水平,促进事后监督向事前、事中监督转变,对完善社会保险基金监管体系具有重要意义。

(一)开展非现场监管的指导思想

开展非现场监管的指导思想主要包括以下几个方面。

1. 总体规划,分步实施。劳动和社会保障部确定非现场监督工作的总体目标、思路和要求,统一部署,组织实施非现场监督工作。研究确定,2006年后的工作主要是进一步完善规范数据指标,依托金保工程基金监管、业务管理和宏观决策等应用系统,建立县、市、省、中央四级非现场监督体系,实现对社会保险基金管理运行情况的网络监督,确保基金的安全、完整。

2.统筹安排,分类指导。各地要立足当前、着眼长远,统筹安排本地区非现场监督工作,制定非现场监督实施方案,并按全国统一部署做好建设基金监管应用系统的准备工作。金保工程建设较快的地区应尽快通过网络传输、监控分析数据信息的方式,主动开展非现场监督工作。金保工程建设进展较慢的地区,暂可采用电子邮件、磁盘报送、手工报送等方式,以经办机构基金财务报告和与基金收支相关的重要业务数据为主要监督内容,开展非现场监督工作。各地要及时地搜集财政、税务、银行等有关部门的基金管理数据,进行检查、分析和信息比对。

3.积极探索,逐步完善。各地在实施非现场监督过程中,要结合当地实际,本着实施范围由点到面,数据信息由简到繁的原则,及时总结经验,不断补充完善。当前,各地要充分利用已经实现全国联网的养老保险监测数据、失业登记和失业保险监测数据,开展养老、失业保险基金的非现场监督。在全国统一制定下发社会保险基金监管指标体系标准后,各地要按照统一的指标体系开展非现场监督工作。根据当地实际情况增加监督内容的,可进一步扩展所需的监管数据指标,建立符合全国统一要求,适合当地情况的数据指标体系和监管应用系统,全面开展非现场监督工作。

(二)非现场监管的目的

社会保险基金非现场监管的目的主要是:发现目前管理运营状况尚好,但在短期或中期可能会出现问题的机构,防患于未然;密切监视已经发现问题的机构,不断地获得管理运营信息,掌握改进情况,防止进一步恶化;评估整个基金管理运营系统的动态,通过对有关报表和报告的综合研究,分析基金管理运营的轨迹和趋势,为制定切实、有效的基金政策和监督措施提供依据。

(三)非现场监管的内容

根据经办机构、运营机构和有关承办机构的实际情况,非现场监管的内容包括两大类:一是管理或运营的风险性,主要涉及资本的充足性、资产质量、资金流动性、收益状况和经营管理水平等;二是管理或运营的合规性,主要涉及资产负债、准备金或再保险状况等。

(四)非现场监管的报表构架

社会保险基金非现场监管制度的总体构架主要包括合规性和风险性监管

两个方面。经办机构及有关机构应按照监管机构的规定和要求,定期报送有关报告的审核材料,掌握以下情况:通过对业务状况表的分析,了解最近一段时间基金运作的情况,即通过对资产负债表的分析,了解各种资产负债的结构和总体规模;通过对资产负债期限表的分析,比较到期应付与到期应收的基金数额,了解资产的流动性以及一段时间内应收、应付基金是否匹配,有无较大差距的情况;通过对大额存款表的分析,了解基金存款的结构特征、变化趋势、集中程度及有关银行的风险因素;通过对投资债券的分析,了解基金资产的配置及投资债券的品种、质量、期限和结构;通过对收支分析表的分析,了解基金各项收入的构成和各项支出的构成,分析历年收支结构和变化的情况,并对未来的收支水平进行预测;通过对损益表的分析,了解一段时间内基金损益的情况和结构,及时发现运营状况的变化和问题。非现场监管分析人员通过对有关报表的分析,对被监管机构的运作情况做出总体评价。

(五)非现场监管的程序①

非现场监管的程序主要包括以下几个步骤:①根据监督计划及工作需要,确定非现场监督目的及监督内容,提出定期报送数据或专项报送数据的范围、格式、报送方式及时限,通知被监督单位。②审核被监督单位报送的数据,对不符合要求的数据,应要求被监督单位补报或重新报送。③分析被监督单位报送的数据,评估社会保险基金管理状况及存在的问题,写出监督报告。

(六)实施非现场监督的技术要求

实施社会保险基金非现场监督的技术要求主要有以下几个方面。

1. 建立规范统一的数据库。各地应根据金保工程建设的统一要求和标准,在数据中心生产区建立集中的社会保险业务、基金财务数据库,为基金监督提供准确、及时和完整的数据信息,并以此为依托,按照全国统一的基金监管指标体系的要求,从生产区采集基金征收、支付、管理等环节的业务、财务数据,在交换区建立规范统一的社会保险基金监管数据库。

2. 依托金保工程网络。通过金保工程业务专网进行基金监督数据的采集和传输。省级基金监管应用系统应具备向部里传输监督数据、接受地市监督数据的功能。地市基金监管应用系统应具备向省里传输监督数据、支持区县级基

---

① 劳动和社会保障部:《社会保险基金行政监督办法》,2001年第12号令。

金监督机构开展本级基金监督工作的功能。各地要积极创造条件逐步实现与财政、税务、银行、邮局、公安、工商、民政、统计等相关部门和单位联网,并通过网络获取有关监督数据。

3. 建设满足需求的应用系统。各地要积极创造条件,逐步升级财务管理软件,尽快实现财务管理软件与业务管理软件的无缝对接。设计规范统一的非现场监督工作流程,确定指标需求,建立基金监管应用系统,并完善业务管理和宏观决策等应用系统,对各项社会保险基金管理和制度运行状况实施有效的监控、分析和评估。

监管机构通过非现场监管,了解社会保险业务及金融业的最新发展,了解金融市场和社会保险基金运营的问题及趋势,制定正确的基金监管政策,减少可能发生的损失。非现场监管与现场监管相互配合,是监管机构实施全面有效监管的重要方式。

 **相关知识链接**

社会保险基金要情报告制度

第一条 为加强社会保险基金监督工作,及时掌握基金安全状况,建立要情报告制度。

第二条 要情报告制度是指各级劳动保障行政部门对本行政区域内,通过社会保险基金行政监督、经办机构内部控制、审计等部门检查、媒体披露、受理举报核实、检察机关和法院立案审理等方式发现的各类社会保险基金挤占挪用、欺诈冒领等问题按要求上报的制度。

第三条 要情报告制度实行行政领导负责制,县级以上劳动保障行政部门主要负责人是第一责任人,负领导责任,其他领导按工作分工,负相应责任。基金监督机构负责人负直接责任。

上报的要情必须由劳动保障行政部门主要负责人或分管领导签名并加盖单位公章。各级报告单位对所报告内容的真实性、准确性和完整性负责。

第四条 要情报告制度包括:要情报告、结案报告、要情统计报告、要情档案管理等。

第五条 要情报告范围包括：社会保险基金、企业年金基金和补充医疗保险基金等。

第六条 要情分为要情和重大要情。

（一）要情是指涉及基金金额50万元以下的；

（二）重大要情是指涉及基金金额50万元以上(含50万元)或性质严重并造成恶劣影响的。

第七条 要情报告应在发现要情5个工作日内将初步情况上报至省级社会保险基金监督机构；重大要情应在报省级社会保险基金监督机构的同时，报送劳动保障部基金监督司。

第八条 要情报告内容包括：

（一）发现要情的时间和方式；

（二）要情发生的时间、地点和涉案人员的基本情况；

（三）要情的初步情况；

（四）报告单位、联系人和联系电话。

第九条 要情报告在正式书面报告送达之前，可通过传真等方式传送。

第十条 各类要情的结案报告应当在结案后10个工作日内完成，情况较复杂的可以适当延迟，最长不超过20个工作日。结案报告根据要情类别按第七条要求分别书面报送。

第十一条 结案报告内容包括：

（一）基本案情；

（二）基金处理情况；

（三）责任及对责任人的处理；

（四）教训及今后防范措施；

（五）遗留问题及其他。

第十二条 对隐瞒要情不报或报告不及时的，对要情发生地基金监督机构负责人实行问责，待查明瞒报原因后，追究决定人的责任。责任追究按照以下办法处理：

（一）对已知发生要情而不调查核实、不处理的，由上级劳动保障行政部门责成有关人员做出书面检查并视情节轻重给予通报批评；

（二）对发现要情但隐瞒不报、谎报或拖延不报的，由上级劳动保障行政部门建议有关部门给予相应的党纪、政纪处分；构成犯罪的，移交司法机关依法处理。

第十三条 省级基金监督机构于每半年结束后的20日内上报要情统计表（见附件）。无要情发生也要填报要情统计表。

第十四条 各级基金监督机构要加强要情档案管理,妥善保管相关材料,确保档案完整和安全。

(资料来源:《关于印发社会保险基金要情报告制度的通知》,劳社部发[2006]43号)

第四节 社会保险基金经办风险与运营风险的监管

对各级社会保险经办机构的监管主要是进行基金经办的监管,包括对基金征缴、基金支付、结余基金的监管。对运营各类社会保险基金的机构主要是进行基金运营的监管,包括建立基金运营准入制度、实施动态的基金运营风险监管、执行规范的退出程序。同时,社会保险基金监督不仅仅限于劳动和社会保障部门内部的监督与控制,还要多渠道、广泛地收集可用信息。可以充分利用系统的功能,从银行、征缴代办机构、基金支付对象(如医院等)快速获取数据,以便对社会保险基金的征集和使用进行全过程的监督与控制[①]。基金监督的主要内容是对基金征缴、基金支出和基金结余情况的监督检查,也可以说是对基金收入户、基金支出户和基金结余户(财政专户)的监督检查。

一、社会保险基金经办风险的监管

(一)基金征缴监管[②]

社会保险基金的筹集是社会保险基金管理的起点,是整个社会保险工作中最基础、最重要的工作,它涉及国家、单位和个人三方的利益。

1. 对单位征缴行为的监管。社会保险基金监管机构对参保单位的监管主要包括以下几个方面:单位是否按照规定的标准缴纳社会保险费;是否少报参保

---

① 郭琳:《浅谈社会保险基金监督管理》,《新疆农垦经济》,2004年第2期。
② 刘金山:《对做好社会保险基金监督工作的思考——确保基金的安全运行》,《市场经济研究》,2001年第5期。

人数,少报工资总额,少缴或漏缴保险费;是否故意拖欠或拒缴社会保险费;是否截留社会保险费。

2. 对社会保险经办机构的监督。社会保险基金监管机构对社会保险经办机构监管的内容主要包括以下几个方面:是否及时办理参保、缴费手续,是否及时审核参保单位上报缴费基数;是否及时汇总当月应收保险费;是否按规定做好欠费管理工作;是否按实际收到社会保险费入账,是否按实缴保险费数额进入个人账户;经办机构征缴的保险费是否及时足额缴入收入户管理,有无不入账、搞体外循环或被挤占挪用;收入户资金是否按规定足额转入财政专户;等等。

3. 对征缴机构的监管。社会保险基金监管机构对征缴机构监管的内容主要包括以下几个方面:是否按社会保险经办机构提供的数据,按规定的项目和标准,及时、足额地征缴社会保险费;是否擅自提高或降低社会保险费的征缴比例,擅自对单位减免征收社会保险费;有无转移或隐瞒基金收入,私设"小金库"或多头开户的问题;有无挤占挪用收入户基金的行为;是否及时地将当月收缴的社会保险费当月及时、足额地缴存财政专户;有无不按规定收取滞纳金,或未将滞纳金列入基金收入的情况;单位有无以实物抵顶社会保险费,造成少征基金的情况。

(二) 基金支付监管

社会保险基金支付是指社会保险经办机构按照国家相关的法律、法规和政策所规定的条件、项目、标准、方式等,向统筹范围内的社会保险对象支付社会保险待遇,以保障其基本生活和基本医疗需求。基金支付监管主要是经办机构是否按照规定的项目、范围和标准支出基金,有无多支、少支或不支,有无挪用支出户基金;受益人有无骗取保险金行为;等等。

对社保基金支付情况实施监管的主要工作是防止虚报冒领情况的出现,具体包括以下几个方面:一要监督参保单位、参保人员、领取待遇的人员是否已参加社会保险并符合享受的条件;是否有假工龄、假年龄、假工种、假证明、假身份骗取享受社会保险待遇现象;参保单位是否有多报离退休人数或死亡不报、冒领社会保险待遇的行为。二要监督社会保险待遇的审批机构,是否按规定审定社会保险待遇,对办理退休人员的养老保险费是否已全部缴清,对各项待遇的计发标准是否合理合法,有无多拨或少拨情况。三是对养老金社会化发放管理机构进行监督,是否及时开展生存调查,是否及时处理冒领现象,受益人有无骗取保险金等行为。四是要对社会保险待遇审定部门实施监督,是否有放宽退休条件、搞提前退休的情况。通过对社保基金支付全过程的监督,规范拨付程序,确保各项待遇及时、足额地发到参保人员手中。

为了清晰、准确地反映各项基金支出,便于有关部门对基金支出情况进行分析和研究,基金支出管理应把握以下原则:①统筹范围支付原则。基金必须是支付给统筹范围内参加社会保险的对象。②专款专用原则。社会保险基金只能专用于保障社会保险对象的社会保险待遇。③统一性原则。基金的支出要严格按照国家政策规定的项目和标准开支,维护国家整体利益,保持各项政策执行的统一性。④适度性原则。基金支出要维持合理的支付水平,满足保险对象最基本的生活和医疗需要,不能盲目扩大支付规模、提高待遇水平。

(三) 结余基金监管

结余基金是指社会保险基金收支相抵后的余额。基金结余情况能够反映基金在会计年度的收支状况的好坏,反映基金的支撑能力和社会保险制度的活力。通过对结余基金状况的分析,可以调查基金收支计划或收支政策。

结余基金监管主要是有无挤占挪用基金、动用基金的行为;是否合理安排存期以追求收益最大化;是否按规定及时、足额地拨入支出户等。根据国家规定,结余基金按期划转财政专户后,实行收支两条线管理,专款专用,要根据基金的安全性、流动性和效益性原则,购买国债和进行短期、中长期存款。任何地区、部门、单位和个人都不得动用结余基金进行其他任何形式的直接或间接投资,不得用于平衡财政预算或挪作他用。

为此,社会保险基金监管机构必须检查的内容有:各级政府部门、财政部门、经办机构和其他单位、个人有无将社会保险基金用于对外投资、经商办企业、自行或委托放贷、参与房地产交易、弥补行政经费和平衡财政预算,以及为企业贷款担保、抵押等问题;经办机构的年度决算和有关会计账簿、凭证是否真实、合法;及经办机构的内控部门是否能够有效地行使权力,基金是否安全、完整,其保值增值是否合法、合规;管理人员有无贪污、私分基金等违法违纪行为。

(四) 基金财务监管

社会保险经办机构在经办社会保险业务中,为了保障保险对象的社会保险待遇,按照国家社会保险政策、法规,合理组织、筹集、支付、运营社会保险基金,这就形成了社会保险基金的运动,从而就构成了基金的财务活动。社会保险经办机构在管理基金的财务活动过程中,必须反映一定的财务关系。因此,基金财务管理就是对基金财务活动及其所体现的财务关系的管理。为了做好社会保险基金财务管理,财政部会同劳动和社会保障部制定了新的、统一的《社会保险基金财务制度》〔财社字(1999)60号〕,并于1999年7月1日开始实施,使基金财务管理进一步迈向规范化和制度化。基金纳入单独的社会保险基金财政专户,实行"收支两条线"管理,专款专用,任何地区、部门、单位和个人均不得挤占、挪用,也不得用于财政平衡。

1. 社会保险基金预算管理。社会保险基金预算是指经办机构根据社会保险制度的实施计划和人物编制的,经规定程序审批获得年度基金财务收支计划[①]。它反映了社会保险事业发展的规模和方向,是社会保险基金财务工作的基本依据。社会保险基金预算是社会保险基金活动有计划、有步骤进行的基础,也是社会保险事业顺利开展的重要保证;能促进经办机构更好地贯彻执行社会保险基金财务制度,使经办机构在经办社会保险基金的财务活动中,有明确的工作目标,做到收入合理、支出得当、管理有序。

社会保险基金预算必须按照以下原则和方法合理编制:①政策性。基金预算的编制要体现和贯彻国家有关社会保险制度改革的方针、政策和规章制度。②可靠性。基金预算要做到稳妥、可靠,应充分考虑社会保险基金支出的刚性和困难单位基金筹集等实际情况,依据充分、确凿的资料和收支的规律进行计算,力求各项数据真实、准确。③合理性。要积极筹集社会保险基金,合理安排基金支出,既要保证职工的基本生活和基本医疗需求,又要考虑国家、单位和职工个人的承受能力。④完整性。在编制预算前,要总结、分析上年度预算执行情况,掌握收支变化情况,同时要分析、研究影响本年度预算的各种因素,客观分析本年度预算收支情况,从而做出符合实际的预测。

2. 社会保险基金"收支两条线"管理。基金"收支两条线"管理是通过在国有商业银行开设的基金收入户、基金支出户和基金财政专户来实现的。在财务制度中,对这三个户的设立、用途及相互关系作了明确规定。社会保险基金实行"收支两条线"管理后,对有关部门的职责作了相应的调整。劳动和社会保障行政部门主要负责审核、汇总社会保险基金预算草案,对收入户、支出户、财政专户内的社会保险基金收支和结余情况进行监督检查。社会保险经办机构主要负责进行日常管理,包括基金收支计划和决算的编制、基金的征缴和发放、基金财务管理和会计核算、职工个人账户记录与管理、基金结余的安排等。财政部门主要负责进入财政专户基金的核算,审核、汇总基金收支计划和决算、审核

---

① 《社会保险基金财务制度》,财社字〔1999〕60号。

结余基金的安排等。

实行"收支两条线"管理后,劳动和社会保障部门对基金监督部门的职责没有变,根据财务制度,劳动和社会保障部门有权对进入财政专户的基金进行监督检查。同时,社会保险经办机构财务管理和会计核算的主体地位没有变化,社会保险经办机构要对进入收入户、支出户和财政专户的基金进行全面的财务管理和会计核算工作。

3. 对社会保险基金运营情况实施监督。结余的社保基金运营工作做得好与坏,直接关系基金能否保值的问题。因此,对社会保险基金运营情况要从以下几个方面实施监督:首先,要监督结余的社保基金是否按国家规定的渠道进行运营生息;其次,要监督结余的社保基金是否及时办理转存定期存款有关手续;再次,要监督社保基金运营的利息收入是否全部并入基金中;最后,要监督各项社保基金有无挪用或变相动用的情况。

4. 对社保基金管理实施监督。基金管理是保证基金正常运行的根本。因此,要监督各地在社保基金的收缴、拨付、存储中是否建立专门的管理制度;监督各地的内控制度是否建立与健全;监督各项管理制度能否在基金运营中发挥作用;监督社保基金整个运行是否按制度有序地进行;等等。

二、社会保险基金运营风险的监管

(一)社会保险基金运营机构资格审定

社会保险基金运营准入管理主要包括以下两方面的内容。

1. 从事社会保险基金运营的机构所需要的资格条件。例如,具有符合法律规定的章程;具有符合法律规定的注册资本最低限额;具有具备任职专业知识和业务工作经验的高级管理人员;具有健全的组织机构和管理制度;具有符合要求的营业场所;安全防范措施和与业务有关的其他设施;等等。

2. 准入运营程度。例如,规定基金专户流动性资产比率、购买债券方式等。社会保险基金监管机构审查资格条件时,应着重审核高级管理人员的任职资格、管理水平、业务范围和内部控制制度,严格按照有关规定办理准入手续,并向社会公告。

(二)基金运营风险的动态监管

事实上,社会保险运营机构的大量风险是在日常业务经营过程中逐步形成、积累和引发的。一般将基金运营的实时监管应放在以下几个方面。

1. 合规性。监管的重点是：基金经理人是否有专门的文件明确其管理规则，并付诸实施；公司财务记录、会议记录及向会员提供的基金运营业务情况报告等资料是否实事求是、客观公正；基金投资是否遵守了监管机构的规定，贯彻了投资的原则；等等。

2. 收益率。一方面，监管机构规定，运营机构必须在契约中规定回报率，回报率必须经过周密计算，以避免运营机构为扩大市场份额而随意提高或压低回报率；另一方面，为保证投保人的利益，经办机构或监管机构应在法律授权的范围内在新闻媒介上定期公告各运营机构的经营业绩。

3. 基金投资组合。监管机构按照法律规定的各种投资工具及每种工具的比例，对基金运营机构进行定期和不定期、现场和非现场的检查。

4. 基金管理人监管。监管机构应按有关法律规定，对管理和运营社会保险基金的从业人员的职责、申请条件、资格培训和考试、申请程序、资格维持、违规处罚等作出规定。从业人员可分为两类：一是管理人员，主要包括运营机构的总经理及负责基金管理的副总经理，基金运营、结算、登记、咨询、内控部门的各个负责人；二是专业人员，包括运营机构中从事投资运营、咨询业务的人员，以及相关的经济、精算、计算机管理人员等。此外，监管机构在条件成熟时，实行偿付能力控制，主要手段有强制实施再保险、设立风险准备金。运营机构在资不抵债时，监管机构应勒令其停业整顿，确保清偿能力。

（三）规范的退出程序

严格的基金运营机构资格准入和实时监管是确保社会保险基金安全与完整的前提，而高素质的管理人员和有效的内部管理是保持基金稳健运营的关键。在一定的情况下，基金监管机构还可以按照法律法规取消或限制某一运营机构运营社会保险基金的资格和权力。当某一运营机构违反法律和契约的规定，无法保证基金的安全和收益时，监管机构有权根据相关的法律法规采取某些措施，限制其某些运营活动，甚至取消其营运资格。在两种情况下，应报社会保险基金监管机构审查批准，未经批准擅自变更或调整的应予以处罚：一种情况是基金运营机构和有关机构变更或调整社会保险基金开户银行；另一种情况是商业银行因分立、合并、重组或者出现章程规定的解散事由需要解散时，也必须向基金监管机构提出变更申请，经批准后再作调整。商业银行解散或资不抵债时，不能支付到期债务时，运营机构要关注接管人或清盘人的行为，按清偿计划优先追还基金的本金和利息,妥善安排有严重问题的银行有序地退出社会保险基金运营管理。有关银行自动退出或被限制和取消授权时,社会保险基金监管权力即告终止。

相关新闻链接

刘永富:基金监督要覆盖到各类社保基金

劳动和社会保障部副部长刘永富2006年12月1日强调,基金监督工作要覆盖到各类社会保险基金。

刘永富在劳动保障部12月1日召开的全国社会保险基金管理监督工作座谈会上说,对社会保险基金监督,只有不同的监管方式,没有不受监管的基金。

刘永富说,养老保险统筹基金和失业、医疗、工伤、生育保险基金,要继续严格执行现行政策,少量结余只能存银行和买国债,保证良好的流动性。

养老保险个人账户基金,几十年以后才会用,基金安全和保值增值都非常重要,需要研究专门的管理和投资办法。企业年金实行市场化管理运营,已经有了基本的制度,要认真贯彻落实。同时,还要研究农保基金、失地农民和小城镇等保险基金的管理和监督问题。

刘永富还透露,经过多年的努力,我国的社会保障事业取得了长足发展。2005年,养老、失业、医疗、工伤和生育五项社会保险基金的收支规模分别达到6 968亿元、5 401亿元,积累达到6 066亿元,企业年金积累680亿元,全国社保基金规模达到2 100多亿元。劳动保障部单独或会同有关部门制定了20多个规章制度,各地普遍成立了基金监督机构,先后开展5次基金大检查,进行多次专项检查,清理回收了160多亿元被挤占挪用的基金,基金被大量挤占挪用的势头得到遏制,基金安全状况明显好转,4 000多万参保离退休人员基本养老金连续3年做到按时足额发放。

刘永富同时表示,基金管理监督工作仍然存在制度缺失,执行规定不严,监督力量不足,违规问题经常发生,长效机制尚未建立等问题,基金管理监督工作任重道远。

(资料来源:刘羊旸,新华网,2006年12月01日)

本章综合案例

社保基金何以不能自保

2006年11月24日公布的审计结果显示,审计发现的各地社保违规问题金额达71.3亿元,部分资金无法追回。劳动和社会保障部的官员则称,自1998年以来,劳动保障部会同其他部委共进行过5次大检查,其中2000年发现170多亿元被挤占挪用,2004年发现有16个省份有挤占挪用情况。

从制度设计来看,俗称"保命钱"的社保基金征收和发放没有其他中间环节,却发生不少挤占挪用的案例。根据审计有以下几种类型。

托管产生的挪用:东北某城市将社保基金托管在一家国有寿险公司。寿险公司却拿这个社保基金委托证券公司购买了约2 000万元的国债,全部有去无回。另一个城市社保基金由市劳动保险公司管理,劳动保险公司先后从社保基金中挪用了约3 000万元用来建劳动局培训大楼。这笔钱也一直没有收回。

为国企改革买单:审计署审计公告中披露,一些企业因改制等原因,资金周转困难,地方政府出于稳定的考虑,向这些企业出借了社保基金。1994-1995年间,某市养老保险基金实行差额缴拨方式,该市有11户国有企业无力负担退休人员养老金差额部分,社保中心就借给这些企业几十万元的养老保险资金,用来垫付离退休职工退休金,至今未收回。

工作人员监守自盗:宁夏回族自治区石嘴山市医保中心主任和财务科长采取截留银行承兑汇票的手法,将3 190多万的医疗保险费转移到他们的亲戚、朋友名下。

表面看起来,这些案件与近年发生的其他领域的腐败案件几无二致。但是只要与以下事实联系起来,就会看到一幅令人担忧的画面:世界银行一份递交给中国政府的报告认为,中国家庭中最贫困人口(世界银行的界定为每天收入不足1美元)2003年的平均收入比2001年降低了2.5%。因此,经济发展"水涨船高"的理论将受到严重考验。

对社保基金被挪用问题,劳动和社会保障部有关官员认为,社保基金出现问题,首先是基金监管法规不完善。目前,对社保基金的管理只有《劳动法》中有概括性规定。此外，还有一些文件和规定，但都停留在部委一级，法规层次不高，缺乏对违规行为的有效制约。其次管理力量和手段有限。有些地区的基层甚至没有计算机，只能人工记账。另外，社保基金管理人手极少，全国基金监管人员不到100人。此外，有些人法制、政策观念淡漠；还有监督不到位。因此，提出如下药方：立法、加强监督。

然而，加强了立法又能如何？麦迪逊在《联邦党人文集》第62篇提出的观点最能证明此种逻辑的荒诞："立法的方便和漫无节制，似乎是美国政府最有害的病症。"我国当前何尝不是如此，其实最重要还是加强政府政策的稳定性。

政治学关于正义分配有一条非常重要的原则：首先要实现社会分配的公平，其次是在无法实现平等的情况下施行差别对待。这种差别对待要求政策向弱势阶层倾斜。这也是当前和谐社会应有之义。因此，社保基金的保值和增值不仅关乎百姓未来的养老，更是实现和谐社会的必要条件。

（资料来源：吴木銮：《社保基金何以不能自保》，《中国经济时报》，2006年11月28日，http://news.xinhuanet.com/comments/2006 – 11/28/content_5400196.htm）

▶思考题：请你谈谈如何做到对社会保险基金的有效监管。

本章小结

1. 社会保险基金是实施各项社会保险制度的物质经济基础。在社会保险基金的征集、管理、运营和支付过程中，存在市场失灵的可能性，为了弥补市场失灵，政府必须介入，而政府也存在失灵的可能性，因此，必须加强对社会保险基金的监管。

2. 建立社会保险基金监管体系是完善社会保险制度的重要组成部分，对于确保社会保险制度的正常运转有着重要的意义。促进对社会保险基金监管人员的管理培训，有利于提高工作人员的整体素质和业务水平，有利于促进社会保险基金监管体系的完善。

3. 现场监管与非现场监管两种监管方式的结合，有力地保证了监管工作的顺利进行。任期经济责任审计促使领导人员和主要管理人员采取较好的内部控制制度和管理制度，有利于社会保险基金监管事业的发展。

重要概念

社会保险基金监管　公共经济学理论　金融体系内在风险性理论　边际经济理论　社会保险基金监管体系　现场监管　非现场监管　经办机构领导干部任期经济责任审计

复习思考题

1. 简述社会保险基金监管的内涵与外延。
2. 简述社会保险基金监管的基本原则。
3. 阐述社会保险基金监管的理论依据。
4. 简述社会保险基金监管的任务目标。
5. 社会保险基金监管体系的构成及其职责是什么？
6. 经办机构领导干部任期经济责任审计的作用和程序是什么？
7. 社会保险基金监管的方式及其实施程序是什么？
8. 为什么要对社会保险基金的营运实行监管？
9. 试述对社会保险经办风险和营运风险监管的理解。

第六章
我国社会保险基金的投资运营

CHAPTER 6

学习目的与要求

通过本章的学习,了解社会保险基金的含义及其投资运营的基本原则、必要性、意义及体制;理解社会保险基金投资运营的工具及其组合;充分了解国外社会保险基金投资运营的概况,充分认识我国社保基金投资运营的现状;把握现阶段我国社保基金投资运营的改革趋势。

第一节 社会保险基金投资运营概述

随着我国社会经济的发展和社会保障制度的完善,社会保障基金结余规模会不断地扩大。为了保证基金的安全和保值增值,保证各项社会保障费用的均衡和及时支付,就必须将基金用于安全、有效的投资。

一、社保基金的含义

目前,我国的"社保基金"是一个被简化了的统称,共有五种概念。一是"社会保险基金";二是"社会统筹基金";三是基本养老保险基金体系中个人账户上的基金,被称为"个人账户基金";四是包括企业补充养老保险基金(2000 年,《国务院关于印发完善城镇社会保障体系试点方案的通知》将"企业补充养老保险"正式更名为"企业年金")、企业补充医疗保险在内的企业补充保障基金;五是"全国社会保障基金"。

因此，我国的"社保基金"是以社会保险所包含的基金为主体的基金，本章所涉及的"社保基金"的投资运营充分说明了作为社会保险基金主体的社会保险所包含的基金的投资运营情况。

（一）社会保险基金

社会保险基金是社会保障基金中最重要的来源和组成部分。它是国家强制企业和个人缴费形成的，包括基本养老、基本医疗、失业、工伤和生育等社会保险项目的基金。其中，基本养老保险和基本医疗保险的基金又分为社会统筹基金和个人账户基金。

从我国目前基金的构成看，养老保险基金是社会保险基金中最重要的组成部分。由于人口老龄化进程的加快，特殊情况下收缴费率大幅度降低等原因，要求社会保险基金不断地壮大，使之具有长期的支付和防御更大风险的能力。这就要求将社会保险基金进行有效的投资运营，以保证社会保险基金的保值增值。在国外，养老保险基金已经作为资本市场的主要投资机构，通过在资本市场的投资运作发挥其应有的作用。

（二）全国社会保障基金

2000年9月，经党中央、国务院批准，我国决定建立全国社会保障基金，并设立全国社会保障基金理事会，直属国务院领导。该理事会的主要职能是受国务院委托，管理中央集中的全国社会保障基金。

全国社会保障基金是指由全国社会保障基金理事会负责管理的、由国有股减持划入资金及股权资产、中央财政拨入资金、经国务院批准以其他方式筹集的资金，及其投资收益形成的、由中央政府集中的社会保障基金。

全国社会保障基金投资运作的基本原则是：在保证基金资产安全性、流动性的前提下，实现基金资产的增值。社保基金资产是独立于理事会、社保基金投资管理人、社保基金托管人的资产。这就是通常所说的可以进入股市的"社保基金"。

上述各类基金在资金来源、筹集方式及性质、作用上各不相同，因而在管理体制和运作方式上有所区别。

在管理体制上，全国社会保障基金由全国社会保障基金理事会集中管理，根据财政部和劳动保障部共同下达的指令和确定的方式拨出资金。社会保险基金由劳动保障部门所属的社会保险经办机构管理，实行属地管理和分账管理。目前,一些地区的基本养老保险和失业保险实行省级或地(市)统筹,大部分地区和大部分社会保险项目实行市(县)级统筹,不同统筹地区之间、各险种之间不能调剂使用。企业年金基金归企业和个人所有,政府给予一定的税收优惠以鼓励其发展,不对其承担管理、运营和担保责任;否则,将增加政府的财政风险。

各类社会保障基金根据其性质、功能和流动性强弱等特点,可以分别采取以下运作方式:社会保险基金中的养老、医疗保险统筹基金和失业、工伤、生育保险基金主要用于保证当期发放,这类基金主要按照现收现付模式运作,在现行管理基础上加以规范;全国社会保障基金、基本养老保险中的个人账户基金、企业年金基金及农村养老保险基金等社会保障基金,按照完全积累模式,随着有关保险项目的市场化运作逐步进入资本市场,由有关管理机构委托金融机构管理运营。目前,涉及投资问题的主要是全国社会保障基金和积累规模较大的养老保险基金(即个人账户基金)。

2016年2月3日,国务院常务会议通过了《全国社会保障基金条例(草案)》。3月10日,国务院总理李克强签署第667号国务院令,公布《全国社会保障基金条例》,自2016年5月1日起施行。《条例》的实施,规范了全国社会保障基金的管理运营,加强了对全国社会保障基金的监督,在保证安全的前提下实现基金的保值增值。

二、社保基金的风险特征

社保基金的风险特征主要体现为替代率风险、投资风险、通货膨胀风险、偿付能力风险。

(一)替代率风险

替代率风险主要是指养老保险基金的最终积累额在假定的寿命条件下达不到预定的替代率,从而影响退休后生活水平的风险。替代率风险可能由以下几个原因造成:①个人可能由于失业、收入水平降低等原因导致缴费不足。②由于通货膨胀率高于名义利率,导致实际收益率低于设定水平。③实际利率相对于实际工资增长率的变化,如果其他假设不变,那么当实际利率从原来的高水平趋低接近于实际工资增长率时,替代率会下降。

为了降低替代率风险,可以通过政府提供最低受益担保等方式保证低收入人群退休后的生活水平。同时,通过有效的投资组合提高基金的实际收益率是保证完全积累养老基金替代率的重要方面。

(二) 投资风险

投资风险是指在社会保险基金投资过程中,由于主观原因(投资决策失误、投资组合选择不当)及客观原因(工商业的周期变化、利率波动、政府政策变化等)造成的投资收益率不确定的风险。资本市场的发育程度越低,投资工具越少,市场运作的规范程度越差,投资的风险就越大。

(三) 通货膨胀风险

通货膨胀风险是指由于通货膨胀,社会保险基金经过长期积累后其实际购买力下降,造成贬值。对于养老保险基金来说,由于其积累的长期性,通货膨胀会对其实际购买力造成很大威胁。

(四) 偿付能力风险

偿付能力风险是指基金管理公司由于经营不善或其他原因陷入财务危机而不能偿付委托人的应计债权的风险。在社会保险基金的运营管理中,如果将基金的投资运营委托给基金管理公司等金融机构,社会保险基金就可能面临偿付能力风险。

三、社会保险基金投资的含义

所谓投资,是指单位或个人用其所持有的资金购买金融资产或实际资产,或取得这些资产的权利,以在一定时期内预期获得与风险成比例的适当收益和本金增值,或只是为了保持原有资金价值的一种资金运营行为。

社会保险基金投资是投资的一种。根据投资的含义,我们可以把社会保险基金投资理解为:社会保险基金管理机构或委托的机构用社会保险基金购买国家政策和法律许可的金融资产或实际资产,以使社会保险基金在一定时期内获取预期收益的基金运营行为。

在社会保险发达的国家或地区,如英国、美国、瑞士、日本等国家和地区,社会保险基金的投资早已成为社会保险事业的必不可少的一个内容,并且十分发达。但在我国,由于各种原因,社会保险基金的投资尚处于初始阶段。随着经济的发展和我国社会保障制度的改革,社会保险基金的投资运营必将成为一种趋势。

四、社会保险基金投资运营的主要原则

社会保险基金投资运营的主要原则有安全性原则、流动性原则、赢利性原则、公益性原则。

（一）安全性原则

作为承担社会稳定器的职能为宗旨的特殊类型基金，社会保险基金不同于其他类型的投资基金。社会保险基金的安全关系到社会保障目标的实现，影响着社会经济的健康发展。如果投资风险过大，那么不但无法获得预期的投资收益，而且容易危及社会保障制度的经济基础，引起社会动荡。这就决定了社会保险基金的投资必须高度重视安全性，把安全性原则作为社会保险基金投资必须遵守的基本原则。

社会保险基金的投资必须安全可靠。作为明明白白的"活命钱"，社会保险基金不能承担高风险，在其投资组合中应当控制风险度较高的金融工具投资的比例。

（二）流动性原则

在社会保险基金的投资过程中，要保持足够的变现能力，以便随时满足资金使用的需要。要避免基金投资中可能造成的周转困难，影响社会保障功能的发挥。这就要求我们要对社会保障的收支进行事先预测，留足资金和一定的短期投资以备短期支付之用，并对中长期的投资期限进行统筹安排，使基金在应付日常支用的前提下充分发挥效益。

一般来说，完全积累的养老金投资对流动性要求相对较低，可以投资于期限相匹配的长期投资工具以获得较高收益。

（三）盈利性原则

社会保险基金投资的最终目的是为了保值增值。没有收益，就不能保值，更谈不上增值。社会保险基金的投资收益率至少要超过当前的通货膨胀率。

（四）公益性原则

社会保险基金的投资必须用于对经济和社会有益的项目。除了必须与社会利益一致外，还应注意与政府经济政策是否一致。

五、社会保险基金投资运营的可能性与必要性

（一）社会保险基金投资运营的可能性

社会保险基金投资运营的可能性主要表现在以下两个方面。

1. 社会保险基金的性质决定了其投资运营的可能性。社会保险基金由于种种原因而暂时闲置，它的最终用途是用于劳动者因生、老、病、残、失业等所致的收入损失和人身损害的专项补偿和给付。这些收入损失风险的发生具有必然性和偶然性并存的特点，因此，决定了社会保险基金具有备用性和实用性的特点。社会保险基金在不断地提存和赔付运动的过程中，总会有一定数量的资金处于暂时闲置不用的状态，这就产生了社会保险基金的收入和支付在时间上的差异性。社会保险基金在时间上的这种差异性，为社会保险基金的投资提供了时间上的可能性。

2. 社会保险基金的筹资模式决定了其投资运营的可能性。社会保险筹资模式可划分为现收现付模式、完全积累模式、部分积累模式。在社会保险制度建立之初，各国建立的是现收现付模式的社会保险制度。随着社会经济的发展，特别是各国人口老龄化的到来，现收现付的社会保险模式面临着入不敷出的窘境。各国纷纷进行社会保险制度的改革，完全积累和部分积累的模式更多地被采用，经过一定时期的积累，各国的社会保险基金都有了一定的规模，为其投资运营奠定了资金基础。

（二）社会保险基金投资运营的必要性

1. 从基金筹集模式看社会保险基金投资运营的必要性。如上所述，社会保险基金的筹集模式有现收现付式、完全积累式、部分积累式。不同的基金筹集模式的资金的存续期不同，因此，对基金保值增值的要求不同：以现收现付模式筹集基金，本期征收、本期使用，不留积累，基金的存续期短，因而几乎不受通货膨胀的影响，对基金保值增值的要求也就不高；以完全积累模式筹集的基金存续期比较长，并且在制度实施初期，积累基金数量比较大，因而这种模式筹集的基金受通货膨胀的影响最大，如果不能保证积累基金在若干年后保值，就难以达到在预测期内不调整保险费率的预定目的，因此，完全积累模式筹集基金必须保证积累基金的保值增值；部分积累模式筹集基金也存在一定的保值增值问题。可见，社会保险基金的投资运营是积累式基金筹集方

式的客观要求。

2. 从人口老龄化看社会保险基金投资运营的必要性。人口老龄化是社会经济发展的一种客观结果,它对一个国家的政治、经济和文化方面都会产生一系列的重大的影响。按照国际公认的标准,一个国家60岁以上人口占总人口的比重达到10%或65岁以上人口占到总人口的7%时,即为老龄化国家。现在,老龄化已经成为全球面临的一个重大问题。当前,在全世界190多个国家和地区中,约有60多个国家或地区已进入"老年型"社会①。据世界银行预测,全球60岁以上的老年人口占总人口的比例将从1990年的9%上升到2030年的19%,增长了一倍多;到2050年,世界人口的1/3预计会步入花甲之年。目前全球人口老龄化最严重的国家是意大利,60岁以上老人占总人口的25%。人口老龄化将对社会保险基金产生巨大的影响;一方面,人口老龄化进程加快,被社会所赡养的人数增加;另一方面,享受社会保障待遇的期限延长,即被社会所赡养的时间也在增加,养老金、老人医疗、老人福利等支出都将大大地增加,无疑更加重了社保基金的压力,缓解的主要途径就是大力促进社会保险基金的尽快增值。

根据我国人口调查资料和世界银行的研究结果,我国人口的老龄化程度每30年增加1倍。2008年年底,我国65岁以上人口比重达到了8.3%(60岁以上人口比重为12%),老年人口总数达到1.598 9亿人。国家统计局最新发布数据显示,截至2016年年末,60周岁及以上人口23 086万人,占总人口的16.7%;65周岁及以上人口15 003万人,占总人口的10.8%。据预测,到2030年,我国城镇企业退休人员与在职职工人数之比将达到48.95%;到2050年,这一比率将达到55.46%,离退休职工将增加8 000万人,离退休费用将从1 500亿元增加到4 000亿元。按照这个速度,届时,我国还比较脆弱的经济将受到"银色浪潮"的冲击。为了缓解这一矛盾,我国的社会保险基金应该尽快实现保值增值,在扩大资金积累的基础上,选择安全性和效益性都较好的投资渠道,提高资金的获得能力,以减轻未来社会保险的支付压力。

3. 从通货膨胀看社会保险基金投资运营的必要性。研究表明,通货膨胀与经济增长存在正相关的关系。经济增长率与通货膨胀率之间的对比关系大致在1:0.6左右。高的经济增长率伴随着高的通货膨胀率,这是一个经济规律。通货膨胀对社会保险基金的影响表现在两个方面:一方面,通货膨胀将造成基

---

① 《世界人口老龄化问题与"国际老年人日"》,新华网,2005年1月10日。

金本身的贬值,由于通货膨胀,社会保险基金经过长期的积累后其实际购买力下降;另一方面,通货膨胀会导致社会保险基金支出的增加。由于通货膨胀,人们的生活费用将上涨,退休待遇的增长存在刚性,依靠保险金生活的退休职工要维持其基本生活水平,必须领取更多的保险金。同时,国家根据社会保险分享经济发展成果的原则,随着经济水平的提高和在职人员工资的上涨,必然也要提高社会保险待遇的水平。在通货膨胀条件下,要提高社会保险待遇,要么提高缴费水平,但这将影响劳动者的积极性和企业生产、投资的积极性,制约经济增长;要么实现所积累的社会保险基金的保值增值。若没有灵活有效的资金增值机制确保社会保险待遇水平的提高,不能稳定被保险者的基本生活水平,就会损伤广大居民参加社会保险制度的积极性,也有悖于建立社会保险制度的初衷。

在西方国家受社会福利危机和社会保障沉重包袱的困扰,对这些问题倍加关注。例如,就社会保险基金利息占基金来源的比重而言,英国从1977年的2.85%上升到1982年的8.5%,提高2倍;德国从1977年的1.6%上升到1982年的8.5%,提高4.3倍;荷兰从4.5%上升到16.7%,提高2.7倍。因此,通货膨胀使基金贬值,社会保险支付水平提高,有可能引发社会保险基金收不抵支的财务危机。要抵消通货膨胀的上述影响,而又不增加基金来源的负担,唯一的办法就是对基金进行投资运营,使其保值增值。

4. 从社会保障水平的刚性增长看社会保险基金投资运营的必要性。随着人民生活水平的提高,人们对社会保障的要求也在不断提高,社会保障支出量呈迅速上升态势,这就需要有足够且稳定的财源,才能满足未来的这种必然需要。若不想过分增加国家、单位和个人的负担的话,就必须使积存的基金能不断地创造出新价值。

5. 从社会保险待遇调整原则看社会保险基金保值增值的必要性。分享经济发展成果和与物价挂钩是社会保险待遇调整遵循的两项基本原则。前者是指社会保险待遇同全体劳动者工资水平比例有着密切关系。我国的人口压力主要来自以下方面:人口素质、人口规模、人口结构等。相比较而言,目前最主要的是来自人口结构上的压力。早在1982年,我国的人口年龄结构已由"年轻型"转为"老年型"。(2016年,我国老年人口达到2.3亿人)据有关预测,1982年我国的老年抚养比为7.9,2025年和2050年将分别达到18.5及23.3。由此看来,我们对专项基金的保值增值必须形成理念上的共识、责任上的认同、制度上的安排。

国家的整体经济水平上升后,国民收入及分配到劳动者身上的劳动报酬即整个社会的工资水平也相应提高。与此同时,靠保险待遇生活的人员应当享受比原来更高的保险待遇。这既是出于保障被保险者基本生活的需要,也是社会保险制度要体现公平的要求。社会保险待遇之所以要与物价挂钩,是因为同一标准的保险待遇在不同的物价水平下,能够购买生活资料和劳务的量不同,对应的生活水平也不同。为了保障被保险者的基本生活,使之不受物价变动的影响,必须定时或不定时地随物价的上涨而提高保险待遇。社会保险待遇遵循这两个原则而调整,结果必然是增加社会保险基金支出。如果通过国家增加财政资助或提高社会保险缴费率来解决这一问题,就必然再次增加国家财政或企业和劳动者个人的费用负担。能使社会保险待遇遵循上述原则及时、适度地调整,唯一的方法就是对社会保险基金进行投资运营,使其保值增值。

六、社会保险基金投资运营的意义

社会保险基金投资运营的意义主要表现在以下几个方面。

(一)有利于社会保险基金的保值增值

社会保险基金投资运营的根本目的就是使社会保险基金保值、增值。所谓保值,就是保持资金的原有价值量,使其购买力不至于下降;所谓增值,就是通过资金的合理投资运营,不断地增加其原有价值量,使其购买力增加。

一般来说,物品既没有发生损耗或损坏,又没有劳动附加其上,随着时间推移,其价值是应该保持不变。但是,一般而言,随着一国经济的增长,通货膨胀的压力,货币价值的体现——购买力是在不断下降的。货币贬值是当今社会各国普遍面临的带有规律性的现象。在基金制度下,社会保险基金大部分以货币的形式存在,不可避免地面临积累期通货膨胀的风险。要使不断积累增加的社会保险基金的购买力不随时间的推移而降低,就必须不断增加这笔货币的数量。在物价总体水平上升和货币相对贬值的条件下,保险基金的购买力要保持不变,在供款既定时,要求基金的收益与物价总水平保持同步增长。如果要使社会保险基金增值,则要求基金投资收益率超过物价的增长水平。基金通过投资运营可获得收益,这些收益又被充实到基金中去,当投资收益率等于或超过通货膨胀率时,便可以实现社会保险基金的保值、增值。

(二)可以减轻国家、用人单位和个人的负担

社会保险基金的投资运营可以使基金保值、增值,这样,社会保险制度的受

益人的利益不仅不会因时间的推移而受损,而且还可以获得额外福利。如果由于各种原因社会保险基金无法保值增值,那么受益人的利益将会受到损害,社会保险制度将面临入不敷出的财政危机。这将会出现两种情况:一种情况是不增加政府的支出,也不提高企业和个人的缴费率,在未来时期社会成员的保障水平必然下降;另一种情况是增加政府的社会保险支出或提高企业和个人的缴费率,补充社会保险资金不足,而这样就会增加国家、企业和个人三者中至少一方的负担。无论哪种情况出现,都会对社会产生不利影响。社会保险基金的有效投资运营将会避免这些情况的发生,保障受益人的利益,保障整个制度的平稳运行。

(三)能够促进经济的发展

根据哈罗德—多马模型,一国的经济增长速度取决于该国社会储蓄率和投资效率两个因素。当社会储蓄率一定时,社会保险与经济发展的关系取决于社会保险基金保值增值的程度。如果将社会保险基金投入社会再生产过程,并实现社会保险基金的增值,由此带来社会总产生的增长,从而起到加速经济发展的作用;相反,如果社会保险基金不能增值,即使社会储蓄率提高了,也可能导致社会经济增长速度下降。

七、社会保险基金的投资运营体制

(一)投资运营模式

社会保险基金的投资运营必须从运营模式的选择开始。在国际上存在着两种运营模式:一种是集中垄断运营模式,即由政府系统或政府授权的公营机构集中运营社会保险基金,如美国、新加坡等国家即采取这种模式。在这种模式下的社会保险基金高度集中并具有垄断性。其优点在于政府可以有效地控制投资风险且公开、透明,其缺点在于可能衍生新的官僚系统并影响效率。另一种是分散竞争式运营模式,它通常由政府根据法律规范的资格条件确定多家符合条件的私营机构来运营社会保险基金,允许各机构之间开展竞争。例如,智利等国的养老金运营与中国香港地区强制性公积金的商业运营均采取这种模式。这种模式下,社会保障基金管理分散且具有竞争性。其优点是效率至上,其缺点在于政府与个人均无法控制风险,并因私营机构对利润的追逐与运行的隐蔽性而埋下隐患。

（二）投资工具的选择

社保基金投资工具的选择主要有银行存款、债券、股票、实业投资、不动产投资、信托投资等。

1. 银行存款。将社会保险基金存入银行，即具有安全可靠性，还可以收取一定的利息，流动性也最强。但问题是，银行存款收益太低，并且在通货膨胀时，资金很可能会贬值，加之受银行存款利率调整的影响较大，一般难以弥补通货膨胀造成的损失。所以，就投资运营的目的性来看，银行存款并不会带来真正意义上的收益，只宜维护养老保险基金的流动与周转，因此，在比例上不宜过大。

2. 债券。债券投资集安全性、收益性和流动性于一身，是社会保险基金投资的重要工具。由于不同种类的债券都有其独特的内部特征，对于社会保险基金投资的适用性有一定差异。

就政府发行的国债来说，由于没有违约风险，其安全性最高，因而是养老金的重要投资工具。但因其投资收益率也低，因而在养老金投资组合中不能占很大比重。

企业债券由于有违约风险，因而收益率高于国债，但风险低于股票，特别是实力雄厚、信誉卓著的大公司发行的债券，在社会保险基金的投资组合中占重要地位。企业的资信程度不同，企业债券具有不同的风险等级，各国政府通常对社会保险基金投资的企业债券等级有所限制，以防止过高的投资风险。

3. 股票。由于股票投资的收益没有预先的合同规定，社会保险基金投资股票的风险较大，但较高的报酬率将是对这种高风险的一种补偿。为了保证社会保险基金的收益率，多数国家都允许社会保险基金投资于股票市场，但有些国家限制其投资比例。

4. 实业投资。社会保险基金可以独资经营，投资新建企业或者实施企业购并，完全由自己经营管理；也可合资经营，与其他法人单位共同投资、共同经营管理；或者收购企业股权，行使股东权益，参与企业生产经营管理；还可以投资医院等医疗设施建设项目，以及社会福利院、老年公寓等社会公益事业。

5. 不动产投资。随着房地产需求日益旺盛，投资不断增值是其发展趋势。但与证券投资相比，房地产投资是一个连续的过程，初始的投资调查比较困难和费时，投资规模巨大且投资期长，流动性较差，分散化的努力极为困难，对宏观经济形势的变化也比较敏感。有些国家对房地产投资在社会保险基金投资中的比重有严格限制。

6. 信托投资。基金管理人可以将社会保险基金委托信托公司或信托银行代为投资。可规定其运用的项目和比例,实施委托投资,信托公司或信托银行收取佣金或管理费,不承担盈亏责任;也可以不规定具体投资项目,由信托公司或信托银行负责全权代理营运,并承担经济责任。这带有共同基金的性质。

(三) 投资风险监控体系

社会保险基金投资风险监控体系主要有资产分离、信息披露、外部审计、投资限制、风险评级、收益担保等。

1. 资产分离。基金的资产与基金发起人或管理人的资产分离,以便对基金进行监管,防止基金运营过程中的风险扩散。

2. 信息披露。信息披露的目的是将基金管理人置于基金持有人和监管机构的双重监督之下,防止基金管理人违规操作,损害基金持有人的利益。信息披露的内容包括资产估价的原则、资产估价的频率及其他财务数据。监管机构一般委托外部独立的审计事务所审查信息披露的真实性。

3. 外部审计。每个国家都要求基金接受独立的外部审计,但外部审计的内容和质量在不同国家差异较大。一般而言,发展中国家的外部审计还不够独立、客观,而在发达国家,外部审计已成为对养老基金进行监管的主要手段之一。

4. 投资限制。投资限制主要包括三个方面:一是规定基金的投资工具,限制基金进行股票、国外证券等高风险投资;二是规定对每种工具的投资限额,以形成有效的投资组合;三是规定对一个企业或一支证券的投资比例,避免风险过于集中。

5. 风险评级。独立的私营风险评级机构对投资工具的风险等级做出评估,以此作为衡量某种金融工具是否适于投资的主要依据。政府评级委员会根据评级结果审查基金投资是否合规。债券的风险等级分为五类,表示债券按时偿付的可能性。股票的风险虽然不同于债券的风险,但可用与债券评级类似的方法对股票的优劣进行评估。

6. 收益担保。大多数国家对社会保险基金的投资收益都进行某种程度的担保。如果基金的实际收益率低于法定最低收益率,则先由投资管理公司动用它的自有资本来补足;如果管理公司资本还不足以使社会保障基金的投资收益率达到法定最低收益率,则要由政府财政作最终弥补。法定最低收益率实际上

是一个动态的投资收益率,可以用以下公式来表示:
$$In \geq \text{Min}(In-1, C \times In-1)$$
式中:In 指当年社会保障基金的法定最低收益率;C 指调节系数;$In-1$ 指所有基金管理公司上年 12 个月社会保障基金的平均投资收益率。

第二节　社会保险基金的投资工具及组合

一、社会保险基金的投资范围

各个国家的政府都通过社会保险法律和行政规定,对社会保险基金的投资范围做出了一定的规定。由于各国的国情不同,对社会保险基金投资范围的规定也有所差别。但从总体上看,社会保险事业发达的国家和地区,对社会保险基金的投资范围规定得比较宽松;社会保险事业不发达的国家和地区,往往对社会保险基金的投资范围有着严格的限制和监管。

二、社会保险基金的投资工具

世界各国社会性保险基金的投资品种很多,几乎涉及了所有的投资工具,除了银行存款和政府债券外,还有购买公司股票及公司债券、投资基金、指数期货投资、实业投资、房地产投资、抵押贷款等。现将主要的投资工具介绍如下。

(一) 银行存款

从广义上讲,银行存款也是一种投资,这种投资的特点是操作简单,几乎没有风险,除了较长期存款外,资金流动性好,但这种投资收益较低。银行储蓄存款多种多样,利率高低不同,同样多的资金选择的存款种类组合不同,其收益和流动性也就不同。因此,社会保险基金投资机构在采用这一方式保值时,不应只是简单地存入银行,而应选择最佳的存款组合,以保证该基金变现的需要且获得最佳收益。社会保险基金能否增值关系到劳动者的切身利益,为了体现国家对社会保障事业的支持,许多国家,如新加坡规定对存入银行的社会保险基金给予优惠利率,特别是在通货膨胀水平较高的时期,对存入银行的社会保险基金还给予保值甚至一定的增值补贴。我国也应从实际出发,对社会保险基金的存款给予一定的优惠政策。

(二)投资债券

债券是发行人依照法定程序发行并约定一定期限内还本付息的一种有价证券。这种投资的特点是收益稳定且相对较高,投资风险较小,特别是政府债券,收益稳定几乎没有风险。债券是社会保险基金投资组合中所占比重较大的一个品种,一般占投资基金的一半左右。由于债券具有收益稳定、相对较高且投资风险小等特点,各国政府大都对社会保险基金投资债券的比重做出最低限制规定,例如,日本规定,在养老保险投资基金的所有资产中,债券及现金所占比例不得低于50%。

债券按发行主体可分为国家债券、地方债券、金融债券、公司债券和国际债券。

1. 国家债券。国家债券简称国债,是指政府根据有借有还的信用原则,为筹措资金而发行的债券。国家债券是以政府信用作为担保的,利率低而没有拖欠支付的风险,因此,许多国家都鼓励甚至限定社会保障基金购买国家债券。我国政府就规定社会保障基金除存入财政专户获得利息收入外,其投资必须全部用于购买国家发行的特种定向债券和其他种类的国家债券。例如,1994年11月财政部、劳动部印发的《关于加强企业职工社会保险基金投资管理的暂行规定》指出:"为保证养老保险基金的安全和完整并妥善处理该基金的保值问题,……职工养老保险基金收支相抵后的结余额除留足两个月的支付费用外,80%左右应用于购买特种定向债券。"国债是社会保险基金投资最普遍的一个项目,尤其是大多工业化国家,社会保险基金几乎全部投资于国家债券。例如,美国的社会保险基金几乎都用于购买政府长期国库券和短期公债;英国的该部分基金主要用于购买政府发行的公债;拉美国家社会保险基金投资最为普遍的项目是政府债券。如果政府予以适当干预,使公债利率高于同期通货膨胀水平和商业银行存款利率,可保证投资于政府债券的基金获得一定水平的投资收益。

2. 地方债券。地方债券是指地方政府为支持所辖地区经济发展和建设,筹措资金而发行的债券。地方债券的信誉仅次于国家债券。其发行面额较小,利率较低,主要是为了吸引中小投资者。与国家债券相同,地方债券免缴所得税,这是地方债券与公司债券的重要区别。

3. 金融债券。金融债券是指由银行和非银行金融机构为筹措资金而向社会公开发行的一种债务凭证。其利率低于公司债券而高于地方债券和国家债券,这是因为金融机构的信用程度比国家信誉低而比一般公司高。

4. 公司债券。公司债券是指股份公司为筹措资金而发行的,向持有人承诺在指定时间还本付利息的一种债务凭证。公司债券的利率一般都要比政府债券、金融债券高,因为任何公司的信誉一般都不会超过其所在的国家政府。公司债券的信誉比国债要低得多,但比股票的保障程度要高许多。

公司债券持有人和股票持有人的权利和义务不同:公司股票持有人是公司的股东,是公司财产的所有人之一,享有公司法所规定的各种权利和义务;公司债券持有人只是公司的债权人,无论其持有数额的比重多少,均不能参与发债公司的经营管理,但公司债券持有人却享有优于股票持有人的权利,即优先于股东领取债息,以及在公司破产清理时,优先于股东分配公司剩余财产。

公司债券分等级,它分为第一优先债券、第二优先债券、第三优先债券;归还时,按优先次序归还。

5. 国际债券。按照发行债券货币种类与发行债券市场的不同可分为外国债券和欧洲债券两种。

外国债券是指甲国发行人或国际机构在乙国债券市场上以乙国货币面值发行的债券。欧洲债券是指一国发行人或国际机构,同时在两个或两个以上的外国债券市场上,以发行国货币以外的一种可自由兑换的货币、特别是提款或欧洲货币单位发行的债券。

由于债券具有收益稳定、收益率相对较高、风险相对较低的特点,加之政府对债券尤其是国债往往有特殊优惠政策,几乎所有国家的养老保险基金投资组合中,债券都占有相当大的比重,不少国家甚至还规定了债券的最低投资比例。例如,丹麦规定至少60%养老基金要投资于国内债券,法国规定投资于欧盟政府债券的养老基金的比例不少于50%。

(三) 购买股票

股票是指股份有限公司发行的、表示其股东按其持有的股份享受权益和承担义务的可转让的凭证。股票有固定的格式和内容,其具体表现形式是股票证书。

在股票市场上,发行股票的股份有限公司根据不同投资者的投资心理和各种需要,发行各种不同的股票。因此,股票的种类很多,名称各异,它们所代表的股东地位和股东权利内容也不相同。按照不同的标准,股票可分为如下基本类别。

1. 普通股和优先股。按股东所代表的股东权益划分,股票可分为普通股与优先股。

普通股股票是代表着股东所享有的平等权利,不加以特别限制,并随着股份有限公司利润的大小而分取相应股息的股票。

优先股是相对于普通股股票而言的,是指优先于普通股股票分取公司收益和剩余资产的股票。优先股股票一般是在票面上注明"优先股"字样。具体的优先条件,必须由公司章程加以明确规定。

2. 记名股和无记名股。以股票的票面是否记载股东姓名而分为记名股与无记名股。

记名股是将股东姓名记载于股票票面和股东名册的股票。投资者认购记名股票,不仅要在股票票面上记载其姓名,而且必须将姓名和住址记入发行该股票的股份有限公司的股东名册。

无记名股是指股票票面不记载股东姓名的股票。此类股票与记名股票相比较,在股东权益内容上没有差别,只是股票记载方式不同。

3. 有票面面额股与无票面面额股。股票和公司债券主要有以下不同:

(1)公司债券代表投资者对融资企业的债权;而股票则代表投资对融资企业的所有权。

(2)就整体而言,股票风险大,收益高;公司债券风险小,收益较低。

(3)公司债券随时可以变现,变现时损失较小;股票变现要受市场状况等影响,强行变现时往往损失较大。

(4)在回收方式上,公司债券到期还本付息;而股票只能通过股市转让。

由于股票的上述特点,股票类投资较债权类投资要承受更大的风险。虽然股票投资的风险较大,但从本质上分析,股票所代表的是国民经济中最具生产力的部分,投资股票比投资其他领域能产生更高的长期回报率。

从实践上看,社会保险基金介入股票投资的程度还要取决于资本市场的发展程度和社会保险基金本身的成熟程度。如果一国资本市场体系完整,市场化程度高,尤其是股票市场运作规范,信息披露充分、公正,那么社会保险基金参与股市投资的比例就较大。英国和美国的养老基金投资于股市的比例明显就是很好的证明。反之,若资本市场不够完善,投资品种少,市场受非市场因素影响严重,股票的投资回报将面临较多的不确定因素,社会保险基金投资于股市不仅会因股市风险大,本身受到影响,还会受到监管者的严格限制。以养老基金为例,如果养老基金处于一个较为稳定的长期积累阶段,它对市场价格的波动不太担心,而关注较多的是长期回报,这时养老基金投入股市的比重较大。反之,如果基本养老基金领取保险待遇或接近退休年龄的参保人员较多,基金应尽量避免资产价格的大幅波动,转而投向收益较稳定的固定收益证券。

从世界范围看,随着资本市场的不断完善以及养老保险私有化浪潮的推进,股票在养老基金投资组合中的比例会呈上升趋势。但在目前,各国政府对于社会保险基金投资于股票市场,通常持更为谨慎的态度。

(四)各类贷款

社会保险基金投资的另一类项目是各类贷款,包括住房贷款、个人贷款及工商业贷款等。住房贷款是社会保险基金的重要资产,与社会保险政策结合起来运用,既能体现投资效益,又能促进住房保障目标的实现。其中最主要的是抵押贷款,将社会保险基金用于发放抵押贷款在有些国家很普遍,这是因为抵押贷款违约率低,收益相对较高。例如,许多拉美国家把社会保险基金用于住房贷款,把社会保障政策和住房贷款政策结合起来。这样,中低收入者通过贷款购得住房,社会保险基金找到了投资方向。还有一些国家,如土耳其、埃及等,将社会保险基金用于国有企业的投资信贷,支持国有企业的发展,实现基金的保值增值。目前,在西方国家中,瑞典和丹麦的养老保险基金资产中抵押贷款的比重较大。

(五)投资基金

投资基金又称共同基金、合作基金,是一种社会化的信托投资工具。它是指由基金公司或其他发起人向投资者发行受益凭证,将大众手中的零散资金集中起来,委托具有专业知识和投资经验的专家进行管理和运作,并由信誉良好的金融机构充当所募集资金的信托人或保管人。投资者出资组成基金,交由专业人士运作,投资人按基金份额分享基金的增值收益。投资基金的优势是专家理财、组合投资、规避风险、流通性强、收益高而稳健等。由于投资基金的上述特点,我国社会保险基金应根据自身状况,在进行可行性分析的基础上,积极委托投资基金代理基金运营等。当然,也可以建立适合自身的投资基金。

基金投资可以分散风险,首先是因为基金投资可以凭借其雄厚的资金,选择科学的投资组合,以达到避免"非系统风险"的目的。其次,基金的流动性强。投资基金是一种变现性能良好、流动性较强的投资工具。如封闭型基金的转让一般在证券交易所进行,投资者通过证券交易进行,投资者通过证券进行竞价买卖,其程序与买卖股票相同。最后,基金投资便于境外投资者,基金是投资者间接投资于异地证券市场的理想中介。

(六) 不动产投资

不动产投资主要是指房地产投资,还包括公共基础设施建设,如水电、能源、交通等。房地产投资是指通过建设购买等手段获得房地产而取得长期稳定的租金收入。由于租金的定价可消除通货膨胀的影响,房地产与股票一样被认为是与工资相关联的、待遇确定的社会保险基金的合适投资组合中的重要工具之一。

20世纪80年代以前,房地产投资曾经是某些组织国家社会保险基金投资组合中的重要工具之一。美国《雇员退休收入保障法》(1974年)就对养老基金投资房地产持鼓励态度。但与证券相比,房地产投资规模大、周期长、流动性差,小规模基金很难进行分散化的投资,它对宏观经济形势的变化也比较敏感。20世纪80年代以来,房地产在养老基金投资组合中的比重有所下降。例如,日本20世纪70年代房地产投资在养老基金中的比例为39%,到了20世纪90年代这一比例下降为2%;英国也由1980年的18%下降至1990年的9%。

从各国的发展趋势看,传统的房地产不再是养老基金的理想投资工具。但与高科技或风险投资相结合的新型房地产投资仍具有广阔的市场。例如,美国最大的公共补充养老基金——加州雇员退休基金,在进行不动产投资时,除了购买传统的办公室、厂房、商店等房地产外,还与新技术相结合,投资建立了房地产交易网站。

不动产投资最大的问题是资产的流动性低。养老社会保险基金中由于有一部分属于应急性基金,随时可能要用于养老金的支付,因此,这部分基金必须随时变现。这样,不动产就不适合作为养老保险基金的主要投资对象。另外,不动产投资的交易成本也比较高;进行房地产投资还需要具有一定的资产评估经验。

(七) 风险投资

风险投资是指向有发展潜力的私营企业,特别是向开发高新技术或促使其产业化的中小企业提供股权资本,通过股权转让(交易)来收回投资并获取投资收益的行为。风险投资可以是直接投资,也可以合伙投资,或通过风险投资基金间接投资。作为一种高风险、高回报的新型投资方式,自20世纪90年代以来风险投资有长足的发展。特别是在美国,风险投资从1992年的30亿美元猛增至2000年的1 040亿美元,年均增长速度达53%。

风险投资与股票投资一样,也是生产性投资,因而具有内在的投资价值。但作为一种有创意的投资方式,与股票投资相比,风险投资的对象是计算机、互联网、生物化学、基因工程等高科技产业,这些企业往往处于起步或成长阶段,而证券投资的对象则是成熟的上市公司,这就决定了风险投资更具有高风险、高回报的特性。高科技产业的高成长性吸引了养老基金等机构投资者参与其中,以获得长期的高收益。

风险投资基金主要有三种来源:一是个人资本;二是机构投资者的资金,包括养老基金、保险基金等;三是大公司的风险基金。

(八)衍生金融工具

除了上述传统的金融工具,近年来,一直被社会保险基金监管者视为禁区的金融衍生工具在社会保险基金投资中也得到越来越多的应用。所谓金融衍生产品,是指建立在传统金融产品如股票等基础上的新型金融产品。相对原生金融产品,衍生金融产品实行交易保证金制度,即只要支付一定比例的保证金即可进行金融交易,因而它的交易具有杠杆效应,保证金越低,杠杆效应越大,相应的风险也越高。

随着经济全球化和跨国公司的增多,以及金融市场的不断完善,利率期货、股指期权等金融衍生工具已被用来减轻社会保险基金投资收益的波动性。但金融衍生产品自身的巨大风险还是限制了它在社会保险基金投资中的大规模应用,目前还只局限于进行投资组合止损保险。

(九)社会保险基金的国外投资

从国际经济来看,各国近年来纷纷放松对养老基金投资组合的限制,养老基金国外证券投资的比重有增大的趋势。在美国、加拿大、英国、日本、法国、意大利等几个发达国家中,除了加拿大养老基金外国债券投资的比重并没有太大变化外,其他几个发达国家养老基金外国股票和债券的投资比重都有上升。发展中国家和新兴市场经济国家的情况也类似。20世纪90年代中期,拉美、东欧几个进行养老保险体制改革的国家还未出现养老基金的国外投资,而到2000年,智利、哥伦比亚、秘鲁等国家养老基金国外证券投资占各自证券总投资的比重已分别达到11%,23%和7%。

对小国而言,由于国内市场狭小、投资渠道有限,投资国外证券,使风险分散的好处尤为明显。即使对美国这样的金融市场非常发达的大国,分散投资风险也很有意义。据测算,1970—1997年,美国社会保险基金年平均收益率为0.24%,标准差为2.16%。假设社会保险基金也进行国内外各种证券投资,将导致不同的收益和风险组合。在投资收益率为3%的情况下,如果仅投资美国国内证券,则标准差为 5.8%;如果还投资国外证券,标准差可降至 5.1%。在投资收益率为 8% 的情况下,如果仅投资美国证券,标准差为 14.7%;如果还投资国外证券,标准差可降至 12.3%。分别计算各种投资组合的收益风险比率(预期收益/收益的标准差),发现如果投资组合中包括外国证券,该指标就会上升,即在预期收益不变的情况下,标准差减小。这表明,外国证券投资确实有助于降低风险。

当然,外国证券在投资组合中的比重并非越大越好。根据 1977—1997 年美国和其他发达国家股票指数的变化,假设美国某一投资者的资产组合中外国证券的比重分别为 0,20% 和 50%,其他资产为美国国内证券,则该投资者收益风险比分别为 1.17,1.19 和 1.13,外国证券比重为 20% 时最优。可见,外国证券的比重并非越大越好,尤其是当国内外证券市场收益率较为相关时,国际多样化投资分散风险的好处不一定很明显[①]。

(十) 各种投资工具比较

社会保险基金可进行投资的投资工具很多,每种投资工具都有自己的特点。现将其用表格形式表示出来(参见表 6-1)。

表 6-1 各种投资工具比较

投资工具	显著特点	缺点	其他
银行存款	流动性好	收益率低,难以抵制通货膨胀	可靠的资产保管方式
政府债券	流动性高且风险小	低收益率,难以抵制通货膨胀	
企业债券	较低风险、较高收益		
金融债券			风险及收益介于企业债券和政府债券之间
公司股票	高收益	高风险	在一级市场与申购和配售新股,风险小,收益大
可转换债券	收益较高,安全性较高		可转换成普通股
基金证券	交易风险与收益均呈中性		
房地产	抗通货膨胀能力强	变现难,流动性差,回收期长,资金占用量大	
抵押贷款	风险小,收益稳定	无二级市场,流动性风险高	

---

① 王信:《养老基金的国外投资:国际经验与中国的选择》,《证券市场导报》,2003 年 3 月。

三、社会保险基金投资组合

多元化是社会保险基金投资的一个趋势,也是金融市场特别是资本市场发展的必然结果。社会保险基金的投资组合是社会保险基金投资中的一个非常重要的问题。面对如此多的投资工具,选择适当的投资工具,并对其进行相应的组合,对于基金投资来说至关重要,它甚至关系到基金投资的成败。

(一)国外社保基金的投资管理组合总体状况

1. 对于社保基金的投资管理组合,一方面,不同国家和政府出于安全性、稳定性等方面的考虑而采取了一些强制性规定,来限定社保基金的资金投向;另一方面,社保基金的管理者也从市场和其自身情况出发,进行自主决策,选取合适的投资组合,从而获取最大的投资收益。

在对社保基金的投资组合管制方面,各国政府都采取一种动态的管理办法。根据一国社会保障制度成熟程度和资本市场的发育程度,在不同的时期采取不同的限制条件。一般来说,当社会保障处于积累期,它就可以更多地投资于长期性的流动性较差但收益较高的资产;而当步入成熟期后,由于巨额支付流量的需要,它就只能投资于流动性较强的资产。若资本市场较为发达,它就可以更多地投资于股票等风险较高的资产,而资本市场不发达,则应更多地投资于政府债券等收益较稳定的资产。

2. 从社保基金自身的投资管理组合来看,社保基金的投资必须同时兼顾安全性、赢利性和流动性。发达国家的社保基金在资金的运用上采用多种渠道,投资于多个领域,借助多种投资工具。发达国家社保基金的投资具有以下几个明显特点:一是投资渠道多元化。社保资金不仅投资于股票、政府债券、企业债券,还投资于存款、抵押贷款、不动产、外国资产等。二是股票投资所占比重都比较高,尤其是美、英两国,社保资金投资于股票的比重分别占到46%和53%[①]。从上面几个发达国家的经验来看,社保基金利用多种金融工具进行投资已是大势所趋。

许多国家都根据自己的具体国情对于社会保险基金的投资组合做出详细的规定。

[①] 楚鹰,张青:《社会保险基金投资组合的国际比较及选择》,《决策参考》,2002年第5期。

(二) 若干发达国家的养老保险基金投资组合情况

表 6-2 列举了若干发达国家的养老保险基金投资组合情况。

表 6-2 若干发达国家养老保险基金投资组合情况(%)

国别	股票	政府债券	企业债券	存款	抵押贷款	不动产	外国资产	其他
美国	46	20	16	6	2	0	4	6
英国	53	11	3	6	0	9	18	0
加拿大	33	39	8	1	4	3	6	6
澳大利亚	27	13	7	13	0	16	13	11

资料来源：Pension Fund - retirement - income security and capital markets：an international perspective，1990.

(三) 发展中国家的养老保险基金投资组合情况

表 6-3 列举了若干发展中国家的养老保险基金投资组合情况。

表 6-3 若干发展中国家的养老保险基金投资组合情况(%)

国家	法律允许的投资组合
智利	养老保险基金投资规定：储备金为 1%，商业票据不得超过 10%，公司股票最高不得超过 10%（1989 年为 7%，1985 年为 5%），房地产投资高限为 10%，政府债券的高限为 50%（最初要求 100%），银行负债、抵押贷款和公司债券不得超过 40%。从 1990 年开始允许投资于外国证券，高限从 1% 起步，在 5 年内提高到 10%。最低投资收益率不得低于年平均实际收益率的 50% 或年平均收益率减去 2 个百分点
阿根廷	养老保险基金的投资规定：政府债券高限为 50%，地方债券高限为 15%，国内私营企业长期债券高限为 28%，国内私营企业短期债券高限为 14%，地方银行储蓄存单高限为 28%，国内公司股票高限为 35%，最近实行私营化的公有企业股票高限为 35%，国内共同基金高限为 14%，外国企业证券高限为 10%，外国政府债券高限为 7%
哥伦比亚	长期待遇保险基金必须通过中央银行进行如下投资：由城市发展基金使用、中央抵押贷款银行发行的债券为 10%；指数化债券投资额为一个月养老支付；中央银行认可的债券，其限额为在银行的余额，利率和期限可事先确定 工伤保险可进行以下投资：短期投资为 20%，政府债券为 80%。上述投资综合收益率不得低于同类贷款和居民存款利率
印度	中央政府债券至少为 15%，地方政府债券或中央、地方政府担保的债券至少为 155；国民储蓄凭证最多为 40%；特殊存款最多为 30%；还有其他政府担保的公司债券

资料来源：《中国社会保障制度改革及立法》，劳动部与联合国开发计划部署国际合作项目报告，1996 年；Privatizng Soclal Security，Martin Feldstein，1998。

第三节 国外社会保险基金投资运营简介

国家对社会保险基金的基金投资主要显现在对养老保险基金的投资运营之中,其原因在于医疗、工伤保险、失业保险等基金的积累效应不明显,难以有效地积累大量资金,且该类型资金总量上不足以及留滞时间不长,因而,该部分资金在社会保险基金中占的比重较小,只有养老保险方面的基金才具备更大的管理和投资运营空间。因此,本节将从社会保险基金中的养老基金的投资运营为例对社会保障基金投资运营进行探讨。从国际经验来看,各国对社会保险基金的投资管理重点也在养老基金方面。

一、日本养老储备基金的投资运营[①]

日本养老保障制度主要由公共年金制度、企业补充年金制度和个人储蓄年金制度三个支柱构成,其中,公共年金用来保障基本的生活需要,在年金制度中居于主导地位。公共年金又分为两个层次:第一层是国民年金,又称基础年金;第二层是与收入联动的厚生年金和共济年金。由于这两个层次的年金均由政府来管理,并带有强制色彩,因此被称为公共年金。养老储备基金制度就是政府将每年的国民年金和厚生年金的缴费收入支付养老费用后的剩余部分积累起来,形成养老储备基金,其出发点在于平衡代际间的养老负担,保持一定的资产流动性,用来应对未来老龄化社会较高的养老费用。

(一) 旧模式

截至 2000 年年底,日本法律都规定养老储备基金必须 100% 寄存在大藏省原资金运用部,也就是大藏省现在的财政融资部。由资金运用部通过"财政投融资计划"(简称 PILP)为促进经济和社会发展的各个政府公共团体融资;另外,1986—2000 年,原年金福利事业团也通过"财政投融资计划"借款,将养老储备基金大约 1/5 的部分委托私人投资机构直接投资于金融市场。

[①] 参见蒋忠平:《日本养老储备基金投资管理模式分析》,《理论月刊》,2006 年第 6 期。

在资产投资决策的制定上,年金福利事业团在厚生劳动省的指导下,在先确定了投资应长期保持的资产构成比例(基本资产组合)之后,再按照这个比率委托私人投资机构分散投资于国债、公司债券、国内股票、国外债券、国外股票等。

(二)新模式

在2001年4月,日本政府对财政投融资计划进行了较为激进的改革,养老储备基金不必再100%寄存在大藏省资金运用部,还取消了对资本市场上某些特定公司获取资金的限制。同时,年金福利事业团由于自1986年开始运营养老储备基金的15年总计亏损约16.3万亿日元而被一个新的机构——政府养老基金投资部所取代。养老储备基金直接由厚生劳动省寄存在这个部门,由它自由决定采用最适当的方式委托私人投资机构直接投资于金融市场。政府公共团体的资金需求也是凭自身的资信状况通过在金融市场上发行公团债券进行融资。如果政府公共团体融资有困难,政府可以在金融市场上发行政府担保的公债,然后再通过财政投融资计划向其融资。原年金福利事业团的投资职能也归于政府养老基金投资部,而且这将会持续到2010年所有的借款被完全偿还为止。另外,原来存放在财政融资部的养老储备金可以继续以过渡的方式存放到2008年所有借款偿还为止。到2008年年底,所有寄存在政府养老基金投资部的养老储备基金被完全收回。对于养老储备基金的投资,厚生劳动省在听取社会保险咨询委员会的意见后于2001年4月制定了《养老储备基金投资基本政策》。受厚生劳动省委托对养老储备基金进行投资的政府养老基金投资部也在《投资基本政策》的基础之上制定了《管理与投资政策》。政府养老基金投资部就根据这个《管理与投资政策》来选择和调换私人投资机构,决定向哪些投资机构、委托多大数额的投资[①]。

(三)新旧模式的比较

1.旧模式的优缺点。日本养老储备基金的旧投资管理模式存在的弊端从根本上来看主要包括在以下两个方面:

(1)养老储备基金的管理和投资受到政府的过度干预,金融市场的作用发

---

① 郑秉文,房连泉,王新梅:《日本社保基金"东亚化"投资的惨痛教训》,《国际经济评论》,2005年5—6月。

挥不充分。2000年底以前,法律都规定养老储备基金必须全部存放于大藏省原资金运用部,从而纳入政府的财政预算,被称为"第二财政"。政府通过财政投融资计划运用资金,其投资决策过程完全由政府部门来决定,政府投资效率较低是不争的事实。由于忽视市场信息,缺乏必要的监督,财政投融资计划将包括养老储备基金在内的大量社会资金投入到收益很差的公共基础设施和社会福利部门,形成大量呆坏账;由年金福利事业团通过财政投融资计划借贷的一小部分养老储备基金进入了金融市场,但是最终还是通过购买政府公债而主要投向了政府公共团体;

(2)过分强调养老储备基金投资的社会责任,确保被保险人利益的根本目标被忽略了。养老储备基金通过资金运用部每年制订的财政投融资计划进行运用,其资金运用的基本出发点在于为实现经济、社会发展的公共目标领域融资,以弥补市场的缺陷和社会资本的不足,而养老储备基金由于债权所有人泛化,其保值增值以作为战略储备基金来确保未来养老金支付的根本目标往往被忽略了。

2. 新模式的优缺点。

(1)新模式的优点主要体现在以下几个方面:

第一,新的养老储备基金投资管理模式在一定程度上避免了旧模式导致养老储备基金投资产生亏损的两个根本弊端。在新模式下,所有养老储备基金的投资都要由政府养老基金投资部委托私人投资机构经过金融市场进行投资,政府的财政投融资计划也同样要通过金融市场进行融资;养老储备基金通过金融市场进行投资也在一定程度上避免了过分强调投资的社会责任。厚生劳动省制定的《投资基本政策》要求,养老储备基金的投资(包括对财政投融资计划的融资)必须是基于长期的目的进行多元化的投资,希望实现保值增值确保被保险人利益的目标。

第二,新模式对各方在投资管理方面的责任,尤其是在资产分配和风险管理方面的权限做出了较为明确的规定。厚生劳动省大臣对政府养老基金投资部董事会的主席进行任命,决定投资和资产分配的政策,以及同基金管理小组委员会一起对政府养老基金投资部进行监管和评价。他对资产分配政策的决定必须是在征求社会保险咨询委员会11名成员(包括金融、经济学和养老金等方面的专家及养老保险费供款人的代表)的意见之后做出的;政府养老基金投资部董事会负责养老储备基金的日常管理、决定短期策略性资产分配以及对参与基金投资的私人投资机构的评估,董事会另外两名副主席由主席提名并报厚生劳动省大臣同意(参见图6-1)。

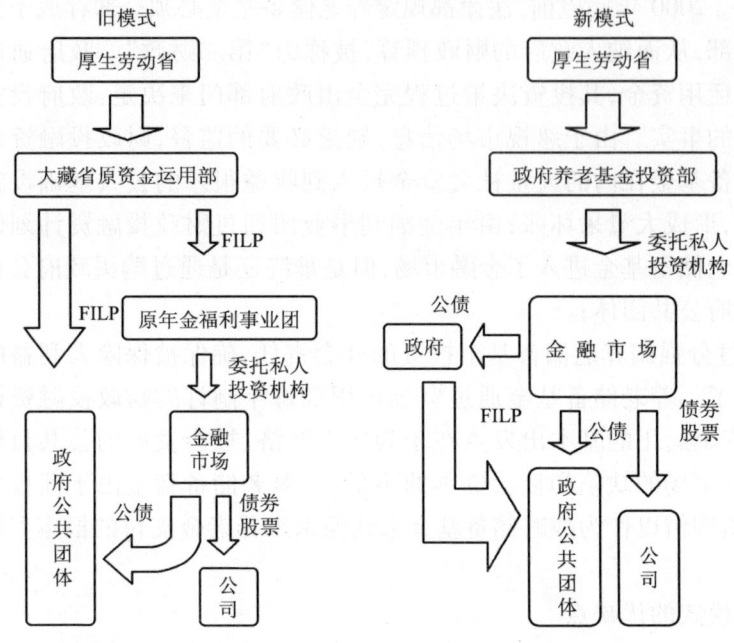

图 6-1　日本养老储备基金投资管理模式

第三，新模式下的《投资基本政策》对于保证养老储备基金的保值增值能够发挥重要作用。《投资基本政策》规定：养老储备基金的投资管理必须要基于保证被保险人长期利益的目的，进行多元化的投资，并且托管人的责任由所有储备基金管理相关的责任人承担。为了防止受托运营养老储备基金的私人投资机构的投资决策受到养老基金投资部乃至政府的影响，《投资基本政策》明确规定，政府养老基金投资部只能提出投资的基本准则，委托受托机构做出投资判断。因而，新模式在一定程度上可以说是成功的。

(2) 新模式的缺点主要包括以下方面的内容：

第一，政府对养老储备基金的管理和投资仍然干预较多。首先，厚生省大臣具有人事任免权和投资政策的决定权。政府养老基金投资部董事会主席的任命权在厚生省大臣。这就意味着董事会主席对养老储备基金的管理和投资都要受到厚生省大臣的影响，而厚生省大臣作为行政官员是难免受到政治的影响，尽管法律规定厚生省大臣必须是基于被保险人的长期利益对养老储备基金进行管理。同时，决定投资和资产分配的政策尤其是投资组合的决定权也在厚生省大臣；其次，政府在财政投融资计划通过金融市场对养老储备基金融资的过程中仍然发挥了重要作用。

第二,在规定的养老储备基金投资组合中,财政投融资计划债券所占比例过大,风险分散不够。《投资基本政策》规定,新旧模式过渡时期的2004年国内债券投资比例为79%,而国内债券投资中又以财政投融资计划债券为主,国内外股票和国外债券仅占15%。就是到2008年最终达到的投资基本组合中,国内债券投资比例还有68%。

第三,养老储备基金的管理和投资不是由有实际经验的专家负责,而是主要由官僚主导。虽然资产分配政策的决定必须要征求社会保险咨询委员会11名成员中的金融、经济学和养老金等方面的专家及养老保险费供款人的代表,但是决策权在厚生省大臣,且这些专家基本上都没有实际的投资经验。

二、加拿大养老储备基金的投资运营

加拿大政府于1966年成立的"加拿大养老金计划"(简称CPP)也是一个典型的现收现付制养老制度,其养老金给付与通胀挂钩指数化,养老基金的余额全部购买政府债券。截至1996年底,"加拿大养老金计划"缴费收入累计为110亿加元,支出170亿,赤字60亿;1966年建立这个基金时赡养率是7∶1,现在是5∶1,到2030年将提高到3∶10。1995年以后,加拿大就如何确保未来"加拿大养老金计划"支付能力的可持续性问题进行了全国范围的讨论,提出了向积累制过渡的私有化改革的设想。经过三年的酝酿之后,1998年《加拿大养老计划投资理事会法案》开始生效,抛出了一个"一揽子"改革方案,它主要包括以下三个内容[①]:

第一,增加缴费率,从当时的6%提高到2003年的9.9%。

第二,于1998年11月正式成立了"投资理事会",计划从1999年开始对CPP实行多元化投资即可对股票市场进行投资,从而彻底放弃实行了几十年来的购买省级政府债券的投资政策。在1998年12月18日制定的过渡性投资政策中规定,从理论上讲,可以将"加拿大养老计划投资基金"的全部资产即100%地投资于资本市场,但国内证券的投资比例不得超过80%,海外证券为20%;国内投资指数选择TSE300,海外投资是摩根士丹利。

第三,关于转型期问题。从1999年开始,新的缴费收入和到期国债的本息收入除了用于支付养老给付以外,其余额原则上应全部用于资本市场的投资,

---

① 郑秉文:《国外社保基金投资与管理——经验与教训》,2003年11月14日。

归"投资理事会"管理。由于以往购买的政府债券是长期债券,一般为20年期限,于是这个过渡期至少需要20年以上,但在需要情况下还要进行再投资。在过渡期,全部养老计划仍在财政部设立"加拿大养老金计划账户"专户不变,负责日常的收支活动;原来持有的政府债券单独设立"加拿大养老计划投资基金"专户。投资于资本市场的部分另外单独建立专户。"加拿大养老计划投资基金"的收益可以不要求用于当前的养老金给付的支付。

对于进入市场部分的资金,新的投资体制完全排除了"社会投资"的可能性,在扩大私人债券在其投资组合中持有比例的基础上,逐渐缩小政府债券的持有比重,其中外国债券的持有比例被限制在20%。对外国债券的这个限制标准很接近于加拿大私人养老基金对其持有比例的规定。为了避免来自各省地方政府当局的干预,财政部长在1998年任命了一个由12人组成的"投资理事会",每届三年,同年还制定了一个关于防止政治干预和对收益人负有完全责任的投资标准,对基金管理人的专业资格标准也作了详细的严格规定。"投资理事会"制定的这些规则几乎完全是模仿监管私人养老基金投资市场的《养老金收益标准法案》的内容来制定的。但考虑到其"公共"的特殊性,对于一些仅仅适用于私人市场的监管标准也并没有简单化的予以完全照搬。其中争论最大的是对外国证券的投资比例问题,工党的一些政治家主张应将其限制在较小的比例,但最后还是将其规定在20%;经过讨价还价,2001年又将其提高到30%。这个数额正是私人部门对外国证券投资的限制比例。同时,"投资理事会"规定必须进行指数化投资。这样,任何股票选择权都不保留,在实现投资政策的手段上就可以铲除政治优先权的根源。但同时,"投资理事会"还注意到了另外一个问题:规模如此之巨的基金若缺乏灵活性,有时候可能要扭曲市场,因为其他投资者常常会抢在CPP基金之前进行投资以牟取暴利;并且其还指出,追求指数所导致的交易量要大于"长期投资战略"。鉴于这些考虑,"投资理事会"在条例里添加了允许一定范围的"积极管理"内容规定。

加拿大社会保障基金"投资理事会"规定,股票的持有比例为8%,到2017年增加到17%;规定改革后长期年均目标实际收益率是3.8%(通胀调整之后)。为实现这个目标收益率,根据历史遗留下来的持有大量省级政府债券的实际情况,"投资理事会"对股票组合作了详细的规定,确定多伦多股票交易所指数为境内股的投资指数,境外股则主要使用标准普尔500和摩根士丹利指数;但在2002年"投资理事会"对股票组合结构又作了更倾向于私人市场的变化。

1999年加拿大养老计划投资战略改革之前,由于其全部资产必须购买加拿大20年期的省政府债券、国家金融机构债券或存款和购买加拿大政府债券,因此,具有很好的安全性和可靠的收益率。到 1999 年 3 月 31 日为止,"加拿大养老计划投资基金"的余额为 308 亿加元,几乎全部是在 20 世纪 80 年代初购买的 20 年期政府债券。1998—1999 年度有 17 亿加元到期变现,平均利率是 9.5%。在过去长期政府债券投资战略下,年均收益率为 11.44%。1998 年制定的投资战略中规定 1999 年当年进入股市的规模只有 1 200 万加元。

据 2001—2002 年 CPP 年度报告的披露,截至 2002 年 3 月 31 日,"加拿大养老计划账户"的收益率是 3.09%,获利 1.89 亿加元,24 亿加元到期变现,其中 11 亿再投资于 20 年期的政府债券;"加拿大养老计划投资基金"获利 30 亿加元,全部存入"加拿大养老计划账户";其余额 283 亿加元的资产分布情况是,1 年期以内的政府债券是 23.83 亿加元,1-5 年期的政府债券是 100.2 亿加元,5 年期以上的政府债券是 158.73 亿加元,年均利率 10.43%;在加拿大养老计划"投资理事会"管理的 143 亿加元的全部资产分布中,70% 是国内证券,30% 是以美国、欧洲和亚洲地区为主的海外证券;在全部证券组合中,私人证券比例是 3.2%,达 4.58 亿加元。

据加拿大养老计划"投资理事会"主席兼 CEO 麦克诺顿 2003 年 5 月提交给世界银行的一份报告说,截至 2003 年 4 月,加拿大养老计划两部分资产合计已达 550 亿加元;其中,资产分布状况是债券持有 58%(320 亿加元),股票为 32%(180 亿),现金为 9%(50 亿),不动产是 1%;两部分资产投资的收益情况平均起来是:2000 年名义收益率为 3.2%,2001 年为 7.0%,2002 年为 5.70%,2003 年第一个季度为 0.8%。

三、智利养老保险基金投资

智利的《养老保险法》规定,养老金的管理由私人机构实施,为此建立了专门组织——养老基金管理公司。养老基金管理公司是私营性质的股份制公司,股东可以是法人,也可以是个人,但不能是官方机构。从全国现有的 25 家养老基金管理公司的情况看(2002 年),它们分别由企业、贸易协会、工会、银行持股,大股东均为商业银行。为强化竞争,新法规定,投保人可以自由选择任何一家养老基金管理公司缴费,日后也可以更换养老基金管理公司。养老基金管理公司自身的资产与养老基金分开经营,养老基金在法律和财务上独立于公司;养老基金的投资收益完全归于养老基金,不纳税,但养老基金管理公司的经营活动要纳税;为保证养老基金的安全,对其投资种类结构和投资最高限额上都有明确规定。除此外,智利还规定,投资于单一金融机构的资金不应超过养老保险金的15%,投资于非金融机构的债券不应超过70%。

智利从1981年开始,对养老保险基金实行"个人账户"制,对养老保险基金实行私有化的、分散的基金管理公司管理。

智利法律规定:养老保险基金进行投资的唯一目的是获得适当的收益和保证金。因此,政府对保险基金投资渠道做出了严格的规定,准许七个方面的投资:国家总司库或中央银行发行的证券和各省首都地区住宅和城市化事业局发行的信贷票据;定期存款和金融机构接受的其他重要证券;金融机构担保的证券;金融机构发行的信贷票据;公私企业债务;其他保险金份额;经风险分级委员会预先批准的开业股份公司股票等。而不得投资于下列几项股份公司的股票:各保险基金管理机构的股票;人身保险公司的股票;各互助基金管理机构的股票;其中一人直接或通过他人间接集中其认购票占50%以上的公司股票;其中一人购票至少有10%由小股东掌握的公司股票等。

从投资收益上看,智利各养老金管理公司经营的个人账户养老金按月计息,月利息不得低于过去12个月所有养老金投资回报率约2个百分点。如高于2个百分点以上,可留作保证金,暂不记入个人账户,待养老金投资回报率过低时补足。拉美国家中,智利养老金投资运作效果较好,从1981年成立到1999年其年均名义收益率为11.24%[①]。

四、哈萨克斯坦养老保险基金投资[②]

1998年1月1日哈萨克斯坦以法律的形式正式实施养老金的改革方案,其养老金体系从过去的现收现付制度向个人积累性制度迅速转轨。改革后的哈萨克斯坦养老金制度在动员国民储蓄和培育民营化的机构投资者方面取得了很大的成功。其在方案设计上吸取了部分1994年世界银行所提交的建议稿的内容,并得到了其他国际组织如亚洲开发银行、美国国际发展代表处的某些技术支持。

哈萨克斯坦新养老金制度运营体系可以简单地概括为:集中监督、分散经营、专业管理、市场运作。哈萨克斯坦成立的15家养老基金和7家养老基金资产管理公司,统一由中央集中监管。养老基金负责管理其成员的个人账户,而

[①] 王俊:《社会保障基金投资的国际比较分析及其借鉴》,《特区经济》,2010年第6期。

[②] 李湛:《养老基金投资运营管理的国外模式及其启示——智利、哈萨克斯坦的案例分析》,《广东金融学院学报》,2004年第19卷第4期。

资产管理公司则负责把积累的基金投资于各种证券,实现养老基金的保值增值。在15家养老基金中有一家是国营养老基金,其余14家是私营养老基金。职工可以在7家养老基金中选择一家加入,如果职工未决定参与哪一家养老基金,则被自动划入国营养老基金。国营养老基金的设计是非常有特色的。根据世界银行的相关报告,在所有实行养老金改革的国家中,哈萨克斯坦是世界上唯一由国家管理的养老基金国家。国营养老基金由哈萨克斯坦中央银行直接托管,直接投资不需要经过资产管理公司投资运营。设计国营养老基金的初衷是为职工在养老金改革初期不信任私人养老基金或一时还没有决定参加哪家私营养老基金的职工,提供一个被选的基金。职工在加入任何一家养老基金后,归还被选的基金。职工在加入任何一家养老基金后,还可以在国营养老基金与私营养老基金之间和在14家私营养老基金之间自由转换。鉴于国营养老基金改革初期所确立的垄断优势,监管机构对国营养老基金的投资限制比私营养老基金更为严格,国营养老基金所投资的只能是低风险的证券,因此,国营养老基金的收益一般会低于私营养老基金。事实上,由国营养老基金转而选择私营养老基金的职工越来越多。即便国营养老基金的市场占有率持续走低,而以安全性为宗旨的国营养老基金对初期的养老金市场以至对起步阶段的资本市场都有较强的稳定作用。截至2002年7月,国营养老基金所占的市场比重下降到30.2%。

哈萨克斯坦新养老金制度实施以来,养老金整体收益形势比较令人满意。养老金改革实施的第一年其收益率曾高达32.93%。以后几年的收益也普遍高于国际资本市场的平均收益,并且呈逐年增长之势。

五、韩国养老保险基金投资

在20世纪80年代之前,韩国只有公务员、军职人员和私立教职员的所谓"职域年金",这些行业性的养老保险实行的是分别管理。1988年建立了全国统一的"国民年金制度"(简称NPP),但"职域年金"还保留。"国民年金制度"的覆盖范围是除了上述公务员、军职人员和私立教职员以外的全体国民,并涵盖自雇者,是全国统一管理的强制性的部分积累性质,是典型的现收现付型计划。"国民年金制度"的缴费率每5年调整一次,2002年雇员和雇主的缴费率均为4.5%。为提高"国民年金基金"的支付能力,韩国政府拟采取一些相关措施,例如,将2002年70%的替代率从70%降到60%;逐渐延长法定退休年龄,从2013年开始每5年延长1年退休年龄,即到2033年将法定退休年龄提高到

65岁。

韩国养老保险基金投资的流向主要为：公共部门、福利部门、金融部门。在经济合作与发展组织（简称OECD）国家中，韩国"国民年金基金"的市场收益率可谓是为数不多的佼佼者。在过去的10年里，其年均名义收益率为11.33%，实际收益率应该是6.07%，稍稍低于GDP的增长率。

韩国"国民年金基金"资产规模发展很快，1994时大约只有100亿美元，1997年就达300亿美元，2002年达773亿美元，8年间膨胀了7倍左右，预计2010年将超过2500亿美元。面对发展速度如此之快的基金规模，韩国政府早在几年之前就采取了一些措施，其中一个重要的方面是从1999年开始逐渐减少对"经济目标投资"即"社会投资"的比例，尤其是对福利部门的投资。在1998年的投资比例中，对金融部门的投资比例仅为28%，"社会投资"高达72%（公共部门为72%，福利部门为0%）；1999年这两个比例分别为30%和70%（公共部门为68%，福利部门为2%）；2000年为42%和58%（公共部门为57%，福利部门为1%）；2001年为58%和42%（公共部门为41%，福利部门为1%）；2002年对金融部门的投资为63.1%，而"社会投资"仅为36.9%（公共部门为36.3%，福利部门为0.6%）。为提高"国民年金基金"的收益率，在保证安全的前提下，韩国政府计划逐渐提高股票的投资比重，到2012年拟将其提高到19.2%，并适当地增加一些其他新的金融产品，将福利贷款控制在1%以内。

第四节 我国社会保险基金投资运营现状

我国的社会保障基金主要包括三个部分：社会保险基金、全国社会保障基金、补充保障基金。按目前国家规定，可以进入资本市场的只是全国社会保障基金。其他社会保险基金的结余只能用于存银行、买国债，严禁进行其他任何形式的投资。从一定意义上理解，这些投资方式有利于保证社会保险基金的安全、完整，便于及时发放各类社会保险待遇。但从另一个角度看，这对基金的保值增值产生了较大的阻碍，因为按照当前的银行利率水平和国债发行量、发行方式等，考虑通货膨胀等因素，社会保险基金的保值增值目标很难实现，实际上存在着基金贬值的风险。

第六章
我国社会保险基金的投资运营

一、社会保险基金的运营情况

依据财政部、劳动部1998年1月27日下发的《企业职工基本养老保险基金实行收支两条线管理暂行规定》的要求,"基本养老保险基金结余额除预留相当于2个月的支付费用外,应全部购买国家债券和存入专户,任何单位和个人不得利用基本养老保险基金在境内外进行其他形式的直接或间接投资"。在养老基金和资本市场发育初期,防范风险的能力较小,对养老金的投资范围做出限制是必要的,但是这不应当成为一个长期的政策选择。

2015年,我国五项社会保险(含城乡居民基本养老保险)基金收入合计46 012亿元,比上年增加6 184亿元,增长15.5%;基金支出合计38 988亿元,比上年增加5 985亿元,增长18.1%。截至2014年年底,我国城镇职工基本养老保险个人账户累计空账额为35 873亿元,空账增长率为15.72%。对社保基金而言,依然存在着管理体制不顺畅和协调制约机制缺失、基金保值增值问题突出及相关法制、监管建设滞后等问题。上海社保基金案震惊全国,由此引发了社会对社保基金监管的极大关注。在2006年11月召开的国务院常务会议上,温家宝总理强调,社保基金是"高压线",任何人不得侵占挪用。如何管好用好社会保险基金,确保安全完整、保值增值,是政府的重要责任。

 **相关新闻链接**

上半年养老保险基金收入大幅增长

劳动和社会保障部消息,2005年上半年基本养老保险基金收入为2 215亿元,同比增长24.8%。其中征缴收入为1 953亿元,同比增收339亿元;总支出1 968亿元,继续保持增收大于增支势头。

劳动和社会保障部发言人胡晓义表示,目前城镇企业职工养老保险覆盖面进一步扩大;随着企业年金基金市场监管的启动,多层次保险体系建设迈出了新步伐。今后将抓紧完善企业养老保险制度,在有条件的地区逐步推进做实个人账户;规范个体工商户和灵活就业人员参保缴费政策,进一步扩大覆盖面;总结东北试点经验,改革养老金计发办法,使待遇水平与缴费年限多少紧密联系;同时社保部将研究机关事业单位养老保险改革方案。

(资料来源:王妮娜,《中国证券报》,2005年7月20日)

(一)存在的问题

在我国,以政府为主体对养老保险基金进行投资运作也表现出了公营投资组织的一般优点与缺点:养老保险基金由社会保障部门集中、统一管理,管理简单,管理成本、交易成本低,政策执行起来比较灵活;缺点是管理效率低下,制度的运行缺乏透明度,难以获得较高的回报率,以及因政府可能挪用而造成基金损失。其具体表现为以下几个问题。

1. "空账"问题。目前,承担着为职工积累保险基金的个人账户基金在很大比例上被挪用为退休人员的养老金,出现了所谓"空账"问题。

养老保险制度中设立个人账户本来是为了职工的未来养老进行预先积累和保值增值,但是在政府的实际运作过程中并未按照基金积累制的要求对个人账户进行管理。由于社会统筹部分的养老保险金不足以支付已退休职工的养老金,于是便挪用了个人账户中积累的养老金。"空账"问题如果不加以规范的话,那么社会保障基金的积累制仍然是实质上的现收现付制,并且会加剧将来社会保障的支付危机。

2. 社保基金面临运营增值难题。中国社保基金买国债的回报率不到2%,回报率很低。由于经济发展中的通货膨胀因素,社保基金存在不断贬值的风险,因此,在保证社保基金安全性情况下,通过有效投资来保值增值的政策还需完善。

从国外的情况看,养老金投资的领域很广,从资本市场到实业投资,从国内市场到国际市场,从债券投资到金融衍生品投资,养老金都有涉及。而我国由于养老保险体制改革较晚,养老金投资还仅限于银行存款、买国债,这种投资模式无法满足新的养老体制下养老金保值增值的要求。因此,有步骤地增加养老金投资工具,放宽养老金对高收益、高风险产品的投资限制,建立科学的投资组合是保证改革成功的关键。

3. 多头管理的混乱局面。我国社保基金的筹集和使用长期没有权威性的机构进行统一管理,社会保障处于一种政出多门和多头管理的混乱局面。社会保障各项目都是独立改革的,分别建立独立的保险基金,投保人的账户由不同部门管理,个人缴纳的基金也被分割,各个项目之间无法调剂使用,各种社会保

第六章
我国社会保险基金的投资运营

障基金无法形成合力。尤其是社保基金管理机构没有与政府明确分离,基金管理机构通常依附于上级主管部门,从而形成委托代理结构。在下级服从上级的组织规则中,缺乏有效的制衡监督机制。

4. 法制不健全,缺乏规范和完善的监管和监督体系。国外社会保障制度的改革一般是先立法,后执行,在执行中又不断修正和完善。我国社会保障制度改革和建立过程中,既存在立法滞后,也存在立法难度大的问题。养老基金入市必须有行之有效的法律体系做保障。

目前,我国社保基金管理缺乏相应的具体法规,社保基金的收缴、管理、运营和支付等各环节的监管往往无章可循,监管不力,社会保障基金被挤占、挪用的现象屡屡发生。基金管理的法制建设和监管机构建设的滞后已是不争的事实。从实际运作来看,社保基金表面上存在着三层监管:一是劳动保障部门和基金管理司的内部监管;二是财政和审计部门的行政监管;三是社会组织、舆论和公民的监管。但这三层监管均很难落实。在地方或部门利益的驱使下,社保基金常常会被当作"准"政府资金支配使用或挪用,一切规范其运作的法律法规只能成为陪衬。

尽管中国对社保基金使用的限制相当严格,主要的投资渠道是购买国家债券或存入银行收息,这一方面使得社保基金的增值率很低,实际上处于一种贬值的状态;但另一方面,各地特别是像上海和深圳的社保基金客观上又有很强的保值增值的需求和压力,社保基金结余越多,基金贬值的风险就越大。尤其是当社保支付的压力日益沉重时,在一定程度上就刺激了社保机构投资风险程度相对较高产品的风险偏好。

5. 我国的资本市场发育处于初级阶段,虽然我国的资本市场已取得了一些成功经验,但是仍然存在不少问题,操纵市场、内幕交易等问题还比较突出:①我国资本市场是非自由的市场。企业资金"饥渴症"决定了政府必须适度调节证券发行,对证券发行数量、时间实行宏观调控。②我国资本市场是相对独立的、非统一的市场。③它缺乏统一、完善的证券法律体系,缺乏完善的证券监督制度。④其自律功能尚未发挥,证券交易所尚不能担负起对上市公司和交易所会员的管理。⑤证券管理体制尚未完全摆脱审批经济的模式。⑥资本市场和多头管理影响市场效率。

(二)改革趋势

社会保障要可持续发展,必须建立一个良性运行机制。从国际经验看,目前社保基金营运的管理模式主要分两种:一种是由政府部门直接负责社保基金的运营管理,如美国和新加坡的管理模式。这种模式管理简单、政策执行灵活,缺点是收益率低,缺乏透明度。另一种较普遍的模式是由民营的基金管理公司负责社保基金的营运管理,政府不直接干涉,但加强监管,这种模式收益高、透明度强,但风险也较大。

我国的情况与上述两种模式有所不同,我国面临着如何创新社保基金的监管和投资模式等问题。从基金监管的角度和资金筹集发放的角度来看,社保基金确有提升统筹层次的必要,但将管理权放在中央并非最好的办法,而且真正实施起来还会遇到极大的阻力。最好的统筹层次是省一级,一来有利于调动各省内部的互济积极性,二来也不会出现管理层级过多、政策下行时严重走形的现象。在省一级统筹后,通过完善资本市场扩大社会保险基金的投资渠道,遵循安全高效的原则,按照一定的投资比例,将社保基金分散投资于以国库券为主的各种债券、投资基金、银行存款、股票、抵押贷款和不动产等,以分散投资风险,取得较高收益,以改变目前社会保险基金资产结构单一、缺乏抵御诸如通货膨胀等不利因素影响的局面。

从目前来看,养老保险基金市场化运营的外部环境正在得到迅速改善。我国社会资本的收益明显提高,在1995—2004年的10年间,上市公司的平均净资产收益率大体保持在9%~10%之间,这为基本养老基金市场化运营提供了良好的经济条件。同时,我国资本市场法制化建设提速,市场结构向合理的方向运行。资本市场的规模扩大,投资工具和渠道正向多元化发展,基金管理产业也在迅速扩大。当然,与此同时,必须加强监督和管理,可采用监管和营运分离的模式,把严格的监督和有效的操作有机结合起来。让精通基金运行、保险精算、风险管理、财务核算等各种人才参与基金的管理和运作,提高投资收益,降低投资风险。在监督方面,应该由立法机构加快监管法规的建设,规定各种投资渠道中社会保险基金的投资比例限制,使监管有法可依。同时,从外部监督与内部监督上,建立健全监督体制和机制,定期向社会公布基金的运作情况,加大基金的监管透明度,以保证基金健康运行。

总之,在保证安全的前提下,社保基金监管和投资模式的创新是十分必要的。事实上,我国的社保资金面临着选择公共运作体系还是选择商业运作体系的问题。就长远而言,将社保基金委托给基金管理公司管理是可行的选择。

二、全国社会保障基金投资运营现状

全国社会保障基金是国家重要的战略储备,是国民经济发展和社会稳定的重要保证。截至 2015 年年底,报告期末,全国社保基金资产总额 19 138.21 亿元,其中:直接投资资产 8 781.77 亿元,占基金资产总额的 45.89%;委托投资资产 10 356.44 亿元,占基金资产总额的 54.11%。2015 年,基金权益投资收益额 2 294.61 亿元,投资收益率 15.19%。基金自成立以来的年均投资收益率 8.82%,累计投资收益额 7 907.81 亿元[①]。

(一)全国社会保障投资基金投资运作的依据

全国社保基金的投资管理必须根据经国务院批准、由财政部与劳动和社会保障部发布的《全国社会保障基金投资管理暂行办法》的规定运作。财政部会同劳动和社会保障部对全国社保基金的投资运作和托管情况进行监督。

2001 年 12 月,我国财政部与劳动和社会保障部联合颁布了《全国社会保障基金投资管理暂行办法》(以下简称《暂行办法》),是现阶段全国社保基金管理和投资运作的主要法律依据。

《暂行办法》明确了全国社会保障基金进入资本市场的原则、方式和管理程序。社保基金投资的范围限于银行存款、买卖国债和其他具有良好流动性的金融工具,包括上市流通的证券投资基金、股票、信用等级在投资级以上的企业债、金融债等有价证券。全国社保基金投资运作的基本原则是:在保证安全性的基础上实现增值。全国社保基金投资运作的理念:安全、诚信、规范、效益、创新。全国社保基金投资运作方式是由社保基金会直接运作与社保基金会委托投资管理人运作相结合。委托投资管理人管理和运作的全国社保基金资产由社保基金会选择的托管人托管。

1. 全国社会保障基金的投资运作模式。对风险较小的投资采取直接投资模式,对风险较大的投资运用委托投资模式,是国际养老金管理运作的成功经验之一。这样,既有利于分散风险,又有利于发挥专门投资机构的专业优势。在借鉴国际经验的基础上,结合中国的国情,按照《暂行办法》的要求,全国社会保障基金理事会对银行存款和一级市场国债承销直接运作,对股票、企业债、金融债等委托专业投资管理机构进行投资。2002 年,全国社会保障基金理事会通过严格的评审程序,确定了六家基金管理公司作为投资管理人,两家商业银行作为托管银行。

2. 全国社会保障基金投资政策和风险控制。全国社会保障基金有着区别

---

① 全国社会保障基金理事会数据。

于其他基金的突出特点:第一,全国社会保障基金与人民群众的切身利益密切相关,是社会公平和社会稳定的重要保证,资金的性质决定了投资运作不能冒大的风险;第二,全国社会保障基金具有长期性和稳定性的特点,适宜进行长期投资,以取得较高的收益率。

在资本市场发育不够成熟,缺乏实践经验的情况下,很多国家对社保基金投资组合中投资品种及其比例给出明确的限制,旨在通过投资约束达到控制风险的目的。《暂行办法》明确规定:全国社会保障基金的投资范围限于银行存款、国债、企业债、金融债、证券投资基金、股票。其中,证券投资基金、股票的投资比例不高于40%,企业债、金融债的投资比例不高于10%。

全国社会保障基金理事会对投资运作持谨慎态度,安全至上是投资管理的第一原则。全国社会保障基金未来五年的投资收益目标为超过同期通货膨胀率,风险控制目标为五年内平均年收益不出现亏损。

按照高起点、规范化、专业化的要求,根据风险控制国际标准,全国社会保障基金理事会建立起一套先进的风险控制制度。理事会内部成立了风险管理委员会和投资决策委员会。每一项投资首先要由风险管理委员会评估,然后报送投资决策委员会决策。在理事会内部机构的职责划分上形成了前台、中台、后台相互独立、相互制约的内部控制机制。同时,通过对业务环节的风险分析,针对每一个风险点和风险特征提出了控制措施,以保证社保基金的安全。

3. 全国社会保障基金会直接运作的范围。全国社会保障基金会直接运作的范围限于银行存款、从一级市场购买国债,其他投资需委托全国社保基金投资管理人管理和运作。

4. 全国社会保障基金资产独立性。全国社保基金资产独立于社保基金会、全国社保基金投资管理人和托管人的资产以及全国社保基金投资管理人管理和托管人托管的其他资产。全国社保基金与社保基金会单位财务分别建账,分别核算。

(二)全国社会保障基金入市历程

社保基金入市标志着我国养老金投资管理体制进入市场化运作的轨道,将给我国养老保险体制改革带来积极、深远的影响。

2000年9月,全国社会保障基金理事会成立。

2001年7月,全国社保基金首次"试水"股市。

2001年12月,全国社会保障基金理事会第一届理事大会第一次会议召开。

第六章
我国社会保险基金的投资运营

2001年12月13日,财政部和劳动保障部公布了《全国社会保障基金投资管理暂行办法》。

2002年1月,荷银集团介入中国社保基金管理研究。

2002年3月,全国社会保障基金理事会与美国信安金融保险集团在京签署培训合作备忘录。

2002年6月27日,在由中国政策科学研究会和瑞士信贷第一波士顿共同主办的"社保基金与资本市场研讨会"上,与会专家表示,社保基金入市是必然选择。

2002年年底,南方、博时、华夏、鹏华、长盛、嘉实六家基金公司成为首批社保基金管理人,中国银行、交通银行为基金托管人。

2003年2月10日,原证监会副主席高西庆出任社保理事会副理事长,分管投资;3月28日,国务院正式任命项怀诚为全国社保基金理事会新任理事长。

2003年6月2日,全国社保基金理事会与南方、博时、华夏、鹏华、长盛、嘉实六家基金管理公司签订相关授权委托协议,全国社保基金将正式进入证券市场。

2004年,全国社会保障基金理事会根据专家评审委员会的评审结果,确定增加易方达基金管理有限公司、招商基金管理有限公司、国泰基金管理有限公司和中国国际金融有限公司为全国社会保障基金投资管理人。

2004年6月,全国社保基金完成了向交通银行参股100亿元的投资。

2005年7月20日,社保基金会确定易方达、嘉实、长盛和招商四家管理人管理稳健配置组合已正式开始投资运作。

2005年12月23日,全国社保基金第一个信托投资项目举行签约仪式,社保基金会、铁道部、中海信托投资有限公司、交通银行四方代表签署了合作协议。

2006年3月14日,财政部、劳动保障部、人民银行批准发布了规范社保基金境外投资运作的《全国社会保障基金境外投资管理暂行规定》,该规定自2006年5月1日开始实施。

2008年4月,财政部、人保部批复同意全国社保基金投资股权基金,全国社保基金成为股权基金市场上的国家队。

2012年7月,社保基金6.4亿元入股建信人寿,成为第三大股东。

 **相关新闻链接**

我国社保基金2006年海外投资达8.5亿美元

全国社会保障基金理事会理事长项怀诚表示,中国社会保障基金2006年共计在海外投资8.5亿美元,并计划在今年3月底将海外投资提高至16亿美元。

项怀诚表示,全国社会保障基金理事会今后将主要投资于简单和安全的长期金融产品,同时还将进一步了解更为复杂的金融工具。不过他们并没有透露详细的投资种类。

全国社会保障基金去年11月份挑选了10个全球基金经理来指导该基金的投资。这些基金经理最初获得的管理费用可能数量有限,不过此后几年将逐渐增加。

国务院2006年批准了全国社会保障基金的海外投资计划。鉴于中国股市波动性过大、国内债券收益率低于国际水平,将社会保障基金投资到海外主要是为了改善该基金的收益率以及稳定性。

将社会保障基金投资于海外也是中国政府缓解人民币升值压力的一种方法。将社会保障基金投资于海外产生的收益率也高于央行管理1万亿美元外汇储备所获得的收益率。

(资料来源:《华尔街日报》,2007年1月25日,http://www.cnss.cn/xwzx/sbjj/jjyy/200701/t20070125_113236.html)

三、完善我国社会保险基金投资运营体制的思路

在新时期我国社会保障基金投资营运体制的建立思路是:依据安全性、流动性、收益性和社会效益性原则,通过优化投资管理模式,优选投资工具,构建投资风险监控体系,建立一个效率优先的社会保障基金投资营运体制。

(一)社会保险基金投资模式组合设计

根据现代投资理论,为了降低风险,投资者应尽可能分散投资,进行投资组

合。因此,在设计养老金的投资组合中,必须分析收益和风险的关系。

发达国家养老基金能取得较好收益,与其投资组合模式的下述特点是分不开的:一是投资组合坚持分散化、多元化投资原则;二是股票在投资组合中都占有较为重要地位;三是基金运作空间广阔,既包括国内市场投资工具,也包括国际市场投资工具。这些特点无疑值得我们借鉴。

具体来说,我国社保基金投资组合模式的改革方向是:拓宽投资渠道,实现多元化投资,同时,允许社保基金在一定限度内进入资本市场。因为从国际经验看,养老基金与资本市场的发展存在明显的互动关系。完善、发达的资本市场,多元化的投资品种为养老基金资产的保值增值提供了渠道与手段,养老基金的投资运作又给资本市场带来了大量增量资金,为资本市场实现优化资源配置的功能提供了保障。在我国社保基金的投资组合中,既要包括国债、银行存款等固定收益的投资品种,也要包括股票(含基金)、金融债券、公司债券等浮动收益的投资品种,在条件成熟时,还要将社保基金的投资渠道拓宽到海外市场。

在具体的投资组合方面,应根据不同类型社保基金的特点来设计,具体做法主要有以下几种:

其一,个人账户基金属于职工的基本养老保险范畴,是职工退休后的基本生活保障,相对来说对安全性的要求较高,因此,这类社保基金的投资组合应坚持稳健性原则,投资于股票(含基金)比例不宜太大,上限应该为10%~15%;而基金的大部分应该进行国债、银行存款等固定收益投资。

其二,全国社会保障基金是通过国有股减持、财政拨款等多种途径筹集资金而建立的,它是基本养老保险金之外的附加养老金,是一种处于补充、调剂地位的养老金。它对安全性和收益性的要求介于个人账户基金和企业补充养老保险基金之间,因此,其投资可选择平衡型组合,投资于股票(含基金)的比例介于个人账户基金与企业补充养老保险基金之间,上限可定为20%~30%,其余基金分散投资于国债、银行存款、股票、企业债券、金融债券、不动产等。

其三,企业补充养老保险基金是企业和职工依据自愿的原则建立起来的,它是基本养老保险金之外的附加养老金,因此,抗风险的能力应该大于基本养老保险基金;同时,由于它的建立强调自愿性,只有保持较好的盈利性,才能吸引更多的企业和职工建立企业补充养老保险计划。因此,企业补充养老保险基金在投资的收益性和安全性之间有较大的回旋余地,它必须更注重基金投资的收益性。其投资可选择平衡型或增长型组合,投资于股票(含基金)的比例可定为50%~70%,其余部分分散投资于国债、银行存款、股票、企业债券、金融债券、不动产等。

为保证社保基金安全,在社保基金入市时,我们可以采取先间接后直接的方式,即先将大部分进入资本市场的社保基金通过投资于证券投资基金(尤其是开放式基金)间接入市。证券投资基金的收益和风险介于债券投资和股票投资之间,因此,通过购买证券投资基金特别是开放式基金参与基金分红,是社保基金在资本市场上一种比较稳健的投资选择。随着上市公司质量的逐步提高、市场风险的逐步下降,再考虑提高股票投资的比重。

　　根据目前我国资本市场的现状,社保基金投资可以选择以下投资工具,构建投资组合。

　　1. 银行储蓄存款。这种投资方式最大的特点是具有完全的资产流动性,风险小,是目前我国养老金的主要投资工具,但其收益低。因此,银行存款只作为短期投资工具满足流动性需要,投资比例不宜过高。

　　根据当前国家规定的政策,即社会保险基金存入银行,取得与城乡居民储蓄存款利率相等的利息。但这种投资方式的缺点是收益率太低,难以抵消通货膨胀贬值的影响。其收益率都是负值,连保值也难以实现,更谈不上增值了。为了存入银行的利率达到保值作用,国家可在政策上采取以下措施:一是对存入银行的社会保险基金给予保值补贴加上一定增值补贴;二是国家严格控制物价上涨和通货膨胀的幅度;三是由现行单利计算方式改为复利计算方式。国家如能做到这一点,不失为一种有效的投资方式。从保险的管理机构来说,在投资银行存款时,要根据资金的周期情况选择最佳存期。据专家计算,中国现行存款利率以三年期存款利率最佳;其次是及时结算存入银行流转的天数,基金在银行结算户的流转天数越少,说明转存越及时,增值效果更好。与此同时,进行基金边收缴边转存,就会提升银行的存款利率。

　　2. 购买国家发行的各种债券。国家发行的各种债券包括国库券、国家建设债券、金融债券、重点建设的企业债券、地方企业债券、财政债券和基本建设债券等。购买国家有价证券的优点是有国家财政、银行做后盾,安全性强,有较强的变现能力,当急需用款时可以在金融市场变现,具有较强的流动性;可获得固定的、高于银行存款率的利息,有较高的收益。就目前在我国来讲,购买国家发行的各种债券不失为社会保险机构较为理想的投资形式。七种国家发行的各种债券由于种类、期限不同,其利率也是不同的。这要求社会保险机构的实际操作者在投资运营过程中,要充分认真地分析预测,然后选择投资对象,才可能取得较好的效果。为了使社会保险基金保值增值,建议在现有国家发行各种债券的基础上,对国家规定购买的特种定向债券实行特殊的浮动费率,即利率每年随物价的波动做相应的调整;或者利率实行双累进,即期限的累进和物价指数挂钩,使它实际的利率永久不为负值;发行的期限要灵活多样,除了发行长期特种债券外,还要发行多种短期债券,特种公债上市;贴现要有一些特殊政策,以便在急需支付时,通过债券市场或财政、金融机构等债券贴现。

3. 委托金融机构短期贷款。这主要是指社会保险管理机构委托国家金融机构,包括人民银行或专业银行(如工商银行、农业银行、交通银行、建设银行等)进行投资。其优点是:它们作为国家的金融机构,有长期投资贷款的经验,能把握基金投资对象,有一定的权威性,能保证贷出的资金安全回收,贷款的利率也比较高,因此,也不失为一种较好的投资去向。为了保证贷款的安全性,可以采取再保险的办法,即对风险投资的回报率进行担保。此外,近期还可以对私营企业股票投资、房地产开发投资,直接对外贷款投资进行试点工作,在取得经验的基础上逐步推广。

4. 购买企业债券。企业债券是一种按期取得固定利息并到期收回的债务凭证。对于公司股票和债券,由于我国证券市场尚未形成,投资风险大,当前尚不宜涉足。但从发展趋势看,社会保险基金将成为主要法人的持股机构,也是经济学家认为最能抵制通货膨胀对资产贬值的投资方式之一。其优点是利息率比较高,流动性强;其缺点是没有政府、财政、银行作后盾,风险比较大。为了投资的可靠性,可通过一些途径与方法,对此类企业的资金偿还能力和现有的经济效益作详细的调查分析,然后再做出决策,或者选择那些有担保、有信誉的企业,力争获得较大的收益,但其中有许多操作性技术。例如,应注意的是对行业企业债券的选择,即采取分散风险的策略,如购买金融性公司债券就优于生产性、商业性公司;购买国有大中型骨干企业股票就优于私营企业;另外,还要从地域和时间上分散风险。总之,"鸡蛋不要放在一个篮子里"。决策者要善于认识风险,分散风险,这取决于投资者的知识、经验和胆量和所能运用的巧妙投资策略。无论是近期的投资目标还是远期的投资目标,都要重视投资方向、投资科学组合的研究,其目的是处理好利益与风险的关系。换句话说,要根据各类投资方式在一定时期内的收益率及其稳定性,对其投资有效的组合寻找出一组收益率较高且稳定性较好的投资组合。总的来讲,养老保险基金投资的资金要适当地集中,其目的是为了决策机构能较好地统筹安排;分散使用的目的是保证基金的安全,没有风险。没有资金的集中管理和分散使用,投资方向的选择和投资的科学组合就难以达到。

5. 购买股票。股票具有高收益、高风险的特点。根据国外经验,谨慎地放宽养老金的股票投资限制,是提高养老金投资收益、保证其增值的重要途径。我国证券市场至今已有十余年的历史,目前有 1 000 多家上市公司,市值 4 万多亿。同时,证券市场在法制化、规范化方面取得了一定的进展。随着国民经济的发展和国企改革的深入,我国证券市场将会稳定、健康、持续地发展。因此,允许养老金在控制风险的前提下,有条件、有步骤、有限度地进入证券市场,可以使养老金更好地分享国民经济发展的成果,实现保值增值。养老金投资股票的比例应控制在一定范围内,根据市场状况进行调整。

6. 进行证券投资基金交易。证券投资基金是一种大众化的信托投资工具,它将大众手中零散的资金集中起来,委托专家进行投资管理。与直接投资股票相比,证券基金是分散投资,通过科学的投资组合,可以较高程度地回避非系统风险。另外,证券投资基金可以在交易所交易或随时申购、赎回,很容易变现,具有很好的流动性。因此,证券投资基金可以成为养老金的投资工具,养老金通过购买封闭式基金或开放式基金,由专家进行投资运作,可以更大限度地规避风险,取得较好收益。特别是开放式基金,由于其规模不受限制、存续时间不受限制、交易价格依据基金净值计算,以及对投资管理人有更好的激励、约束和监督机制,更加适合养老金投资。养老金也可以通过委托理财的方式,由基金管理公司等专业投资机构量身定做养老金产品。在国外,养老金是最重要的机构投资者,美国的近一半共同基金由养老金持有。

7. 建立社会保险银行来直接对外投资。这是指社会保险机构成立专业银行投资,是社会保险基金投资的载体,如政府授权社会保险银行具有金融机构的职能,它本身就拥有对外贷款的权限,但又不同于金融机构,它的盈利要纳入保险基金。社会保险银行是经营企业,除了必须认真贯彻政府有关社会保险的各项方针政策外,还有承担信用活动的任务,其本身也应实行自主经营、自负盈亏,国家可以给予免征营业税、所得税及其他的税种,所得利润应按规定的章程充实保险基金,以增强资金的实力。其投资办法可以有两种选择:一是自行对外投资;二是委托其他金融机构进行贷款。采取后者形式,社会保险机构对中介组织在他们经营时不指定投资范围和对象,由金融机构全权经营,委托人除规定的利益外,还存在最终分享利润权利。为了保证投资的方向性,社会保险机构还可以对其有约束力。

8. 直接投资生产或流通领域。这是指社会保险专门机构利用养老保险基金积累的长期较稳定的特点进行资本投资,以期望取得投资的收益。其增值率一般可以高于银行存款利率,但存在投资风险,为确保投资的安全性,在管理和技术操作上需要有专门机构负责对养老保险基金的投资项目。其实际操作应选择流通好、变现快的短期项目或者效益好、稳定安全的中长期项目。其原则一是保值,争取增值,力避风险过大的投资项目;二是采取分散化、多元化投资的策略;三是间接投资为主直接投资为辅;四是委托银行的信贷机构投资。但投资对象的选择最好是投资于公益事业的实体,例如,与社会保险福利项目相结合,投资于医院建设、医疗保险设施,与国家有关部门共同投资国家短期的产业或国家垄断性行业,如铁路、航空、高速公路、水电能源、信息和通信设施等等。除此外,投资要积极支持大中型企业的经营机制的转换和现代企业制度的建立,包括挖潜、革新、改造等技术革新,实行内涵扩大再生产。

9. 进行不动产投资。这是指社会保险专业机构投资房地产。房地产投资在国外是一种很有前途的开发产业。在我国,随着人民生活水平的提高和对住宅的需求,特别是住宅本身就是福利项目,应成为社会保险基金增值的手段之一。社会保险专门机构可以作为联营机构参与房地产的经营,各级政府在土地使用上应给予一定优惠,以尽可能降低建造住宅的成本。

至于以上各种投资的比例,根据国际劳工组织提供的材料看,允许基金投资运营的国家的基金投资的比例一般是:公司股票和不动产占60%,公司债券占17%,政府债券占6%,短期贷款占3%,有担保的贷款占14%。但这些比例应根据我国各省的经济发展、资金市场和管理能力来确定。

(二) 完善社会保险基金运营的配套措施

为适应社会主义市场经济的运行,促进社会保险基金健康发展,应采取以下几项措施。

1. 制定科学的社会保险基金运营法规。在市场体制下,要使社会保险基金的投资运营的保值增值走上法制化、规范化道路,必须以相应的法律、法规为依据,立法、立规是行为的前提,否则将无法可依,会束缚投资者的手脚,或者是产生不规范行为。因此,建议在制定《社会保险基金投资法》中应对投资的一系列问题做出明确规定,内容应包括投资机构的主体、投资原则、投资方向、投资权限,可用于投资的比例、入市基金的筹措,运营机构的市场准入制度及收益程度、风险管理、奖惩办法、管理质量评价等都要做出具体要求。

2. 改革和完善现行的社会保险基金的投资管理体制。养老保险基金保值增值的主要途径是使它与社会资金融通,以达到增值的目的,因此,应由政府的职能机构依法管理。具体来说,改革和完善现行的社保基金的投资管理体制可以采取以下几项方式:其一是理顺管理体制,明确各组织部门之间管事与管钱职能的分工,各司其职,相互协调,相互配合,共同运用好基金。其二是按照资金所属范围做好投资预测,完善财务管理制度,制止侵占、挪用基金的现象发生。其三是强化投资营运。当前养老保险基金仅局限于市、县级,个别省级统筹在利益机制的制约下投资的方向乱而效果差,因而从现在起要进行一次清理。如果没有按国家法规投资范围的项目,就要限期收回返还给基金,对不依法投资造成损失收不回来的,要追究当事人的责任,自此以后按照法规的规定进行投资。其四是组建专门进行社会保险基金运营的投资公司,名称可定为"社会保险基金管理公司"或"委员会",配备专职人员负责此项工作,同时接受政府有关部门的业务指导;负责研究社会保险基金的保值增值有关问题,包括选择基金经营者,立项调查,投资咨询的选择,依据国家产业政策宏观经济导向,确定投资方向,进行组合投资审批效益评估等,防止对保险基金管理的多中心和用途过多。其五是从实际出发逐步形成统一的社会保险基金投资制度,加强社会保险基金运营的监督。

3. 加强社会保险基金运营的定量研究和投资预测的分析。我国社会保险实行多层次的保险制度和部分积累制后,基金的积累已具有一定规模。对于巨额资金如何运用,应有一个投资量的规定及投资预测。我们具体可以采取以下几项措施:一是加强定量研究,通过对一定时期的就业情况,工资水平,社会保险收缴率,财政承受能力,价格、利率等因素综合分析,对社会保险基金的筹集、使用、积累和投资及发展趋势做出科学的预测。二是对投资总量的控制。我国社会保险各项基金目前尚未纳入财政预算,也未实行专门预算管理,个别地方也有部分纳入财政专户的,但缺乏有效监督,因此,必须建立社会保险基金的预决算制度,对它实行总量的控制。三是制订有关基金保值、增值的投资计划,做好立项前可行性调查和科学分析,慎重选择技术上合理、经济上合格、期限短、风险小的基金投向,避免基金的贬值和损失。四是建立大额基金动用上报审批制度,从根本上消除当地政府和部门随意挪用和借用基金的无序行为。

4. 在国家财政预算中建立社会保险基金独立核算制度。国家财政是国民收入分配和再分配的枢纽,是国家、企业和个人之间各项分配关系的总管家。社会保险基金是通过国民收入分配和再分配形成的,因此,国家财政预算的总收入和总支出直接控制或间接制约着社会保险分配的总量和结构,影响到国家财政的收支水平。以养老保险基金为例,它的筹集、管理、支付和运营都直接影响国家财政分配的状况。随着积累的增加、扩大实施范围、待遇标准的提高、养老金与物价指数挂钩、运用过程中的优惠政策等,都会增加财政的支出。无论从保险的职能看还是从国家承担的职责和宏观调控看,社会保险基金的投资计划都应该纳入国家预算。

西方发达国家是将社会保险基金的收支和政府的一般财政收支分开,并相应设立独立的保险预算。在国家的综合财政体系中,随着复式预算的推行更应该如此,其目的是避免社会保险基金和一般财政基金相互挤占,以保证保险基金的专款专用;也是为调节由于各地经济发展的不平衡性和可供筹集社会保险基金的规模和社会保险承担的差异性。社会保险是国家行为,国家财政对社会保险应提供保证和必要的监督与管理,因此,两者又有密切的联系。

我国社会保险基金的收支虽然有部分纳入了国家财政预算,但未建立起完全独立的预算的管理制度,社会保险的收入和支出、超支和结余很难在国家每年的财政预算、决算中反映。社会保险基金的考核体系不完整,既难于与国际进行比较,也难以获得准确的数据。随着基金的拆借、挪用,甚至高风险投资,很难保证基金的安全性。为了加强基金的管理,必须对社会保险基金实行单独预算,即把政府的财政预算与社会保险核算分开,相应建立各项保险基金的经办机构的财务、会计制度,以规范基金的收缴、支付和运营及经办机构行政管理费使用办法等,并实行每年向各级人民代表大会报告社会保险的预算编制、执行和决算情况。

5. 建立安全可靠的监督体系。个人账户基金、全国社会保障基金和企业补充养老保险基金,由于都要实行市场化的投资运营,因此,应实行严格的限量监管。具体来说,可以采取以下措施:

首先,建立一个独立的、强有力的社保基金监管委员会,专门负责对社保基金的运作进行全面的监管。该委员会成员建议由劳动和社会保障部、社保基金理事会、证监会、保监会等部门的专家共同组成。该委员会的主要职责包括:根据国家有关社保基金的政策及国际、国内宏观经济趋势,研究制定社保基金的投资策略及监管办法;根据有关法规制度,对社保基金营运管理情况进行全面的监督;审批社保基金管理公司的营运资格;对违规营运的社保基金管理公司和个人做出处罚决定;等等。

其次,要建立严格的信息披露制度,提高社保基金运营的透明度。严格的信息披露制度将使补充养老保险基金管理者、投资者等各方获得充分的信息,减少因不完全甚至虚假错误信息导致的风险和损失。因此,基金运营机构必须将基金投资的成本、效益及其他重大事项及时向公众披露,监管机构则着重审查信息披露的真实性。这样可将基金运营机构置于监管机构和基金持有人的双重监督之下,从而有效防止其违规操作。

再次,要建立社保基金运营管理机构的市场准入和退出机制。建立社保基金运营管理机构的市场准入制度,对保证社保基金运营的安全性具有重要意义。承担社保基金运营管理的机构应该符合以下一些基本条件:①必须是法定的金融机构;②具有较强实力,总资产、净资产的规模必须位居同类金融机构的前十名;③经营风格稳健,资信等级优,连续三年无违法、违纪等不良记录,具有良好的社会声誉;④经营状况良好,各项财务指标优,净资产收益率、流动比率连续三年位居同类金融机构前十名。只有符合上述基本条件的金融机构,才可以参加社保基金委托管理的招标竞争。与此同时,还要建立社保基金运营管理机构的市场退出机制,即当某些基金运营机构不能确保基金利益和安全时,监管机构必须限制其运作基金的活动,甚至取消其运营资格,以确保社保基金的安全性。

最后,还要进一步强化社保基金运营机构的内部监控机制和外部中介机构监督机制。在社保基金管理机构内部,要建立相互监督、互相制约的法人治理结构;要建立责权明确的决策系统;还要建立专家论证制度,对有关社保基金的重大投资项目,组织有关专家论证,做出可行性分析。同时,加快审计师、精算师、资产评估机构、风险评级公司等市场中介机构的培育工作,通过发达的市场中介机构来为监管机关、基金持有人和基金管理人提供客观、公正的有关基金运营方面的信息,从而加强对社保基金营运管理的外部监督。

 **相关新闻链接**

劳动部:禁止社保基金违规投资运营

劳动保障部近日发出《关于进一步加强社会保险基金管理监督工作的通知》指出,要严格管理社会保险积累基金,除按规定预留必要的支付费用外,全部存入银行和购买国债,在国家做出新的规定之前,一律不得进行其他投资。

通知要求,要按照国务院有关规定,将社会保险基金纳入社会保障基金财政专户,实行"收支两条线"管理,专款专用,任何地区、部门、单位和个人均不得挤占挪用。要加强与财政部门的协调,及时掌握社会保险基金的存储情况,不得用于平衡财政预算。要切实加强和规范中央财政对基本养老保险补助资金的分配使用管理工作,及时下拨资金,不得截留。对违反基金管理规定的,要发现一起,查处一起。

社会保险经办机构要严格缴费单位与个人的申报审核制度,切实加强社会

第六章 我国社会保险基金的投资运营

保险稽核工作,依法对缴费基数进行稽核,确保基金应收尽收,严格查处各种骗取社会保险基金的行为。

(资料来源:《新闻晚报》,2006年9月21日,http://www.cnss.cn/xwzx/sbjj/200609/620060921_32143.htnl)

本章综合案例

广东拟划拨国有股充实社保基金 社保喊好国企犹豫

广东省国资委近日向省属国有企业发出情况调查表,调查各省属国有企业划拨控股的上市公司10%的股权充实社保基金一事,有关人士也表示,这个调查已做完,正准备形成文件报上去,不过最后到底划拨不划拨现在还未出结果。

根据广东省国资委下发的调查通知,要求上市公司提供关于上市公司总股本、国有股、控股股东持股比例、每股收益、每股净资产等详细数据。其中还提到,"划拨工作将对控股股东账面净资产及资产负债率的影响",要求上市公司进行说明。广东国资委还表示,一些特别的事项应用文字说明:比如划转上市公司10%国有股权对国有企业改革发展的影响,特别是企业改革中的人员安置、解决历史包袱等方面是否具有影响;划转后原国有控股股东是否失去控股地位等。

不过有关人士也表示,目前的调查仅仅是整个工作中的一步,调查结果已出来并将形成文件上报,但是将来如何划拨股权,以及划拨多少股权,现在还没有定论。

记者了解到,关于划拨10%国有股充实社保基金的传闻由来已久,早在2001年6月,国务院就出台了《减持国有股筹集社会保障资金管理暂行办法》,2003年,中共十六届三中全会明确"采取多种方式包括依法划转部分国有资产充实社会保障基金",确定了划拨国有资产充实社保基金的大前提。2004年,由财政部、国资委和全国社保基金理事会等部门牵头,成立了"股权划拨研究领导小组"。但以前仅仅是"只听楼梯响,不见下楼来",广东是首个传出划拨10%国有股充实社保基金的省份。

据悉,目前广东省的省属国企资产总额是 3 807 亿元,到年底可望突破 4 000 亿元。不过,值得注意的是,省属国有企业中,只有 7 家上市公司,还有相当部分并没有上市。对于具体怎么操作,目前有关方面不愿意回应。

就国有控股上市公司划拨 10% 国有股权充实社保基金事宜,记者咨询了广东省劳动保障厅有关人士。省劳动保障厅人士表示,目前还没有接到该消息,但是国有股权充实社保基金,对社保基金来说肯定是一利好消息。记者了解到,充实养老金个人账户,积极争取纳入国家试点,一直是广东社保基金积极努力的方向。

有数据显示,我国养老保险个人账户空账运行规模已超过 8 000 亿元,并以每年 1 000 亿元的规模在扩大。特别是人口加速老龄化使养老保险的支付危机显得更加严峻,做实个人账户显得迫在眉睫。记者也了解到,在整个社保基金健康运行的情况下,由于历史原因,与全国各地一样,广东也的确存在养老保险个人账户空账运行的情况。目前广东虽然还未纳入做实个人账户的试点,但正在积极争取。从这个层面上讲,社保方面,有划拨国有股充实社保基金的需求,但是,一个争论了很久的问题是,划拨国有股充实社保基金,如何保证划拨后不影响国企本身的运行;另外,是直接将股票划拨给社保基金,还是直接分红?这也是一个大问题。据悉,国务院国资委日前也发出通知,要求各地国资委以及中央企业做好划拨上市公司部分国有股充实全国社保基金有关部门的研究、论证工作,特别是考虑划拨了部分股权后对企业将产生的影响也要一并分析。

(资料来源:《信息时报》,2006 年 11 月 15 日)

▶思考题:请你运用所学知识谈一下划拨国有股的措施对解决"空账问题"的作用与困难。

本章小结

1. 社会保险基本投资是社会保险基金管理机构或委托的机构用社会保险基金购买国家政策和法律许可的金融资产或实际资产,以使该基金在一定时期内获取预期收益的基金运营行为。社会保险基金投资运营要遵循安全性、流动性、赢利性、公益性等原则。对社会保险基金进行投资运营有利于基金的保值增值;减轻国家、企业和个人负担;最终还能促进经济的发展。

2. 社会保险基金的投资工具包括银行存款、债券、股票、各类贷款、基金、不动产、风险投资、金融衍生工具及国外资产。选择适当的投资工具,并对其进行投资组合,是社会保险基金投资成败的关键。

3. 日本、加拿大、智利、哈萨克斯坦、韩国的养老储备基金的投资运营都各有特点,对我国社保基金的投资有很重要的借鉴意义。

4. 我国社会保险基金的投资存在"空账"运行、增值难、多头管理、缺乏规范和完善的监管监督体系等问题。作为国家重要战略储备的全国社会保障基金,政府对其投资运营、监督管理也是较为系统的。

重要概念

社会保险基金　社会保险基金投资工具　社会保险基金投资模式组合设计

复习思考题

1. 什么是投资和社会保险基金投资?
2. 社会保险基金投资工具都有哪些,都各有什么特点?
3. 为什么说社会保障基金的投资运营问题是社会保障基金管理的核心内容?
4. 我国社保基金的几种概念及其在管理和运营上的区别有哪些?
5. 各种投资工具各有什么利弊?
6. 我国目前社保基金投资运营存在哪些问题?
7. 如何完善我国社保基金的投资运营?

第七章
社会保险基金与资本市场

CHAPTER 7

学习目的与要求

通过本章的学习,了解金融市场、资本市场的含义、作用及关系,理解社会保险基金投资运营与资本市场之间的相互关系,尤其是把握养老基金运营与资本市场的关系。本章的重点是社会保险基金与资本市场之间的关系,难点是我国资本市场与社会保险基金运营之间的关系。

第一节 资本市场的相关概念

一、金融市场

(一)金融市场的概念及其形态

金融市场是指资金供求双方借助金融工具进行各种货币资金交易活动的市场,是各种融资市场的总称。

金融市场有广义和狭义之分。广义的金融市场泛指的是资金供求双方运用各种金融工具,通过各种形式进行的全部金融性交易活动,包括金融机构与客户之间、各金融机构之间、资金供求双方所有以货币资金为交易对象的金融活动,如存款、贷款、票据抵押与贴现、信托、租赁、保险、有价证券买卖、黄金外汇交易,等等。狭义的金融市场则指的是一般限定在以票据和有价证券为金融工具的交易活动、金融机构间的同业拆借、黄金外汇的交易活动等范围内。通常所说的金融市场主要是指后者。

金融市场的形态有两种:一种是有形市场,即交易者集中在有固定地点和交易设施的场所内进行交易的市场,证券交易所就是典型的有形市场;另一种是无形市场,即交易者分散在不同地点(机构)或采用电讯手段进行交易的市场,如场外交易市场和全球外汇市场就属于无形市场。

(二)金融市场的地位与功能

在商品货币经济中,金融市场是统一市场体系的一个重要组成部分,它与消费品市场、生产资料市场、劳动市场、技术市场、信息市场、房地产市场、旅游服务市场等各类市场相互联系、相互依存,共同形成统一市场的有机整体。在整个市场体系中,金融市场是最基本的组成部分之一,是联系其他市场的纽带。金融市场的发展对整个市场体系的发展起着举足轻重的制约作用,而市场体系中其他各市场的发展又为金融市场的发展提供条件和可能。

金融市场的功能是多方面的,其最基本的功能是满足社会再生产过程中的投融资需求,促进资本的集中与转换,具体表现为以下几点:有效地动员筹集资金;合理地分配和引导资金;灵活地调度和转化资金;有效地实施宏观调控;等等。金融市场功能的发挥程度主要取决于市场的建立基础与发展方向。

(三)金融市场的基本构成要素

金融市场主要由以下四个基本要素构成。

1. 参与者。参与者即参与金融市场交易活动而形成买卖双方的各经济单位。各国金融市场的参与者大致可分为五类:①个人;②企业;③银行和非银行金融机构;④中央银行;⑤政府及政府机构。金融市场的参与者必须是能够独立做出决策,并承担利益和风险的经济主体。

2. 金融工具。金融工具即借以进行金融交易的工具。金融工具一般包括债权债务凭证(票据、债券等)和所有权凭证(股票),是金融市场上买卖交易的对象。金融工具的种类繁多、各具特色,能够分别满足资金供求双方的不同需要,由此形成了金融市场的各类子市场。

3. 交易价格。金融市场上各种交易都是在一定的价格下实现的,但金融市场的交易价格不同于商品市场的商品交易价格,而金融市场上货币资金借贷的交易价格和金融工具买卖的交易价格也是两个不同的概念。货币资金借贷的交易价格通常表现为利率,金融工具的价格表现为它的总值即本金加收益。

4. 组织方式。组织方式即金融市场的交易采用的方式,主要有三种:①有固定场所的有组织、有制度、集中进行交易的方式,如交易所方式等;②在各金融机构柜台上买卖双方进行面议的、分散交易的方式,如柜台交易方式等;③场外交易方式,既没有固定的场所,也不直接接触,而主要是借助电讯手段来完成交易的方式。

（四）金融工具的基本特征及其发行价格的确定

金融工具是在信用活动中产生的、能够证明债权债务关系并据以进行货币资金交易的合法凭证,它对于债权债务双方所应承担的义务与享有的权利均具有法律约束力。金融工具一般具有期限性、流动性、风险性和收益性四个基本特征。

1. 期限性。期限性是指一般金融工具有规定的偿还期限。偿还期限是指债务人必须全部归还本息之前所经历的时间,一般在金融工具上有明确的规定。金融工具的偿还期有两个极端情况,即零期和无限期。

2. 流动性。流动性是指金融工具在必要时迅速地转变为现金而不致遭受损失的能力。一般说来,金融工具的流动性与偿还期成反比。决定金融工具流动性的另一个重要因素是发行者的资信程度。

3. 风险性。风险性是指购买金融工具的本金和预定收益遭受损失的可能性大小。风险主要有两种,即信用风险和市场风险。

4. 收益性。收益性是指持有金融工具能够带来一定的收益。收益的大小取决于收益率。收益率是指持有期收益与本金的比率。对收益率大小的比较还要结合银行存款利率、通货膨胀率及其他金融工具收益率等来分析。

所有的金融工具一般都具有上述四个特征,但不同的金融工具在上述四个方面所表现的程度是有差异的,这种差异便是金融工具购买者在进行选择时所考虑的主要内容。

二、资本市场

（一）资本市场的概念

资本市场是指证券融资和经营一年以上中长期资金借贷的金融市场。其融通的资金主要作为扩大再生产的资本使用,因此称为资本市场。

资本市场又可以进一步分为中长期信贷市场和证券市场。

证券市场主要是指股票市场和债券市场。证券市场通过证券信用的方式融通资金,通过证券的买卖活动引导资金流动,有效、合理地配置社会资源,支持和推动经济发展,因而是资本市场的核心和基础,是金融市场的重要组成部分。

(二)资本市场与货币市场的关系

资本市场和货币市场都是资金供求双方进行交易的场所,是经济体系中聚集、分配资金的"水库"和"分流站"。但两者有明确的分工。

货币市场是融通短期资金的市场,资本市场是融通长期资金的市场。资金需求者通过资本市场筹集长期资金,通过货币市场筹集短期资金,国家经济部门则通过这两个市场来调控金融和经济活动。

从历史上看,货币市场先于资本市场出现,货币市场是资本市场的基础。但资本市场的风险要远远大于货币市场。其原因主要是中长期内影响资金使用效果的不确定性增大,不确定因素增多,以及影响资本市场价格水平的因素较多。

(三)资本市场的作用

资本市场在两个方面对经济增长起着促进作用:一是为扩大再生产投资提供资金来源;二是提高现有储蓄和投资的配置效率。因此,一国资本市场是否发达和有效率,对其经济发展是至关重要的。从各国的实践来看,一国的经济发展与其资本市场的完善和融资活动的活跃程度都是分不开的。这种关联关系突出地表现在和各国的经济发展进程中经济相关比率有逐渐提高的趋势。所谓经济相关比率是指在某一时点上一国金融工具的总市值与实物形式的市场总价值之比。一国的金融相关比率越高,表明该国的资本市场越发达,金融活动也更频繁。

第二节 资本市场与社会保险基金投资运营的关系

一、资本市场对社会保险基金投资运营的效应

社会保险基金进入资本市场的目的在于能从市场中获得基金的保值增值,实现社会保障保险对社会保障给付支出的正常需求,保证社会保障体系的稳

定。资本市场对社会保险基金投资运营的效应主要体现在以下几个方面。

（一）资本市场是社会保险基金投资运营的前提和基础

从理论上讲,资本市场是社会保险基金运营的场所。资本市场的存在是社会保险基金投资的前提和基础。没有资本市场,社会保险基金的投资运营就无从谈起。健全的资本市场为社会保险基金的投资运营提供安全、有效的投资环境。

（二）发达的资本市场可提高投资运营的效率

发达的资本市场为社会保险基金提供了更为复杂的资产配置方式和更多样的风险分散手段;同时,使社会保险基金投资实现较低的风险、获得较高的收益成为可能。通过资本市场上恰当的组合投资选择,能够分散非系统性风险;通过投资证券、期货、期权等衍生金融工具来降低系统风险,取得较高的收益,能够显著地降低养老金的缴费率,进而降低劳动力成本及人口老龄化的压力。一般来说,随着投资回报率的升高,为了维持一定的工资替代率的养老金,缴费率会明显地降低。成熟的资本市场还能随着市场的发展演变而提供更加先进的降低风险的措施,如通过恰当地利用金融衍生工具和货币套汇交易来控制风险等。同时,一个健全的资本市场的交易和管理制度比较完善,并且有众多的专业中介机构提供投资和管理服务,从而可以提高社会保险基金投资运营的效率。

（三）资本市场是社保基金实现保值增值的有效途径

资本市场是社保基金实现保值增值的有效途径,主要体现在以下几个方面：

首先,投资工具比较成熟的资本市场可以为社会保障基金提供众多的各种各样的投资工具或投资手段,尽可能多地对社会保障基金实施吸纳,使社会保障基金不至于大量闲置,而较好地运用成熟的投资工具进行组合投资能够较好地分散投资风险。

其次,良好的投资回报。许多国家的实践证明,比较成熟的资本市场为社会保障基金获取比较优厚的回报提供了前提。比较成熟的资本市场基础设施比较完善,市场流动性较强,使得社会保障基金能够根据预定的风险——收益率进行积极的投资组合管理,充分发挥基金经理的投资才能,以获取比较优厚的报酬。

最后,能够有效地降低和分散风险。成熟的资本市场中机构客户多,投资心理成熟,因此,投机性较弱。资本资产价格在短期内相对稳定,能够比较真实地反映发行公司的状况,对于以长期投资为主的社会保障基金来说,正好可以有效地降低市场价格风险;成熟的资本市场中利率波动幅度较小,并在很大程度上可以合理预期,有利于降低社会保障基金的负债风险[①]。

二、社会保险基金的投资运营对资本市场的效应

社会保险基金的投资运营对资本市场的效应主要体现在以下几个方面。

（一）社会保险基金的投资运营能促进资本市场的发展

社会保险基金的投资运营对资本市场发展的促进作用主要体现在以下几个方面：

第一,社会保险基金进入资本市场给资本市场注入了强有力的力量,为经济的发展起到了积极的促进作用。目前,在各国特别是发达国家,规模庞大的养老金保险基金资产已经成为资本市场的主导力量,它对资本市场有着巨大的支撑作用。养老保险基金资产的规模取决于一国人口的年龄结构、养老金数额、缴费比率和获得的投资收益。从目前看,各国养老保险基金由于存储时限长,社会老龄化日趋严重,因此,其资产都具有相当的规模。一般来说,那些养老金已经增长到占其国内生产总值相当比例的国家,通常也是那些具有规模较大、效率较高的资本所有国家,这种情况在欧洲表现得尤为突出。养老金在金融市场中所起的作用已经远远超过这些国家一定的经济规模所能起到的作用。资本市场在经济中能够发挥最大作用,就在于它能为长期债券、股本和风险资本提供出路。这些是经济增长的重要推动力,而养老保险基金对实现这一过程则起着重要的作用。

第二,作为长期的储蓄计划,能够有效地增加资本市场的总供给,促进资本市场规模的扩大。社会保险尤其是养老保险是一个长期的储蓄计划,在完全积累制和部分积累制下,将会沉淀下大量的资金,且资金的存续期都较长。对社会保险基金进行投资运营,将使大量的资金涌入资本市场,增大了资本市场的货币总供给,刺激并满足市场上筹资主体的资金需求。

---

① 参见耿志民:《社会保险基金与资本市场》,北京:经济管理出版社2000年版,第145-147页。

第三,有利于机构投资者的扩大,保持资本市场的稳定发展。由于社会保险基金规模一般都较大,将会催生大量的机构投资者。尤其是养老保险基金成为机构投资者,将会刺激资本市场的发展,特别是未来成熟的资本市场的发展。从世界上几个发达国家的养老保险市场发展的经验来看,养老基金在"安定"经济方面起到了决定性的作用。它使非金融性债务转化为可以在资本市场上进行交易的金融性债务,其原因是通常养老基金规模很大,并且它们使用多样化的中长期投资标准,从而能够鼓励多种类型的金融工具的产生。在智利,由于养老基金的投资活动,其资本市场大大地发展了。

在发达国家中,社会保障基金在资本市场中是占据着主导地位的机构投资者,其资金投资使用影响到了整个市场的运行。目前,我国机构投资者在账户个数上不到0.5%,所持有的股票市值只占10%左右,证券市场缺乏大的机构客户将使得大户人为操纵股市,散户盲目跟进,从而加剧证券资本市场的投机性和不稳定性。而只有当市场上存在众多的机构投资者时将会使得市场不易为少数大投资者所左右。同时,大的机构投资者投资规模大,注重资金的长期投资,不追逐短期收益,因此,其投资趋于长期化,最终实现对市场结构的改善,稳定资本证券市场。并且,社会保障基金作为大的机构投资者的进入将会为证券市场注入新的活力,促进资本市场内部各部分的融合及多元化。

养老基金作为大型的机构投资者,有能力要求更好的信息披露,改善会计操作及增加透明度,从而实现更健康、安全的收益,并提高市场效率。养老基金还会对市场施加压力,使资本市场的基础设施实现现代化,如改善精算和结算系统,提供及时调整更新的价格信息及更佳资源配置。

当前,我国机构投资者规模较小,尚待培育。据世界银行预测,到2030年,中国养老基金总额将达1.8亿美元,成为世界第三大养老金。另据有关方面估计,五年之内我国社会保障基金的总规模将突破3 000亿元,如果社会保障基金的80%用于日常支付,20%用于投资股票市场,将使股市机构投资者规模新增600亿元,比目前所有证券投资基金的总规模还要大[1]。

第四,社会保险基金投资有利于金融、资本市场的创新。金融创新的必要前提条件就是市场发展已经有了一定的广度和深度,机构投资者发展也有了相当的规模和数量。社会保险基金因其需要获取长期的稳定回报,其要求相应的投资具备较强的安全性,由此使得社会保险基金对资本市场中存在的各种金融

---

[1] 王信:《养老基金的国外投资:国际经验与中国的选择》,《证券市场导报》,2003年第3期,第60-65页。

工具的风险分布及相应的投资回报有不同的要求,从而推动金融市场的发展和深化。社会保险基金作为规模巨大的机构投资者,有利于竞争性金融市场的发展,以及相应金融机构的创新;同时,社会保险基金进入资本市场特别是证券市场,将会为证券市场的金融衍生产品创新提供了较大的便利条件。

社会保险基金的特征决定了它对资本市场上证券投资工具、风险管理手段、交易手段等有特定的要求,因而,可以促进资本市场上证券工具和运作方式的创新。为了分散社会保险基金投资的风险,尽可能地扩大投资的范围,这样就创造出了许多新型的金融工具和替代性的投资选择。从20世纪70年代以来,养老基金的投资对各国的资本市场也产生了深远的影响。资本市场中各种各样的创新产品,如零息债券、附属抵押债券、担保投资契约的出现和成功,在很大限度上都要归功于养老基金的进入。

第五,社会保险基金在资本市场的投资能够降低对国外投资的依赖。养老基金作为一项长期的国内融资来源,能够降低对国外投资的依赖,并使国内市场避免过度的所有权国际化。当国内资本市场发展到一定的成熟程度,加上机构投资人的参与,会带来许多在国内融资的可能性,从而减少了对海外投资的依赖。这里有一对典型的例子就是智利和法国。在智利,由于长期投资机构的存在,使得智利更好地避免了一些国际投资有投机行为的冲击。正因为如此,1994年,智利才未经历像其他拉丁美洲国家那样具有破坏性的"市场回归"。对比看来,法国资本市场没有重要的养老金参与。根据《经济学家》杂志报道,在过去的几年间,法国的电力、远程通信和煤气市场开始实行公开竞争,一度曾是法国国家标志的法国航空、法国电力部分为私人拥有。由于缺乏本国大型养老基金作为机构投资人的参与资本市场,致使国外投资者(主要是养老基金)拥有了许多前国有企业的近半数股份,这给法国造成了可供国际投资家利用的一个很大弱点。

第六,社会保险基金作为特定的投资者,影响到资本市场中其他投资者的资产组合及分布,从而促进资本市场结构的改善。社会保险基金在资本市场上进行投资,由于对本身的资产组合具有特定的选择偏好,进而影响到资本市场中其他投资者的资产组合及分布;同时,它需要根据其收益和风险偏好制定和调整投资组合,而不是单一地投资于某类证券,这在客观上有利于改善资本市场上各种证券资产的比例,使其在动态调整中趋于合理。

(二)社会保险基金的投资运营会加大资本市场的风险

关于养老保险基金投资对于资本市场的效应,一般的共识是,养老保险基金能够强化资本市场中的长期性投资,提高资本配置效率,并引导金融结构的创新和市场结构的现代化。但是,它也有可能导致资本市场的超载,刺激大公司的短期行为,损害小公司的利益。

(三) 社会保险基金对资本市场因素的具体分析

具体而言,社会保险基金主要在以下几个方面对资本市场有影响。

1. 对市场资金量的影响。从短期看,社会保险基金对资本市场资金量的影响有减有增,双向扩容。减是指市场近一年来谈虎色变的国有股流通。国有股流通作为国有资产变现的形式之一,是迟早要进入资本市场的,这势必要分流一部分资金,但国有股流通只是社保基金筹资的一条辅助渠道,不会对资本市场形成太大冲击,并且国有股流通还会采取多种承接方式来缓冲,也会配套相应利好,并且可能有首批社保基金入市。因此,就短期而言,社保基金入市对市场资金的影响有利有弊,但基本上是一种正负相抵的双向扩容态势。从长期看,社保基金入市在资金量上更为积极的影响是为资本市场提供一个长期稳定的资金来源。国外社保基金数额巨大,可利用期长,养老基金占到整个资本市场资金的 25%~45%,成为国际基金市场的重要组成部分,是资本市场的主要资金源泉之一。

2. 对券商的影响。社保基金入市对券商的影响是全方位的,主要体现为:一是对委托理财业务和经纪业务的影响。目前,有关方面准备通过全国社会保障基金,挑选委托专业资产管理公司对基金资产进行运作,券商有资格应选,中标者的委托理财业务和经纪业务将会得到相应的扩展。若券商日后与社保基金共同参与发起设立开放式基金,此类业务也会自然受惠。二是券商研究创新动力加强。过去券商主要致力于研究公司内部发展战略,各业务部门、基金和经纪业务客户。社保基金入市后,券商为吸引这一新的超级客户,必须根据它的需求提供新的特色服务,推动券商研究的创新探索。三是自营竞争力。券商能否被社保基金相中,其中一个很重要的评价指标就是其自营能力,而且较高的自营能力应是安全前提下的高赢利能力,有利券商自营规范和高利并重。

3. 对上市公司的影响。社保基金入市对上市公司的影响可分长短期来看。从短期看,社保基金的个别筹集方式对上市公司有影响。例如,为筹集社保基金,需要调整财政支出结构,提高财政用于社保基金支出的比重,在财政支出一定的情况下,自然减少了对企业(包括上市公司)的投入;此外,开征新的用于社保的税种及强化和提高征缴率都有可能增加上市公司的支出。这些属于短期不利影响。从长期看,社保基金对上市公司的影响是深远的。例如,社保基金对绩优蓝筹股和高成长性股的追捧,有利于刺激上市公司质量的不断改善;社保基金收支的社会化可使上市公司从相应的收支和管理压力中解脱出来,有利于解除包括上市公司在内国企战略调整和结构调整的后顾之忧。又如,一部分上市公司的国有股比例过大且不可流通,社保基金引入将有助于股权比例适当分散和法人股逐步流通,有助于公司法人治理结构的完善。

4. 对投资者的影响。对投资者的影响主要表现在社保基金入市后对稳定和规范资本市场的影响,进而为投资者提供一个安全而规范的投资场所。例如,社保基金入市为资本市场提供了稳定长期的资金来源,有利于机构投资者队伍建设;社保基金从某种角度来说是一个纯粹的投资者,它不想"浑水摸鱼",更不愿"乱中取胜",因此,它特别强调市场环境的"健康性",这一特性非常有利于推动资本市场的规范化、法制化。同时,社保资金以安全为重的投资风格,有利于资本市场理性投资理念的形成。社保基金入市的前述积极影响,都有利于增强对中小投资者的保护和市场的信心。

总的来说,社会保险基金的投资与资本市场建设密切相关,二者呈现出相互促进、相互制约的关系。资本市场的竞争发展会带来更低的管理费用、更佳的资源配置。这些又会有助于提高整体经济的效益,促进其增长,进而反过来促进养老基金的发展。

第三节 国际养老保险基金与资本市场

世界上大多数国家的养老保险基金,无论是政府的基本养老保险基金还是企业私营保险基金,都相当比例地投放到了资本市场中去。正是这些不断增长的养老保险基金刺激了资本市场的发展,而资本市场的发展又使养老保险基金得以成功运作。资本市场越发达,将使得投资效率越高,养老保险基金的增值就越有保障,经济增长也就越快。

近年来,全球养老保险基金资产总额迅速地增长。OECD 国家的养老基金资产总额在 1981 年为 1 万亿美元(相当于 GDP 的 12%),1991 年为 4.5 万亿美元(相当于 GDP 的 25.5%),到 1998 年增长到 10 万亿美元。全球养老基金资产总额 1990 年为 3.8 万亿美元,1995 年为 5.9 万亿美元,1999 年达到 13 万亿美元,截至 2008 年年底,各成员国的养老金资产总值已达到 22.4 万亿美元。全球主要国家的养老基金都购买企业股票和债券,是资本市场上的主要投资者之一。20 世纪 60 年代养老基金掌握的股票比例,在伦敦证券交易所为 10%,

在纽约证券交易所低于10%；但到了20世纪90年代，这两个交易所的这一比例都已超过30%。在此时期，许多国家和地区的养老基金的股票投资比例均有所上升。除了在国内证券市场上进行投资，养老基金在海外证券市场投资比例也在不断增加。

与欧洲、日本和亚洲发展中国家相比，美国的储蓄率和投资率都比较低，但由于它拥有世界上效率最高的资本市场，所以能够将资本配置到生产效率最高的程度，从而获得很高的回报，也就产生了"一本万利"的效果。在美国和英国，其保险公司的资产和养老保险基金就占了上市股份的50%，由此证明，这是世界上两股最成熟、最有效、最有竞争力的金融力量。

一、养老保险基金与资本市场的关系

养老保险基金与资本市场的关系主要体现在以下几个方面。

（一）具有相当规模的养老保险基金成为资本市场的主导力量

目前，许多国家规模庞大的养老金保险基金资产已经成为资本市场的主导力量，它对资本市场有着巨大的支撑作用。养老保险基金资产的规模取决于一国人口的年龄结构、养老金数额、缴费比率和获得的投资收益。从目前看，各国养老保险基金由于存储时限长，老龄化日趋严重，因此，其资产都具有相当的规模。一般来说，那些养老金已经增长到占其国内生产总值相当比例的国家，通常也是那些具有规模较大、效率较高的资本的国家。这种情况在欧洲表现得尤为突出，无一例外。养老金在金融市场中所起的作用已经远远超过这些国家一定的经济规模所能起到的作用。资本市场在经济中能够发挥最大作用，就在于它能为长期债券、股本和风险资本提供出路。这些是经济增长的重要推动力，而养老保险基金对实现这一过程则起着重要的作用。

（二）资本市场促进了养老保险基金的积累

养老保险基金能够得到快速的积累，这是当前各国养老社会保险体制改革一个重点关注的问题。尤其是由政府保险转向基金积累制的国家，特别是发展中国家，它们本身的经济基础薄弱，人口老龄化严重，资本市场又不发达，再加之长期以来养老社会保险没有走向市场化，因此，在转向基金制时，养老保险基金是否能够达到快速积累，是关系到养老保险制度改革能否成功的关键环节。这可以新加坡为例，自实现中央公积金制度后，借助资本市场，其中央公积金的资产从 1976 年占国内生产总值的 28% 上升到 1996 年的 52%；再如马来西亚,其养老金资产从 1980 年占国内生产总值的 18% 增至 1996 年的 38%。正是养老保险基金的快速积累,为资本市场的有效运作增强了活力。

要使养老基金能够以最有效的方式来经营其资产,资本市场就得在规模、广度和手段的多样性方面适合于养老基金的需要。在积累期间,资本市场和养老基金的管理都将发生不断的变化。值得特别注意的是,养老基金需要有与风险水平相适应的高于通货膨胀率的投资回报,至少大体等于平均工资的增长率;否则,养老金和资本市场发展之间的良性循环就难以启动。

（三）养老保险基金资产配置对资本市场的影响

养老保险基金的配置是指其投资于产权(股票)、债券及其他各种资产种类。养老基金的资产配置是对资本市场产生影响的关键。由于各国管理养老保险基金的法规和限制的作用不同以及文化差异,其基金对资本市场的影响也有着相当大的差异。例如,英国养老基金的 77% 投资于产权(股票),而其他欧洲国家则大约只有 24% 投资于产权,60% 用于购买债券(固定收入证券)。由此可以看出,英国养老基金主要投资于公司,而欧洲其他国家的养老基金则主要用于为政府赤字和其他形式的债务提供资金。当然,与债券相比,产权投资具有更大的风险性。强调产权投资导致的结果主要是:会减少养老金缴费水平,增加投资的回报率,为国有企业私有化提供出路,是各类风险资本的来源。

（四）养老保险基金是资本市场的长线投资主体

由于养老保险基金的特殊性质,也就决定了养老基金需要长期投资的形式,从而确保了资本市场的长期投资水平。在一个运行良好的资本市场中,机构投资者如养老基金管理人和个人投资者都可以在长期的运作中及时、充分地掌握信息,并在此基础上做出正确的决策,从而使投资者做出的合理投资决定给予相应的回报。但这一目标的实现必须要建立在规范的资本市场运作秩序基础之上。

总之,养老基金和资本市场是在一个复杂的、不断演变的体系中相互联系的。养老保险基金通过资本市场的投资与运作,获得一定的投资回报,即红利、利息及资本收益,使参加养老基金的人直接收益。同时,资本市场通过吸纳大量的养老保险基金,从而得以进入资本快速、继续扩张的通道,进一步培育和发展竞争优势,有助于资本市场的稳定,增强了发展的潜力与后劲。

二、养老保险基金投资者的关注目标

养老保险基金的资本投资必须坚持的两个根本原则：一是投资的安全性；二是高回报率。因此，如何在确保安全的前提下获取高额回报，这是养老保险基金投资者一直关注的焦点。确保基金投入的收益，这是一个很复杂的问题，它需要投资者与资本市场的相互协调，需要投资者高超及科学的运作，需要资本市场高效率的良性运转，这些都缺一不可。

（一）保证养老保险基金投资的长期性

养老保险基金一直被看作是理想的长线投资者。这是由其基金的性质所决定的。养老基金作为长期投资，对资本市场的短期起伏波动不必投入太多的精力，从而保证了养老基金和资本市场的相对稳定，同时还可以减少受到通货膨胀的负面影响。确定养老基金收益的一个本质特征就是投资者能较为科学地预测长期投资的风险与收益。尽管预测哪怕10年后本国或世界的经济形势变化也是一件很困难的事，但养老基金投资人也绝对不能因此而放弃对其长线目标投资的原则。的确，这是一种极具耐性的投资方式，尤其当人们都在热心关注每小时的市场变化时，不受外界的干扰，做出科学的决策，这绝非是件易事。但只有这样，才可能获得可喜的收益。如何科学、有效地确定投资计划的时限，对于机构投资者的投资策略及其资产负债管理来说是非常重要的。在这一决策过程中，既要考虑到公司负债结构、未来现金周转需要的轨迹与流量，同时，也要全面了解能够影响其投资活动的公司的规定和侧重点及风险控制必需的资产和负债管理。

（二）注意计划投资组合中的资产价值

投资者要注意政治、社会和经济环境之间的关系及变化，同时也要注意到计划投资组合中资产的价值。如果不能辨别本国及全球经济环境与投资组合的因果关系，对此没有明智的参测和准备，那么只能靠运气获利。单纯靠运气行事不能替代对影响投资组合价值的重大事件进行利用和防范的投资策略决策。这种盲目投资的做法必将招致不可想象的后果。

（三）关注对养老保险基金投资组合估价产生影响的重要因素

对养老保险基金投资组合估价产生影响的主要因素包括：本国与世界范围

内商品和服务的价格水平和走向。价格的升降或稳定与否大大关系到投资组合的结构,即是偏重于金融资产(股票和债券),还是偏重有形资产(不动产、木材、石油或天然气)的投资。养老保险基金投资计划如果能侧重于那些具有适应价格环境特点的资产类型,就可以获得丰厚的回报。

(四)规避投资风险

规避投资风险是养老保险基金投资资本市场的关键。投资者的目标应该是在一定的风险系数下获得最大的收益率,或是在一定的收益率下尽量降低风险水平。要做到这一点,可以采取以下几项做法:

第一,拓宽投资的幅度,实行投资的多元化。投资组合多元化是控制风险的有效措施,其做法是将基金投入到那些投资业绩相关性不太大的资产类型中。即使某一单项资产本身的收益水平不稳定,但与组合中其他资产的相关性较低也可能在控制风险的同时增加组合的整体收益。投资者发现,可供选择的资产类型可以作为一种在降低总体风险的同时增加投资组合总体业绩的有效手段。同时,投资的多元化还包括国际投资的多元化。在经济全球化的形势下,养老保险基金增强对国外资本市场投资有着更深远的意义,主要体现为:一是国外投资将与国外投资银行和经纪人取得联系,他们具有世界最新金融技术的最有效机制,有助于提高国内投资者素质水平;二是抓住国外投资业务机会;三是学到套期交易技术及各种衍生工具。多样化的最大优点是:对雇员来说,可以保证养老保险基金投资的安全性;对养老保险基金的资助者来说,则增加了获取丰厚的长期投资回报的机会,有利于公司及本国经济的竞争性。

第二,投资者在不断地寻求最佳资产与负债模式,提高投资收益率并控制风险过程中,养老金基金的顾问或精算师将起重要作用。要精确地计算出未来需要支付的死亡赔偿金的数量和时间模式,从而决定对投资组合流动性的需要。这种资产和负债管理的做法是控制风险的一种有效手段。

此外,为了保证养老保险基金的投资收益和效益,对于资本市场来说应该做到以下两点:

其一,要保证养老保险基金的交易效率,一定要确保资本市场的有效和透明。这主要包括有效的清算制度和程序;在任何时候确保交易流畅;大宗股票计划交易及分列固定代理费。这些交易效率是与规模庞大的养老保险基金的市场实力分不开的,它能使所有投资者受益。

其二,养老保险基金投资中明确的和不明确的信托责任,肯定有助于改善金融市场上投资者的安全系数。其拥有大量股份的地位使公司管理层能尊重股东的经济利益和社会利益,从而形成一定的经济压力,给投资者增加安全保障性。

相关新闻链接

项怀诚:社保基金入资本市场有利其发展

项怀诚在第二届国际金融论坛年会上表示:在发达的市场经济国家,养老金是基金业的主流形态。据统计,通常国外养老金占到整个资本基金的25%－45%,美国养老基金占美国投资基金业的比重为55%,在欧美发达市场的证券交易所,养老基金的持股比例都已超过30%,已经成为证券市场中的最大机构投资者。这些情况说明资本市场的长期稳定规范发展,离不开包括社保基金在内的机构投资者队伍。

目前我国的资本市场投资者结构不合理,机构投资者比例相对偏低,长期资金比例小,市场波动性大,投资行为短期化现象还比较突出。社保基金的入市对于改善我国目前资本市场结构,提高机构投资者大有裨益。同时,社保基金作为具有强大资金实力,以追求长期收益为目标和具有较强专业知识和能力的机构投资者,进入资本市场对于倡导市场长期价值投资理念、合理引导市场投资行为、促进资本市场的长期稳定发展意义重大。

(资料来源:南方网,2004年11月12日,http://www.southcn.com/finance/xincjzt/jijin/200505220554.htm)

本章综合案例

社保基金日趋雄厚将惠及金融市场

完善社保制度无疑需要各行各业的共同努力。作为现代经济的核心,金融的作用当然更不能低估。事实上,我国目前的社保制度与金融业是密不可分的。目前我国社保基金中三大部分,即基本养老保险基金、由全国社保基金理事会管理的社保战略储备基金、补充养老保险中的企业年金都实行基金制,这要求社保基金要通过金融市场才能实现保值增值的基本目标,社保体系的完善

第七章 社会保险基金与资本市场

离不开健全成熟的金融市场。

郑功成强调说，按国务院决定，自 2006 年元月 1 日起，要做实基本养老保险基金个人账户，这笔基金会日益雄厚；同样，社保战略储备基金和企业年金也会不断增长。这三者将以万亿计，它们在为金融市场良性发展起积极作用的同时，又对金融市场产生日益深切的依赖。因此，一方面要把社保制度建设好，通过不断壮大基金规模，以应付人口老龄化危机；另一方面，要重视资本市场和金融市场的建设与发展，以满足社保制度对它们的需要。社保基金自然也存在收益率问题，据报道，2006 年 1 月份公布的我国社保基金投资回报率仅为 3% 左右，略高于近 5 年的通货膨胀率。其中 12 个股票投资组合甚至远低于风险最小的"傻瓜收益率"（"傻瓜收益率"是指将资金投资到风险最小的银行间债券市场）。

首先，我国资本市场和金融市场发展还不成熟，这使得社保基金的投资非常复杂；另外，由于基本养老保险中的个人账户基金分散在各个省市，还没有真正按市场机制来运营，也不好进行总体评价。他建议，对社保基金进行分类管理。比如，战略储备基金应该和国家的战略发展相结合，主要考虑安全性和收益性，而不是流动性；基本养老保险基金要通过市场机制进行基金制管理，同时考虑让个人账户所有者通过一定途径参与管理。

当然，政府还要加强监管。此前，全国社保基金理事会理事长项怀诚在一次研讨会上也提出，社保基金监管要由限量监管向谨慎人规则转变。所谓谨慎人规则就是指在确保安全和收益最大化的目标前提下，允许投资管理主体在投资决策方面拥有较大的自主权，关注投资决策过程是否全面科学周密成为监管的重点。业内人士认为，通过谨慎人规则这一制度安排来确保社保基金安全和实现保值增值是十分必要的。尽管谨慎人规则的运用需要较高的条件，但是，企业年金和个人账户资金的规模在不断扩大，投资监管问题比较突出，通过全国社保基金开展谨慎人投资监管规则的试点，对于探索我国养老基金投资监管模式具有重要意义。

"当然，社保体系在'十一五'期间的逐步完善也会给金融业的发展带来机遇。"郑功成说，"首先，进入金融市场的社保基金数量将有大规模的上升，它们将成为资本市场和金融市场新生的支撑力量，对其发展产生巨大影响。其次，作为机构投资者，社保基金能够改善或改良金融市场上的投资结构，促进金融市场更加理性快速发展。因此，金融市场对社会保障制度变革的重视应该丝毫不亚于社会保障制度对金融市场发展的重视，二者应该有机结合。"

（资料来源：《金融时报》，2006 年 3 月 17 日，http://insurance.cnfol.com/060317/135,1518,1741932,00.sttml）

▶思考题：根据案例及所学知识谈一谈你对我国社保基金与资本市场关系的看法。

本章小结

1. 金融市场是指资金供求双方借助金融工具进行各种货币资金交易活动的市场，是各种融资市场的总称。金融市场可以满足社会再生产过程中的投融资需求，促进资本的集中与转换。

2. 资本市场是社会保险基金投资运营的前提和基础，发达的资本市场可以提高投资运营的效率，资本市场是社保基金实现保值增值的有效途径。

3. 具有相当规模的养老保险基金成为资本市场的主导力量，资本市场促进了养老保险基金的积累，养老保险基金资产配置对资本市场的影响，养老保险基金是资本市场的长线投资主体。

重要概念

金融市场　金融工具　资本市场　货币市场　投资风险

复习思考题

1. 金融市场与资本市场的区别和联系有哪些？
2. 社会保险基金投资与资本市场有什么关系？
3. 请分析我国养老保险基金在资本市场运作存在的困难，并给出相应建议？
4. 国际养老保险基金的投资具有哪些特点？哪些经验是可供我国借鉴的？

第八章 社会保险基金财务管理

CHAPTER 8

学习目的与要求

通过本章学习，在全面理解基金财务制度的基础上，掌握基金财务管理的内容组成、会计核算制度、基金预算决算制度、财务报告披露和稽核制度、基金统计制度，了解我国社会保险基金财务制度的建设与发展。

第一节　社会保险基金财务制度

社会保险制度自 19 世纪后期在德国正式建立以来，迄今已经发展了 100 多年，其制度设计从俾斯麦模式、贝弗里奇模式，到西方福利国家的建立和兴起，以及近几年各国的社会保险制度改革，一直在不断地发展变化，相应的社会保险基金财务制度也一直在变化、完善中。我国自新中国建立以来，一直没有形成比较系统的社会保险基金财务理论架构，也没有建立适应社会主义市场经济体制的社会保险财务模式。为规范社会保险经办机构办理社会保险基金的财务行为，加强社会保险基金的管理，在总结经验深入调研的基础上，1999 年 6 月，我国财政部、劳动和社会保障部联合颁发《社会保险基金财务制度》（以下简称《财务制度》），同期，财政部颁发《社会保险基金会计制度》（以下简称《会计制度》），于同年 7 月 1 日执行。这两项制度的发布和执行标志着我国社会保险基金财务会计管理工作迈上一个新台阶。

社会保险基金是国家依据法律和政策规定,通过法定程序,以各种方式强制建立起来的,用于保障劳动者因年老、失业、疾病、工伤等原因而丧失劳动能力时基本生活的专项资金。由于社会保险基金的特殊性,其财务管理和会计核算既不同于企业的,也不同于行政、事业单位的财务管理和会计核算。社会保险基金的财务管理和会计核算依据是财政部和劳动部颁布的《财务制度》和《会计制度》。

社会保险基金财务管理是指社会保险经办机构对社会保险基金的筹集、运营、分配、支付及其财务管理的总称。《财务制度》第四条规定,"基金财务管理的任务是:认真贯彻执行国家有关法律、法规和方针、政策,依法筹集和使用基金;建立健全财务管理制度,努力做好基金的计划、控制、核算、分析和考核工作,并如实反映基金收支状况;严格遵守财经纪律,加强监督和检查,确保基金的安全。"

一、社会保险基金财务管理的内容

社会保险基金经办机构是社会保险基金财务管理主体,具体实施对养老保险基金、失业保险基金、医疗保险基金、工伤保险基金等社会保险基金的管理,以法律为依据对基金进行科学运营,保证基金的保值增值。社会保险基金财务管理的内容包括社会保险基金的预算、筹集与支付的会计记录、财务数据统计、编制财务报告进行决算等。

(一)社会保险基金预算管理制度

社会保险基金预算管理是指社会保险基金经办机构根据社会保险制度实施计划和任务编制的、经法定程序审批的基金财务收支计划。它反映了社会保险事业发展计划的规模和方向,是社会保险基金财务工作的基本依据,是国家财政预算的组成部分。社会保险基金预算包括以现金收支为基础的财务收支预算、以经营成果为核心的赢利预测、以固定资产购建和对外投资为主要内容的投资预算,其中财务收支预算是基金预算的核心内容。

(二)社会保险基金会计核算制度

社会保险基金会计制度是以社会保险基金为会计主体,以货币为计量单位,运用专门的方法对基金的收入、支出、结存及资金运用等进行全面、完整、连续的核算和监督的一项专门会计。

在我国，社会保险基金会计是会计的一个新领域，是整个会计体系的一个组成部分。社会经济的发展和社会保险制度的改革不断地拓宽着会计服务领域。在原有的"企业保险"体制下，职工的劳动保险全部由国家和企业包下来，并由企业具体实施，劳动保险资金运动属于企业资金运动的一部分，劳动保险的会计属于企业会计处理的一部分，没有独立的劳动保险会计。20世纪80年代开始的社会保障制度改革将企业保障改为社会保障，也有了真正意义上的社会保险。社会保险资金逐渐由企业分离出来，由劳动和社会保障部门统一管理社会保险基金的筹集、运营和支付，形成相对独立的社会保险基金运动，也由此产生了独立的社会保险基金会计。

(三)社会保险基金财务决算制度

社会保险基金财务决算是财务管理的主要内容是在会计期间结束时，将当年社会保险基金管理运营结果和财务状况经过加工整理，通过编制财务报告反映出来。社会各部门根据社会保险基金经办机构提供的财务报告，对基金的运营和社会保险制度的实施情况进行分析、评价，财政部门进行审核、批复，为政府决策提供可靠的依据。财务信息披露是会计体现其职能的一个重要环节，社会保险基金作为一项与社会息息相关的经济活动，通过财务信息披露，接受社会各阶层的监督。

二、社会保险基金财务管理的原则

《社会保险费征缴暂行条例》(国务院第259号令)是我国首次发布的关于社会保险费的规范性国家法规，其中规定了社会保险费纳入单独的社会保障基金财政专户，实行"收支两条线"管理。《财务制度》第六条明确规定：基金纳入单独的社会保障基金财政专户，实行"收支两条线"管理，专款专用，任何地区、部门、单位和个人均不得挤占、挪用，也不得用于平衡财政预算。这也是社会保险基金财务管理的基本原则。

社会保险基金统一由社会保险基金经办机构依法管理，按照社会保险种类分户建账、分账核算、自求平衡，不得相互挤占和调剂。社会保险基金财务管理应结合社会保险事业的特点，严格按照国家的财务制度、审计制度及其他管理制度执行，充分发挥财政、审计、银行和经办机构内部财务监督、内部审计的财务管理职能。

三、社会保险基金预算

社会保险基金预算是社会保险经办机构为实施社会保险计划和任务编制的,对预算期内社会保险基金的收入和支出活动所作出的,经过法定程序审批、得到法律认可的财务计划。预算计划反映了社会保险事业发展计划的规模和方向,是预算期社会保险基金财务工作的基本依据,是财政预算的重要组成部分。只有编制科学、合理的社会保险基金预算,经办机构才能在办理社会保险基金财务活动中有明确的目标,做到收支合理、管理有序。预算是社会保险基金活动有计划、有步骤地进行的基础,是社会保险事业顺利开展的重要保证。

（一）社会保险基金预算编制的原则

社会保险基金预算在基金财务管理中具有重要的作用,其编制遵循的原则如下。

1. 政策性原则。社会保险是一项重要的国家政策,其基金收支管理也有很强的政策性,因此,编制基金预算要正确体现和贯彻国家有关社会保险制度的方针、政策和规章制度。

2. 合理性原则。社会保险基金的预算要具有合理性,既要保证职工基本的养老、医疗和生活需求,又要考虑国家、单位和职工个人的承受能力,合理安排基金的筹集和使用。在编制预算时,要依据充分、真实的资料和收支规律,考虑社会保险费支付的刚性等因素,进行合理预算,力求各项数据的真实合理。

3. 完整性原则。在编制预算时,要全面完整地反映各项社会保险基金的收支情况,填列所有财政预算要求的收支数据。在预算编制过程中,要尽可能全面地考虑可能影响预算执行的因素,使预算不仅形式完整,内容也要完整,真正具有依据性。

（二）社会保险基金预算编制的要求

1. 社会保险基金预算编制的内容。社会保险基金预算编制的内容主要有以下三项：

（1）社会保险基金收入预算。收入预算包括财政补贴收入、单位缴纳社会保险费收入、职工个人缴纳社会保险费收入、基金利息收入、转移收入、调剂金收入（上级补助收入、下级上解收入）、其他收入和上年累计结余。

（2）社会保险基金支出预算。支出预算包括各项社会保险待遇支出、转移支出、调剂金支出(补助下级支出、上解上级支出)和其他支出。

(3)社会保险基金预算编制说明。编制说明包括编制预算草案的政策依据,各项数字计算依据,与上期预算、决算相比较增减变化的主要原因说明等。

2.社会保险基金预算的编制程序和要求。

(1)编制程序。社会保险基金预算的编制程序如下:

首先,编制预算的社会保险经办机构要对本年度预算执行情况进行分析,本年度预算执行情况是下期预算编制的基础和依据。经办机构在对本期预算执行情况进行全面分析的基础上,根据预算期社会保险事业的发展变化和任务指标、定额标准等因素,扣除本期预算中一次性因素,真实地确定预算期情况。

其次,在分析本年度预算执行情况之后,要对社会保险的各项数据进行核实和预测,包括核实本年度的执行数据和预测预算期的参保单位、人员、收支情况,以及可能出现的大额支出等数据,在比较预算期和本年度实际执行的基础上,编制真实、可靠的社会保险基金预算。经办机构要注意保持预算报表的一致性,必须按照财政部门统一制定的预算科目和报表格式计算填列,不能随意填写,以保证预算的可比性和统一性。

(2)编制要求。社会保险经办机构应按照财政部门制定的表格要求和规定时间,根据社会保险基金预算编制原则和内容,依据本年度预算执行情况和下年度收支预测,编制社会保险基金预算草案。在编制预算草案的过程中,应该实事求是,对社会保险基金收支和结余坚持合理确定的原则,认真撰写编制说明,说明基金预算编制原则、政策依据,说明各项数据的来源、预测及计算依据,通过分析对比说明编制的预算草案与上年度基金增减变化及其主要原因。

(三)社会保险基金预算的审批和执行

1.社会保险基金预算的审批。社会保险经办机构在基金预算草案编制完成后,要报经劳动和社会保障部门审核。劳动和社会保障部门收到社会保险经办机构上报的基金预算草案后,要按照国家的有关政策规定及时进行审核,检查基金预算草案中的收入、支出是否符合国家政策法律法规的规定。劳动和社会保障部门审核无误后,进行汇总与经办机构的预算草案一起报同级财政部门审核。财政部门收到上报材料后,根据社会保险事业计划及财政收支状况和单位负担能力对社会保险基金预算草案进行审核,并报同级人民政府批准。经过同级人民政府批准的社会保险基金预算草案作为基金预算的依据,报上级财政和劳动和社会保障部门备案,财政部门以正式文件的形式,将预算批复下达给社会保险经办机构,由后者具体执行预算。

2. 社会保险基金预算的执行。社会保险基金预算编制反映了实现计划目标的客观可能性,具体实施由社会保险经办机构来执行。社会保险基金预算的执行贯穿于整个预算年度的始终,经办机构要充分调动各方面的积极性,相互配合,严格按照批复的预算筹集和使用社会保险基金。在预算的执行中,要做好以下几项工作:①社会保险经办机构要定期对预算的执行情况进行分析、检查,要定期地向劳动和社会保障部门和财政部门报告基金预算的执行情况;②财政部门和劳动和社会保障部门也要逐级上报预算的执行情况;③财政与劳动和社会保障部门要对基金收支执行情况进行监督检查,以保证基金的收支平衡及安全完整;④当预算执行过程中,遇有特殊情况时,需要及时地调整原批复的预算,逐级上报批复后执行;等等。

预算是一种事前计划,即使在预算编制的当时是科学的、合理的,但遇有特殊情况,也会使预算与实际情况不符,这就需要在执行中对预算进行调整。由社会保险经办机构编制预算调整方案,由劳动和社会保障部门审核汇总后报同级财政部门审核,经同级人民政府批准后执行,调整后的预算仍应保持收支平衡。

四、社会保险基金财政专户

社会保险基金财政专户是指为了加强对社会保险基金的收支管理,保证资金专款专用,财政部门在银行设立的专门存储社会保险基金的计息专户,是实施社会保险基金收支两条线的专用账户。财政专户的设立要遵循一定的原则:财政专户是计息专户,按照国家规定的存款利率计息;财政专户应在同级财政部门与劳动和社会保障部门协商确定的国有商业银行设立;财政专户、收入户和支出户应在统一银行系统开设,有利于提高缴拨效率;财政专户、收入户和支出户在同一国有商业银行只能各有一个银行账户,加强基金的监督和管理。

社会保险基金财政专户的主要用途是:接收经办机构征收的社会保险费收入及收入户转入的社会保险费收入;接收收入户暂存的利息收入及其他收入;接收基金购买国家债券的本息收入;接收该账户资金形成的利息收入以及支出户转入的利息收入;接收财政补贴收入;接收上级财政专户划拨或下级财政专户上解的资金;根据经办机构用款计划,向支出户拨付基金;拨付购买债券的资金;拨付向上级或下级财政专户划拨的资金。在具体资金缴拨程序上,依据不同资金的性质,出具相应的资金通知单,财政部门填写"专户缴拨凭证",经办机构凭通知单和"专户缴拨凭证"记账。

五、社会保险基金的决算

财务管理环节根据决算编制工作要求,在年度终了前核实社会保险基金各项收支情况,清理往来款项,同开户银行、财政专户对账,并进行年终结账。而基金结算是财务管理的主要内容,当年基金运行结果和财务状况最终都要通过财务报告反映出来,是经办机构预算执行工作的重要基础资料以及编制下年度基金预算的依据。财务报告是反映基金财务收支状况和结余情况的总结性书面文件,反映社会保险基金会计信息的财务报告主要包括财务情况介绍、会计报表(资产负债表、收入支出表)、报表注释、补充报表(基金欠收明细表、暂收暂付明细表等附属报表)、其他报表信息。这里重点介绍财务情况说明书、财务报表和财务报告审批程序。

(一)财务情况说明书

财务情况说明书是指对社会保险基金在一定会计期间内的财务收支运行情况进行分析和总结的书面文字报告。财务情况说明书要全面地分析基金财务收支及运行情况、工作成绩和存在的问题及改进工作的意见和建议。财务情况说明书是了解和考核基金运行情况的重要资料,具体内容应包括:对基金的运行情况进行分析,发现基金收支运行过程中存在的问题及原因,以利于今后加强基金的管理改进和采取更有效的措施;基金结余实现情况,并与上年同期指标相比,分析产生差异的原因,提出相应的改进措施;基金增减变化情况,通过对基金资产负债表、收支表和有关财务报表及基金结余率、收缴率等指标的分析,反映基金增减变动及原因,正确地评价基金运行中增减变动是否符合客观规律;对本期或者下期财务状况发生或可能发生重大影响的事项;暂收款项等情况。

(二)财务报表

财务报表包括资产负债表、收入支出表和有关附表。社会保险基金财务报表不同于企业的财务报表的经济内容,也与一般事业单位的财务报表有区别,它只反映基金的动态指标和静态指标,据以考核基金预算的执行情况。

资产负债表符合"资产 = 负债 + 基金"的等式原则,按照一定分类标准,反映基金的财务状况。资产负债表根据不同保险种类分别编制,它可以为管理决策者和社会有关方面提供以下重要信息:基金资产的分布情况及其资产的变现能力；基金的负债情况和其偿债能力；基金的规模大小和支付能力；通过不同时期的资产负债表比较，看出基金资产、负债、余额的变动情况。收入支出表反映社会保险基金的收入来源和支出去向，它是能够反映基金动态运动情况的报表，是考核基金预算执行的主要依据，它也是根据不同基金种类分别编制。附表一般包括职工参加社会保险的基本情况表、基金往来款项明细表和基金收支情况分析表。

(三)财务报告审批程序

年度终了，应按照财政部门规定的格式、时间和要求编制年度基金财务报告，做到数字真实、计算准确、手续完备、内容完整、报送及时。年度财务报告经劳动和社会保障主管部门审核汇总后，报同级财政部门审核并由同级人民政府批准，经过批准的社会保险基金年度财务报告便为决算，列入同级人民政府财政决算。财政部门应逐级上报审核汇总的本级决算和下一级决算直至财政部汇总后报国务院。

六、社会保险基金稽核监督和内部控制

社会保险基金稽核监督包括参保对象稽核和内部监督等内容，主要是对基金管理情况和基金资产质量进行监督，也就是对社会保险基金预算决算、基金收支、基金管理的全部过程，依法实施监督检查。监督的对象是基金管理者，即对基金管理经办机构和管理人员运营基金的财务行为进行监督，具体来说，是对筹集和征缴机构的征收行为、社会保险经办机构的基金管理行为和支付行为、财政专户的管理情况实施全程监管。社会保险基金稽核监督的目的在于确保国家的社会保险基金管理政策法规的贯彻执行，维护与保障社会保险基金资产的质量和完整性，防范和化解基金管理的风险，有效地制止和纠正违法、违规行为，以保障各项社会保险工作的正常运行，真正起到社会"稳定器"的作用。

内部控制是社会保险经办机构为完成各个险种既定的工作目标和防范各类风险，对内部各职能部门及其工作人员所从事的各类、各项业务活动进行风险控制、制度管理和相互制约的方法、措施和程序的总称。经办机构要建立完善的内部控制制度，这是社会保险监管工作的重要组成部分，是规范社会保险经办和运营机构经办和运营行为，有效地防范各类风险的关键。社会保险经办机构内部控制制度包括：内部组织结构的控制、会计系统的控制、授权的控制、计算机业务系统的控制、档案的控制等。

在建立内部控制制度的同时,要通过以下措施进一步加强检查监督的手段,完善内部审计制度,使建立起来的内部控制制度真正发挥作用:①内部审计部门是独立于业务部门的稽核部门,行使综合性的内部监督职责,对一级法人负责,因此,独立性原则是内部审计的基本原则之一,必须保证其独立的履行监督检查职能。②建立规章制度,保证内部稽核部门的权威性,按"下查一级"的要求实行检查,对下属机构的全面稽核实行"周期制",同时安排一定数量的专项稽核,对重大事项要随时报告。③选择培养能胜任的稽核人员,要求稽核人员在数量上和质量上都能满足稽核任务的需要。④内部稽核部门和稽核人员要认真履行其职责,真实反映情况,对隐瞒不报、上报虚假情况、监督检查不力造成重大案件和基金损失风险的要追究法律责任。

七、社会保险财务信息披露制度

社会保险基金财务信息披露是把经过加工整理后形成的会计信息提供给报表使用者,公之于众,是社会保险基金财务的重要环节之一。社会保险基金会计信息披露是基金主体会计工作的成果展示,从而体现其财务职能。

会计学界对财务信息披露的基本目标有两种不同的认识,形成了决策有用论和经管责任论两种理论。决策有用论以决策者即财务信息的使用者为中心,认为财务信息披露的主要目标是在于对使用者提供有用的决策信息;经管责任论则注重的是委托者和受托者,即财务信息的使用者和提供者之间的相互关系,基于这种关系,委托者有了解情况的权利。在所有权和经营权分离的情况下,经营者即受托者就负有对所有者解释、说明其活动及结果的义务,财务信息的披露目标就是计量受托业绩。由于社会保险基金的特殊性,其筹集具有强制性,支出具有专项性,结余资金的运用则具有限制性,都是依法进行的,社保基金运行的目的是追求自我平衡,保证正常的收支,并实现基金的保值增值。因此,财务信息披露的首要目的是经管责任,使社保基金的所有者——国家、缴费单位和个人清楚各项基金的运营状况,其次才是向报表使用者提供决策相关的信息。

社会保险基金财务信息披露的原则主要有公开性原则、公正性原则、充分性原同。

(一)公开性原则

公开性原则是指要通过各种渠道将社会保险基金会计信息向社会公开,以满足各方信息使用者的需求。公开性原则对于社会保险基金会计具有更为重要意义,因为社会保险基金的运营关系到广大劳动者的切身利益,影响范围非常广,这是任何一家企业也无法相比的,这也就注定了社会保险基金会计信息的披露具有一定的社会性,社会保险基金会计信息公开的范围要求更广。

(二)公正性原则

公正性原则是指披露的社会保险基金财务信息必须是公正可靠的,必须是对社会保险基金运营状况和成果的客观反映。

(三)充分性原则

充分性是指应全面、完整地披露社会保险基金运营的财务信息,不能遗漏或隐瞒某一方面的会计信息。只有充分披露,会计信息的使用者才能在获得足够信息的前提下,对社会保险管理运营机构的受托责任做出正确、理性的判断。充分性包括信息披露形式的充分和内容的完整,就是将所有报告内容按规范格式充分披露,保持会计信息的相关性、可比性。

社会保险会计信息披露还要建立在成本效益原则和重要性原则之上,一方面,要在提供会计信息的成本和提供会计信息所产生的效益之间进行权衡,尽可能地使成本低于效益;另一方面,要在繁杂的会计信息中进行选择,在披露时,可以将对社会保险基金整体运营情况影响甚微的信息省略,这样既可以节约披露成本,又可以使会计信息简单明了,具有更好的适用性,使报表使用者更容易理解会计信息。

第二节　社会保险基金会计制度

社会保险基金会计是指为提高社会保险基金的运营效益,运用会计学的基本原理和方法,对各种社会保险基金及其运动进行反映和监督的一门专业会计。作为一项会计活动,社会保险基金会计的目的是通过发挥会计的反映、监督等职能,最大限度地提高社会保险基金的运营效益,满足广大劳动者的保障需要。社会保险基金会计的对象是对社会保险经办机构管理的社会保险基金及其运动。社会保险基金专款专用、专户管理,与社会保险经办机构自身活动的管理经费相分离,社会保险基金会计与社会保险经办机构的自身的会计活动也要区别开来,以准确地反映社会保险基金的运营状况并实施有效的监督。

第八章
社会保险基金财务管理

一、社会保险基金会计前提

会计活动是在一定的外部环境约束下进行的,社会保险会计活动也不例外,也是建立在一定的基本前提之上的。社会保险基金会计的前提分为会计主体、持续经营、会计分期和货币计量四项。

(一)会计主体

会计是为特定主体服务的,其计量和反映的是特定主体的经营与财务活动的结果,会计主体是指会计服务的空间范围,是一个与其他主体相独立的会计单位,界定了会计工作的范围。会计主体的前提在会计理论与实务中处于极为重要的地位,是持续经营、会计分期、货币计量前提条件的基础,与会计信息质量要求、报告内容及具体会计方法的选择有密切联系。

社会保险基金会计主体是依法设立的,用于保障劳动者遇到年老、疾病、失业等风险时基本生活需要的各项社会保险基金,包括养老保险基金、失业保险基金、医疗保险基金、工伤保险基金、生育保险基金等。根据《财务制度》第七条的规定:"基金根据国家要求实行统一管理,按险种分别建账,分账核算,专款专用,自求平衡,不得相互挤占和调剂。"因此,每项基金都是一个独立的会计主体。社会保险基金会计以各项基金作为会计核算主体,单独设账、核算,每一个基金主体都组成了各自平衡的包括基金资产、负债及基金余额的财务体系,从而组成社会保险经办机构的多个会计核算主体。

(二)持续经营

这里,持续经营的含义是指会计主体在可以预见的未来不会面临清算、破产,企业的生产经营活动将持续不断地经营下去。尽管在现实经济环境中,任何会计主体的经营活动都存在着不确定性,但会计信息的加工、处理等活动应当立足于持续经营的基础上,除非有明显证据表明不能持续经营。由于社会保险是由国家发起设立,除非出现严重的危及,不然,该制度会持续存在,具有较强的安全保障。

(三)会计分期

会计分期是对会计活动地时间范围界定,是在前两个前提的基础上,根据一定的财务规定,将会计主体持续经营的活动过程,人为地划分为一个个首尾相接,时间距离相同的期间,分期确认和报告会计主体的财务状况和经营业绩,以满足会计信息使用者及时了解会计主体的财务状况,对会计主体不同时期的财务状况进行比较的需要。

(四)货币计量

为确认会计主体的财务状况,对各个会计主体进行财务比较,就需要会计工作中使用统一的货币单位作为计量尺度。货币也是一种特殊的商品,其本身价值也会变动,通货膨胀期间会贬值,会扭曲财务信息,因此,货币计量前提隐含着另外一个假设,即币值不变。我国社会保险基金财务以人民币为唯一的货币计量单位。

二、社会保险基金的会计核算

(一)社会保险基金的会计核算体系

按照不同的角度,对社会保险基金会计核算体系的划分也不同。

1. 按照社会保险基金构成项目划分。按照社会保险项目来划分,我国社会保险基金应包括养老保险基金、医疗保险基金、失业保险基金、工伤保险基金和生育保险基金。《财务制度》第七条规定,基金根据国家要求实行统一管理,按险种分别建账、分账核算、专款专用、自求平衡、不得相互挤占和调剂。因此,每个基金都是一个独立会计主体,其资金来源和使用用途自成体系,都有一套自己的账户和报表体系。从构成项目及横向划分,社会保险基金会计核算体系包括以下五个方面:养老保险基金核算、医疗保险基金核算、失业保险基金核算、工伤保险基金核算、生育保险基金核算。

2. 按照社会保险基金运行划分。每项社会保险基金运行和管理过程都要经过筹集、支付和运营三个主要环节,在这些运营过程中发生的与基金有关的经济业务都属于社会保险基金会计核算的内容。从社会保险基金运行过程即纵向划分,社会保险基金会计核算体系应包括:基金预算、基金筹集、基金划转、基金支出、基金运营和基金决算。

(二)社会保险基金的会计要素

会计要素是每个会计主体进行会计活动时必要的构成部分或组成因素,社会保险基金会计核算要素与其他会计核算要素类似,在某一个时点上,社会保险基金财务状况可通过资产、负债、基金余额这三个要素表示,在一段时期内,社会保险基金运动表现为收入和支出。

资产是基金在运动过程中所形成的归基金主体所拥有或者控制的资源,该资源预期会给基金主体带来一定的经济效益。社会保险基金资产是指社会保险基金在运动过程中形成的,由社会保险经办机构管理归各个基金主体所有的经济资源。社会保险基金资产包括基金运行过程中形成的现金、银行存款(含收入户存款、财政专户存款、支出户存款)、债券投资、暂付款项等。负债是指过去的交易、事务形成的现时的义务,履行该项义务会导致经济利益流出基金主体,社会保险经济负债是社会保险基金在运动过程中产生的由社会保险经办机构承担,需要用基金资产偿还的债务。社会保险基金负债包括基金运行过程中形成的各种借入款项和暂收款项等。基金余额相当于企业会计中的所有者权益,是社会保险基金剩余利益,这部分利益归基金资财提供者所有,即归国家、劳动者所在单位和劳动者个人所有。基金余额由两部分组成:一是历年社会保险基金的累积余额;二是当年基金收入减去基金支出后的余额。

社会保险基金收入既有与企业相同的特征,如都表现为会计主体资产的流入或是负债的减少等,也有区别于企业收入的特征。其主要表现为:一是取得收入的目的是补偿支出而不是营利;二是社会保险基金的资产的提供者是收入主要来源。社会保险基金收入主要包括:社会保险费收入、利息收入、财政补贴收入、转移收入、上级补助收入、下级上解收入、其他收入。社会保险费收入是指缴费单位和缴费个人按缴费基数的一定比例分别缴纳的基本养老保险费、失业保险费、基本医疗保险费等。利息收入是指用社会保险基金购买国家债券或存入银行所取得的利息收入。财政补贴收入是指同级财政给予基金的补贴。转移收入是指保险对象跨统筹地区流动而划入的基金收入。上级补助收入是指下级经办机构接受上级经办机构拨付的补助收入。下级上解收入是指上级经办机构接受下级经办机构上解的基金收入。其他收入是指滞纳金及其他经财政部门核准的收入。上述基金收入项目按规定分别形成基本养老保险基金、失业保险基金和基本医疗保险基金等。

社会保险基金支出是"基金财务资源的减少,不包括基金主体之间的转用","是一个基金主体在存续过程中资产的耗用或减少"[1]。社会保险基金支出与企业支出有很大不同,后者具有一定的自主性和灵活性,而社会保险基金

---

[1] 荆新:《非营利组织会计准则理论框架》,北京:清华大学出版社1997年版,第80页。

支出则要完全依据法律法规的规定，基本没有自主权，这是由社会保险基金专款专用的性质决定的。社会保险基金支出是指为满足劳动者的基本生活需要，根据国家法律规定或管理需要，实施支付活动所引起的基金财务资源的减少。基金支出包括：社会保险待遇支出、转移支出、补助下级支出、上解上级支出、其他支出。社会保险待遇支出是指按规定支付给社会保险对象的基本养老保险待遇支出、失业保险待遇支出和基本医疗保险待遇支出等。转移支出是社会保险对象跨统筹地区流动而转出的基金支出。补助下级支出是指上级经办机构拨付给下级经办机构补助支出。上解上级支出是指下级经办机构上解上级经办机构的支出。其他支出是指经财政部门核准开支的其他非社会保险待遇性质的支出。上述基金支出项目按规定分别构成基本养老保险基金支出、失业保险基金支出和基本医疗保险基金支出等。

这五个会计要素之间存在钩稽关系，社会保险基金资产、负债和基金余额三者的关系用公式表示为：资产＝负债＋基金余额；社会保险基金收入和支出的关系用公式表示为：基金余额变化＝收入－支出。上述两个方面结合起来，就能比较全面地反映社会保险基金运动状况及成果。

三、社会保险基金的会计核算实务

这一部分以基本养老保险为例介绍社会保险基金的会计核算实务。

（一）基本养老保险基金收入项目核算

基金收入从其管理方式看，包括基本养老保险费收入、利息收入、财政补贴收入、转移收入、上级补助收入、下级上解收入、其他收入。

1. 基本养老保险费收入。"基本养老保险费收入"科目用来核算收到的由缴费单位和缴费个人按规定缴纳的基本养老保险费，本科目贷方登记收到由缴费单位或缴费个人上缴的基本养老保险费，借方登记结转数，期末结转后，本科目应无余额。社会保险基金会计制度采用收付实现制为会计核算基础，基本养老保险费收入入账时间是实际收到保险费时，即现金方式缴费的在实际收到时入账，银行转账缴费的在实际收到有关凭证时入账。

实行社会保险经办机构征收，按规定设置收入户，收到现金方式交来的保险费，借记"现金"科目，贷记"基本养老保险费收入"科目；收到转账方式交来的保险费时，借记"收入户存款"科目，贷记"基本养老保险费收入"科目。如果设置收入户的，则当收到转账方式交来的保险费时，借记"财政专户存款"科目，贷记"基本养老保险费收入"科目。

【例1】 某经办机构(按规定设置收入户的)收到缴费个人以现金方式交来的基本养老保险费10 000元,收到缴费单位通过银行转账方式交来的保险费30 000元,经办机构应编制如下会计分录:

借:现金　　　　　　　　　　　　　　　　　　　　　　　10 000
　　收入户存款　　　　　　　　　　　　　　　　　　　　30 000
　　贷:基本养老保险费收入——个人账户养老基金收入　　10 000
　　　　　　　　　　　　——统筹养老基金收入　　　　　30 000

如果该经办机构按规定不设置收入户,则收到上述各种款项时,应编制如下会计分录:

借:现金　　　　　　　　　　　　　　　　　　　　　　　10 000
　　财政专户存款　　　　　　　　　　　　　　　　　　　30 000
　　贷:基本养老保险费收入——个人账户养老基金收入　　10 000
　　　　　　　　　　　　——统筹养老基金收入　　　　　30 000

2. 利息收入。为核算基本养老保险基金购买国家债券或存入银行所取得的利息收入,设置"利息收入"科目,本科目贷方登记取得的各种利息收入,借方登记结转数,期末结转后没有余额。

根据利息收入来源的不同,分别按照债券投资利息收入和银行存款利息收入进行核算。进行债券投资时会有购入一次还本付息债券、分期付息到期还本债券,以及在债券未到期前由于急需资金而提前转让等情况,应根据不同情况分别编制分录。购买到期一次还本付息的债券在到期兑付时,按实际收到的本息数,借记"财政专户存款"科目,按债券的账面价值(本金),贷记"债券投资"科目,按其利息数贷记"利息收入"科目。分期付息债券每期收到的利息,按实际收到的金额,借记"财政专户存款"科目,贷记"利息收入"科目。提前转让债券时,按实际收到的金额,借记"财政专户存款"科目,按照转让债券的账面价值,贷记"债券投资"科目,按两者差额贷记"利息收入"科目。存款利息的收入,根据存款账户的不同,分别借记"财政专户存款""收入户存款""支出户存款"科目,贷记"利息收入"科目。

【例2】 某经办机构持有A,B,C三种国债,A国债为到期还本付息债券,期限3年,年利率10%,于1995年6月1日发行时以面值100元的价格购入100张,购入成本10 000元;B国债为分期付息、到期还本债券,期限5年,年利率8%,以面值1 000元价格购入50张,购入成本50 000元;C债券账面价值4 500元,由于经办机构急需资金,在到期日前以5 000元的价格转让。针对上述

三种情况,经办机构应分别编制如下会计分录:

A 债券到期时即 1998 年 6 月 1 号:

借:财政专户存款　　　　　　　　　　　　　　13 000
　　贷:债券投资　　　　　　　　　　　　　　　　10 000
　　　　利息收入　　　　　　　　　　　　　　　　3 000

B 债券取得每期利息时:

借:财政专户存款　　　　　　　　　　　　　　4 000
　　贷:利息收入　　　　　　　　　　　　　　　　4 000

C 债券转让时:

借:财政专户存款　　　　　　　　　　　　　　5 000
　　贷:债券投资　　　　　　　　　　　　　　　　4 500
　　　　利息收入　　　　　　　　　　　　　　　　500

3. 财政补贴收入。财政补贴收入科目是为核算收到同级财政部门给予基本养老保险基金的补贴而设置,科目贷方登记取得的财政补贴收入,借方登记结转数,期末结转后,本科目应无余额。不论经办机构是否设置收入户和支出户,凡是收到财政补贴收入均直接计入"财政专户存款"科目,这是财政补贴收入的账务处理特点。具体账务处理就是,收到财政补贴收入时,借记"财政专户存款"科目,贷记"财政补贴收入"科目。

【例3】 某经办机构因养老基金发生资金支付困难,经申请得到财政部门补贴款 50 000 元,经办机构收到补贴款后应编制如下会计分录:

借:财政专户存款　　　　　　　　　　　　　　50 000
　　贷:财政补贴收入　　　　　　　　　　　　　　50 000

4. 转移收入。"转移收入"科目是为了核算基本养老保险对象跨统筹地区流动而划入的基本养老保险基金,贷方登记取得的转移收入,借方登记结转数,期末结转后没有余额,本科目应按跨统筹地区流动的保险对象设置明细账。

具体账务处理:随异地保险对象调入本地而收到由异地经办机构转入的款项(本金和利息),借记"收入户存款"(按规定设置收入户的)科目或"财政专户存款"(按规定不设收入户的)科目,贷记"转移收入"科目。转移收入是跨地区流动而形成的基本养老保险基金的转移,保险资金的划转是对应于保险对象个人账户资金划转,一般并不涉及统筹资金的转移,因此,收到的转移收入在期末进行结转时,应当相应转入"基本养老保险基金——个人账户养老基金结余"明细科目中。

5. 上级补助收入。为核算由上级经办机构拨入的基本养老保险基金,设置

"上级补助收入"科目,本科目贷方登记取得的上级补助收入,借方登记结转数,期末结转后无余额。

具体账务处理:收到上级经办机构下拨的基本养老保险基金,借记"收入户存款"(按规定设置收入户的)科目或"财政专户存款"(按规定不设收入户的)科目,贷记"上级补助收入"科目。

6. 下级上解收入。为核算由下级经办机构上解的基本养老保险基金,设置"上级补助收入"科目,本科目贷方登记取得的下级上解收入,借方登记结转数,期末结转后无余额。

具体账务处理:收到下级经办机构上解的基本养老保险基金,借记"收入户存款"(按规定设置收入户的)科目或"财政专户存款"(按规定不设收入户的)科目,贷记"下级上解收入"科目。

7. 其他收入。为了核算基本养老保险基金的滞纳金及财政部门核准的其他收入,应设置"其他收入"科目,本科目贷方登记取得的其他收入,借方登记结转数,期末结转后无余额。

具体账务处理:收到滞纳金等其他收入时,借记"收入户存款"(按规定设置收入户的)科目或"财政专户存款"(按规定不设收入户的)科目,贷记"其他收入"科目。

(二)基本养老保险基金支出项目核算

基本养老保险基金支出从其内容构成看,包括两大部分:一是基本养老保险待遇支出,即按照国家规定的开支范围和开支标准向参加基本养老保险的受益者个人支付的养老金、医疗补助金及丧葬抚恤补助费等;二是由于保险关系的转移、上下级之间调剂资金等原因而发生的支出。基本养老保险基金支出核算根据不同内容,可分为基本养老金支出、医疗补助金支出、丧葬抚恤补助支出、转移支出、补助下级支出、上解上级支出、其他支出。

1. 基本养老金支出。"基本养老金支出"科目是用于核算按规定由基本养老金开支的各项支出,包括基础性养老金、个人账户养老金、过渡性养老金以及按照规定支付的离休金、退休金、退职金和补贴。该科目借方登记实际发生并支付给养老保险对象的基本养老金,贷方登记结转数,期末结转后本科目无余额。

按照会计制度的规定,本科目应设置基础性养老金、个人账户养老金、过渡性养老金、离休金、退休金、退职金、补贴明细科目。根据收付实现制原则,基本养老保险支出的入账时间是实际支付基本养老金时,以实际支付的款项确认入账金额。具体账务处理:当经办机构按规定向基本养老保险对象支付基本养老金时,借记"基本养老金支出"科目,贷记"现金"(以现金方式支付)科目或"支出户存款"(以银行转账方式支付)科目。

2. 医疗补助金支出。为核算按规定支付给未实行医疗保险地区已纳入基本养老保险基金开支范围的离休、退休、退职人员的医疗费用,应设置"医疗补助金支出"科目,本科目借方登记按规定支付给离休、退休、退职人员的医疗费用,贷方登记结转数,期末结转后无余额。根据经办机构按规定支付给离休、退休、退职人员医疗费用的方式不同,其账务处理也不同,具体处理分录是:借记"医疗补助金支出"科目,贷记"现金"科目或"支出户存款"科目。

3. 丧葬抚恤补助支出。为核算按规定支付给已纳入基本养老保险基金开支范围的离休、退休、退职人员死亡丧葬补助费用及其供养直系亲属的抚恤和生活补助费用,应设置"丧葬抚恤补助支出"科目,本科目借方登记按规定支付给离休、退休、退职人员的死亡丧葬补助费用及其供养直系亲属的抚恤和生活补助费用,贷方登记结转数,期末结转后无余额。根据经办机构按规定支付给离休、退休、退职人员死亡丧葬补助费用及其供养直系亲属的抚恤和生活补助费用的方式不同,其账务处理也不同,具体处理分录是:借记"丧葬抚恤补助支出"科目,贷记"现金"科目或"支出户存款"科目。

4. 转移支出。"转移支出"科目是为了核算基本养老保险对象跨统筹地区流动而转出的基本养老保险基金,借方登记由于保险对象跨统筹地区流动而转出的基本养老保险基金,贷方登记结转数,期末结转后没有余额,本科目应按跨统筹地区流动的保险对象设置明细账。保险对象跨统筹地区流动意味着保险关系发生了变化,按规定应将该保险对象个人账户中的资金相应划出,即从划出方的支出户结转,按划出的金额,借记"转移支出"科目,贷记"支出户存款"科目。

5. 补助下级支出。为核算上级经办机构拨付给下级经办机构的补助支出,上级经办机构应设置"补助下级支出"科目,本科目借方登记拨付下级经办机构的基本养老保险基金,贷记结转数,期末结转后无余额。补助下级支出科目账务处理,关键要看下级经办机构是否设置收入户,如果下级经办机构设置收入户,上级经办机构在拨付补助款项时,先将款项从财政专户划入本级支出户,再从本级支出户将款项划拨到下级收入户。需要作两笔会计分录:第一笔借记"支出户存款"科目,贷记"财政专户存款"科目;第二笔借记"补助下级支出"科目,贷记"支出户存款"科目。如果下级经办机构不设置收入户的,上级经办机构在拨付补助款项时,只做一笔账务处理,即具体处理分录是:借记"补助下级支出"科目，贷记"财政专户存款"科目。

【例1】 某地区上下级经办机构均按规定设置了收入户，由于下级经办机构基本养老保险支出资金出现困难，上级经办机构向下级拨付调剂金 50 000 元，上级经办机构应编制如下会计分录：

从财政专户将资金划拨到支出户时：
借：支出户存款　　　　　　　　　　　　　　　　50 000
　　贷：财政专户存款　　　　　　　　　　　　　　50 000
从支出户划拨款项时：
借：补助下级支出　　　　　　　　　　　　　　　　50 000
　　贷：支出户存款　　　　　　　　　　　　　　　50 000

6.上解上级支出。为核算下级经办机构上解上级经办机构的基本养老保险基金，下级经办机构应设置"上解上级支出"科目，本科目借方登记上解上级经办机构的基本养老保险基金，贷记结转数，期末结转后无余额。上解上级支出科目账务处理，关键要看上级经办机构是否设置收入户，如果上级经办机构设置收入户，下级经办机构在上解款项时，先将款项从财政专户划入本级支出户，再从本级支出户将款项划拨到上级收入户。需要作两笔会计分录：第一笔借记"支出户存款"科目，贷记"财政专户存款"科目；第二笔借记"上解上级支出"科目，贷记"支出户存款"科目。如果上级经办机构不设置收入户的，下级经办机构在上解款项时，只做一笔账务处理，借记"上解上级支出"科目，贷记"财政专户存款"科目。

7.其他支出。为核算经财政部门核准开支的其他非基本养老保险待遇性质的支出，应设置"其他支出"科目，本科目借方登记经财政部门核准开支的其他非基本养老保险待遇性质的支出，贷方登记结转数，期末结转后无余额。

根据财务制度规定，目前准许在其他支出中列支的项目只有一项，即临时借款的利息。在实际工作中，如果还有其他经财政部门核准的非保险待遇性质的支出，也在本科目核算。其他支出账务处理是：支付的临时借款利息直接从财政专户中划拨，即借记"其他支出"科目，贷记"财政专户存款"科目；支付的其他非保险待遇性质的支出，从支出户划拨，即借记"其他支出"科目，贷记"支出户存款"科目。

(三)基本养老保险基金结余核算

通过养老保险基金结余的核算，能够全面、完整地反映基金的存量，为制定基本养老保险基金预算、加强基金宏观管理提供有用的会计信息。基本养老保险基金在数量上等于以前年度滚存结余加当期基本养老保险基金收入减当期基本养老保险基金支出后的余额。为了核算基本养老保险基金全部收入扣除全部支出后的滚存结余,应设置"基本养老保险基金"科目,本科目属于基金类科目,贷方登记结转的各项基金收入,借方登记结转的各项基金支出,期末余额一般在贷方,反映历年积存的基本养老保险基金结余,如果期末为借方余额,则表示基本养老保险基金赤字。本科目可以设置"统筹养老基金结余"和"个人账户养老基金结余"两个明细科目。

基本养老保险基金结余的账务处理,主要是期末将所有收入类和支出类科目余额结转到"基本养老保险基金"科目:将所有收入类科目的余额结转到"基本养老保险基金"科目的贷方,即借记"基本养老保险费收入""利息收入""财政补贴收入""转移收入""上级补助收入""下级上解收入""其他收入"科目,贷记"基本养老保险基金"科目;将所有支出类科目的余额结转到"基本养老保险基金"科目的借方,即借记"基本养老保险基金"科目,贷记"基本养老金支出""医疗补助金支出""丧葬抚恤补助支出""转移支出""补助下级支出""上解上级支出""其他支出"科目。经过上述结转后,所有收入、支出类科目都没有余额。

第三节　社会保险基金统计制度

一、社会保险基金统计概述

社会保险基金统计是社会保险基金的统计实践,是指搜集、整理、分析和提供关于社会保险活动统计资料的活动,是关于认识社会保险统计活动中客观现象总体数量特征和数量关系的工作。

社会保险统计有三种不同的含义,即社会保险统计工作、社会保险统计资料和社会保险统计学。社会保险统计工作是指社会保险统计实践活动,是搜集、分析整理关于社会保险活动中数字资料工作的总称;社会保险统计资料是指通过社会保险统计工作所取得的各项数字资料以及与之相联系的其他实际资料的总称;社会保险统计学是指研究关于认识社会保险统计活动中客观现象总体数量特征和数量关系的科学。

社会保险统计指标是指反映社会保险总体数量特征的概念及其数值,是由两项基本要素构成的,即指标的概念与指标数值。按照总体现象的内容不同,社会保险统计指标可以分为社会保险数量指标和社会保险质量指标。社会保险数量指标是反映社会保险总体绝对数量多少的统计指标,用绝对数形式表现的,具有实物或货币计量单位,如参保企业个数、参保人数、社会保险基金累计征收收入等;社会保险质量指标是反映社会保险总体内部标志总量与总体单位数目的对比关系,或标志总量之间的对比关系,如社会保险覆盖率、社会保险基金收缴率等。按照所反映社会保险现象的性质不同,社会保险统计指标可以分为时点指标和时期指标。时点指标是反映一定时点上的社会保险现象所达到的水平指标;时期指标是反映社会保险现象在一定时期内发展过程的总量指标。

社会保险统计指标体系是反映社会保险各个方面一系列相互联系的统计指标体系,这一体系能够说明社会保险事业内部各方面的相互联系,反映社会保险的能力及水平,反映社会保险事业与经济、社会发展的内在关系。我国的社会保险统计指标体系分为三个层次:国家社会保险统计指标体系、省市社会保险统计指标体系和基层社会保险统计指标体系。

二、社会保险基金统计报表及分析

(一)社会保险基金统计报表

社会保险基金统计报表是通过社会保险统计实践得到的统计资料,整理形成的重要形式,它将有联系的社会保险基金统计数据等资料按照一定的次序排列在一份报表上,可以比较清晰地反映社会保险基金情况。

统计报表的结构主要由标题、标目和数字资料三部分组成。标题位于统计报表的顶端中央,它是统计表的名称,用以说明该表反映的情况;标目一般列在统计报表的上方或左边,根据位置不同分为横向标目和纵向标目,它是报表总体及其分组、各项统计指标的名称;数字资料是说明特征的各项指标值,它是统计表的中心部分,数字资料要有明确的计量单位。

(二)社会保险基金统计分析

社会保险基金统计分析是运用统计资料和统计分析方法研究和反映社会保险业务的一种专业分析报告,是统计结果的书面表现形式。通过对社会保险基金统计数据的分析,可以为社会保险管理机构领导做出正确决策提供重要的依据。

统计分析的方法主要有如下几种。

1. 对比分析法。对比分析法就是根据社会保险活动现象之间的联系,把有关的指标进行对比,以分析指标之间的数量对比关系及其形成的原因,对比分析是统计分析中一种最基本的方法。根据比较标准选择的不同,对比分析法分为:当前指标与历史指标的比较、实际指标与预算指标的比较、国内不同区域或国家间同一指标的比较。

当前指标与历史指标的比较又称为趋势分析法,该方法又可以分为会计报表之间的比较和相关指标之间的比较,在比较中可以采用定基比和环比的方法。实际指标与预算指标的比较是社会保险基金财务分析中举足轻重的一项分析内容,这是因为社会保险基金预算具有法律性,社会保险基金预算编制严格依据国家法律法规的内容、标准进行,要严格按照法定程序上报审批,批准后才能生效,与企业预算相比具有更大的权威性。区域之间和国家之间的比较分析能够找出基金管理、运营中的差距,明确自身存在的不足,并加以改革和完善。

2. 分组分析法。统计分组是根据统计分析研究的任务和社会保险活动中现象的特点,按照一定的标志,把所研究的社会保险现象的总体划分为性质不同的部分或组。利用类型分组法分析说明社会保险现象各种类型的特征和规律性;利用结构分组法,分析说明社会保险现象总体内部的结构及其变化;利用分析分组法分析说明社会保险现象之间的依存关系。

3. 平均分析法。平均分析法就是利用平均数来分析研究社会保险现象的一般平均数及其变化,分析社会保险现象之间关系的方法。其中的平均数是反映社会保险现象在一定时间、地点和条件下,所达到的一般水平。运用平均分析法应注意,计算平均数只能在同类的现象中,即在同一性质的总体中进行。

4. 比率分析法。比率分析法是利用两个指标的某种关联关系,通过计算比率来考察、计量和评价财务活动状况的一种分析方法。比率分析法其实也是比较分析法中的一种特殊形式,但又与比较分析法有不同之处,它不是简单地对某一指标进行不同时期或不同区域的比较,而是通过相关联的不同项目、指标之间比率来解释和评价由此反映的情况。采用比率分析法,要根据所分析的内容和要求,设计出相关的比率,然后进行比较分析。由于社会保险基金财务分析的分析对象和分析目的与企业报表财务分析不同,因此,需要设计出一套社会保险基金财务分析指标体系。

第四节 我国社会保险基金财务法律制度建设

一、从建国到20世纪80年代初期

新中国成立之后,随着社会主义制度的建立,社会保险基金财务规定与财务制度也纳入国家的法规建设行列,很快颁布了一系列的法规条例。

(一)《中华人民共和国劳动保险条例》

1951年2月由政务院发布并于1953年1月修订后颁布的《中华人民共和国劳动保险条例》(以下简称《劳动保险条例》)中,对社会保险基金财务内容进行了系统的规定。

《劳动保险条例》中规定,劳动保险基金的各项费用全部由实行劳动保险的企业负担,其中缴费的一部分由企业直接支付,另一部分由企业缴纳劳动保险基金,交由工会组织办理,缴纳的比例为职工工资总额的3%,逾期未缴或欠缴劳动保险基金时,须每日计缴未缴部分1%的滞纳金。劳动保险基金由中华全国总工会委托中国人民银行代管,基金的支配权归中华全国总工会。劳动保险基金由各级工会组织支配使用,每月结算一次,余额全部转入省、市工会组织或产业工会全国委员会账内,作为劳动保险基金调剂金使用。中华全国总工会对全国各级工会的劳动保险基金拥有统筹调剂的权利。各级工会组织是执行劳动保险业务的基层组织,具体督促劳动保险基金的缴纳,决定劳动保险基金的支付,每月编制劳动保险基金月报表,每年编制预算、决算、业务计划及业务报告书等。同时,《劳动保险条例》还规定了劳动保险基金除用于劳动保险事业外,不得移作他用,即专款专用的原则。

《劳动保险条例》是新中国建立后第一部关于社会保险方面的法规条例,其后还出台了一系列的法规规定,对《劳动保险条例》进行补充完善。

(二)两个《暂行办法》

1978年5月,第五届全国人民代表大会第二次会议通过《国务院关于工人退休、退职的暂行办法》和《国务院关于安置老弱病残干部的暂行办法》,对社会保险基金财务问题做了明确的规定。这两个文件对养老保险、医疗保险、安置费用、退休退职生活费的支付等方面的作了具体标准规定，例如，规定了享受退休费、离休费的条件和标准，规定异地安置安家补助按本人两个月标准工资发给等。

二、20世纪80年代中期以后

20世纪80年代中期，国家计委、体改委、劳动部等联合成立了社会保险制度改革科研课题组，组织国内外著名专家学者对我国传统的社会保险制度进行立项研究。1984年，首先在几个省市进行了国有企业职工退休费用社会统筹财务体制试点工作，从此开始了我国社会保险改革之路。1993年党的十四届三中全会做出的《关于建立社会主义市场经济体制若干问题的决定》，进一步明确建立新型社会保障制度的目标、原则，社会保障制度改革步伐加快。1994年7月，第八届全国人大常委会第八次会议通过了《中华人民共和国劳动法》，其中提出了建立社会保险制度，设立社会保险基金，社会保险基金经办机构依照法律规定，对社会保险基金的收支、管理和运营实施监督等。这些文件、法律为建立具体的社会保险基金财务制度提供了法律依据。

1996年11月，财政部颁发了《职工医疗保险基金财务制度》，同年12月颁发了《企业职工养老保险基金财务制度》《企业职工失业保险基金财务制度》，规范了社会保险基金管理机构经办社会保险基金的财务行为，并对社会保险基金预算、筹集、支付、结余、决算，经办机构资产负债的确认，以及对经办机构的监督检查做出了具体规定。1997年7月，国务院颁布了《关于建立统一的企业职工基本养老保险制度的决定》，制定了全国统一的个人账户、记账利率、缴费基数、缴费比例、计发办法等。1998年7月，经国务院、中央军委批准，解放军四总部向全军印发了《军人保险制度实施方案》，建立了服役军人社会保险基金财务制度。

1996年颁布执行的上述的保险基金财务制度，在当时的条件下对于加强社会保险基金财务管理，推动我国的社会保险制度改革，促进社会保险事业健康发展起到了十分重要的作用。但是，随着我国社会保险制度改革的不断推进，各项社会保险制度改革已逐渐向纵深发展，社会保险制度的架构已经发生了深刻变化，这些保险基金财务制度已经不适应社会保险制度改革新形势的要求，亟待根据现行社会保险制度进行修订。同时，由于三项基金的收支特点、管理模式基本相同，征缴办法、经办机构也逐渐统一，统一制定颁布三项基金财务制度的条件已经成熟。制定统一的社会保险基金财务制度,更有利于贯彻落实国务院要求,对基金进行统一、规范的管理,更有利于各项社会保险基金财务政策间的统一协调,也更便于基金财务制度的统一贯彻落实。在这样的前提下,1999年6月,财政部、劳动和社会保障部联合颁布了《社会保险基金财务制度》(以下简称《财务制度》),对基金的预算、筹集、支付、结余、决算以及财政专户的设立、基金财务管理与监督等内容做出具体规定,标志着我国社会保险基金财务改革迈上了一个新台阶。

新的《财务制度》的结构是按照基金筹集、支付和结余管理的资金流程设计的,分别是总则、基金预算、基金筹集、基金支付、基金结余、财政专户、资产与负债、基金决算、监督与检查、附则,共十章五十三条。《财务制度》制定遵循以下基本原则:①符合建立社会主义市场经济体制的需要。《财务制度》是按照市场经济体制的基本要求,以各项社会保险法律法规为依据,对各项社会保险基金的收支行为进行规范,使基金收支做到有章可循、有法可依。②符合社会保险制度改革的需要。深化社会保险制度改革,建立完善的社会保险体系,是建立社会主义市场经济体制的要求和重要保障。《财务制度》为各项社会保险基金管理提供了政策依据,使这项改革的顺利进行得到了保障,符合社会保险制度改革的需要。③符合加强社会保险基金管理的需要。我国政府多次强调加强对社会保险基金的管理,党的十四届三中全会通过的《中共中央关于建立社会主义市场经济体制若干问题的决定》中指出,将基金纳入单独的社会保障基金财政专户、实行"收支两条线"管理,加强基金的管理监督。《财务制度》是贯彻落实中央、国务院有关精神的具体措施,对于规范各项社会保险基金收支行为,加强基金管理有着十分重要的意义。

本章综合案例

上海通过《上海市社会保险基金财务管理办法》

中共上海市委代理书记、市长韩正昨天主持召开市政府常务会议,审议通过了《上海市社会保险基金财务管理办法》。会议强调,健全和完善社保基金财务管理办法,是从体制机制上加强对各类社保基金的监管,确保社保基金安全运行的一项重要举措。要着力加强制度建设,真正做到用制度管权、用制度管钱、用制度管事、用制度管人,把依法管理、严格监督、透明运行贯穿于社保基金运作的全过程、各环节,构筑起社保基金运行的安全网。

会议指出,包括社保基金在内的社会公共性资金涉及千家万户,直接关系到广大人民群众的切身利益。管好、用好社保基金,从制度上防范各种可能发生的风险,是一项十分重要而紧迫的任务。要从确保社会保障体系可持续发展的内在要求出发,从促进社会和谐稳定的迫切需要出发,切实加强对各类社保基金的监管。会议强调,必须按照决策、执行、监督相互协调又相互制约的要求,大力推进制度建设,强化监督,完善管理,保障社保基金安全运行。要坚持依法管理,严格执行各项基金法规政策,严格遵照相关规章制度进行规范管理;要坚持严格监督,相关部门必须明确责任,各司其职,加强协调配合,形成监督合力;要坚持透明运行,依法主动向社会公布社保基金运行情况,增强透明度,以透明运行促有效监督、保安全运行。

《办法》将养老、失业、医疗、生育、工伤等五项基本社会保险基金,以及小城镇保险基金、外来从业人员综合保险基金均纳入适用范围,农村养老保险基金、残疾人就业保障金等也参照该《办法》执行。《办法》明确将基金纳入财政专户,实行"收支两条线"管理,专款专用。《办法》对基金预决算、基金筹集和支付、基金结余、银行开户管理、基金监督与检查等均做出了严格的规定,真正做到用制度管权、用制度管钱、用制度管事、用制度管人,把依法管理、严格监督、透明运行贯穿于社保基金运作的全过程、各环节。

(资料来源:新华网,2006年10月31日,http://news.xinhuanet.com/lianzheng/2006 - 10/31/content_5270091.htm? rss = 1)

▶思考题:加强社会保险基金财务管理的意义有哪些?

本章小结

1. 本章在社会保险基金财务管理概述中主要讲述了社会保险基金财务管理内容和社会保险基金财务管理的原则。

2. 社会保险基金会计制度主要包括社会保险基金会计前提;社会保险基金会计核算和社会保险基金会计核算实务(以基本养老保险为例介绍社会保险基金的会计核算实务)等内容。

3.社会保险基金财务制度的主要内容有:社会保险基金预算;社会保险基金财政专户;社会保险基金的决算;社会保险基金稽核监督和内部控制及社会保险财务信息披露制度等。

4.社会保险基金统计制度概述了社会保险基金统计的主要内容,讲述了社会保险基金统计报表及分析的方法。

重要概念

社会保险基金财务　社会保险基金预算　社会保险基金财政专户　社会保险基金统计

复习思考题

1.社会保险基金财务管理的内容是什么?
2.简述社会保险基金会计前提。
3.社会保险基金预算编制的原则是什么?
4.简述社会保险基金决算内容。
5.社会保险基金统计分析方法有哪些?

第九章
社会福利基金管理

学习本章,了解社会福利、社会福利基金的相关概念和社会福利基金的发展阶段;理解社会福利基金管理在筹集和支付两方面的内容;了解我国在社会福利基金管理上的政策规定;认识我国在社会福利基金方面存在的问题及与其相应的解决方法。

第一节 社会福利概述

一、社会福利的概念

福利是一个被广泛使用的概念。在历史上,福利作为一种价值判断,曾包含有伦理道德说教的含义,并等同于慈善、救济、施舍等观念。这种观念认为,那些老人、孤儿、精神病患者、盲人、残疾人、非自愿失业者等都应得到食品、衣服、住房、工作等各方面的救济和扶助。这一观念在现代"福利国家"中也占有重要地位,它被用来平衡在资本和财富分配领域里占统治地位的资本和私人财产神圣不可侵犯的观念。在现代,福利常常被理解为具体的公共援助或者社会补贴项目。

第二次世界大战以后,英国建立了"从摇篮到坟墓"的庞大的社会福利体系,美国建立了社会安全制度。在这里,社会福利是社会保障的同义词,包含了全部公共文化、教育、卫生设施和社会救济及社会保险在内,这是广义的社会福利。当社会福利和社会保险被相提并论时,社会福利不包括社会保险,而是和社会保险并列,作为社会保障的一个部分,这是狭义的社会福利。这里采用的是狭义的社会福利。

社会福利主要有以下四种含义。

（一）公共福利事业

公共福利事业是指国家或社会团体兴办的以全体人民为对象的公益性事业,如教育、科学、环境保护、文化、体育、卫生等设施。群众在享受这些福利事业的服务时是免费或低费的。在实行免费提供服务时,这些设施的维持和发展费用全部由国家负担;在以优惠价格提供服务时,则由消费者负担一部分,不足部分由国家负担。在这类福利事业中,哪些是全部免费,哪些实行优惠价格,主要由社会生产发展水平和居民对该种事业需要的普遍程度决定。

（二）特别的、专门性的福利事业

特别的、专门性的福利事业是指民政部门为残疾者、孤儿、生活无着落的老人等具有特殊需要而又无力自理的人举办的疗养院、教养院等。这类事业具有保障性,即对无经济来源或暂时失去经济收入的人给以救助,以保证他们的正常生活。这类事业一般都是免费的。

（三）局部性或选择性的福利措施

局部性或选择性的福利措施主要是指国家为照顾一定地区或一定范围的居民对部分必要生活资料的需要而采取的优惠措施。例如,对寒区给予冬季取暖补贴,对住公房的居民给予房租补贴等。这些福利措施随着生产的发展、条件的改变或政策的变动,可以增减或取消。

（四）上述三种内容的综合

不论是何种意义的社会福利,其基本点都是免费或是减免提供某种生活用品、服务或现金补贴,给人以实惠、方便,使生活得到改善。

社会福利与社会救济、社会保险是有区别的,因为三者获取的方式是不同的。社会保险无论采取基金制还是现收现付制,都要求事先缴纳一定数量的保险金,而社会福利则是全社会享有的,或为满足某些特殊人群的需要而提供的,它是无偿获得的。同时,社会福利与社会救济、社会保险等在保障层次上又存在着递进的关系:在享受主体上,由收入不足或陷入贫困的部分公民扩展到较为广泛的社会成员;在内容上,由保证起码的生活需求上升到提供较为充裕的物质、文化生活条件;在社会功能和目标上,由保证劳动力再生产、提供基本的生活保障到全面提高生活质量,提高社会经济效益,由调节社会关系、维护社会安全等救治或预防措施向促进社会发展、维护社会公平、追求社会理想的目标发展。因此,社会福利在社会保障体系中是一个最高层次的内容。

二、我国社会福利体系的内容

我国积极推进社会福利事业的发展,通过多种渠道筹集资金,为老年人、孤儿和残疾人等群体提供社会福利。在现阶段,我国社会福利体系的构成大体可以分为三个部分:特殊性社会福利、职业福利、一般性社会福利。

(一)特殊性社会福利

特殊性社会福利是指国家和社会为残疾人和无劳动能力与生活能力的人举办的福利工厂、孤儿院、养老院等福利事业,以及为老年人、儿童、残疾者提供免费或低价的社会服务。

1. 老年人福利。老年人福利即举办社会福利院等收养"三无"人员和生活上难以自理的孤寡老人。《中华人民共和国老年人权益保障法》规定,国家和社会要采取措施改善老年人生活、健康以及参与社会发展的条件。目前,随着社会福利社会化的推进,我国逐步形成了以国家、集体举办的老年社会福利机构为主体,以社会力量举办的老年社会福利机构为辅助,以社区老年人福利服务为依托,以居家养老为基础的老年人社会服务体系。

2. 儿童福利。儿童福利主要是面向无依无靠、无人抚养的孤儿、弃婴和残疾儿童,以及部分由于家庭原因导致的生活不能自理而又无人照管的残疾婴幼儿。依据《中华人民共和国未成年人保护法》、《中华人民共和国教育法》等法律法规,国家为儿童提供教育、计划免疫等社会福利,特别是为残疾儿童、孤儿和弃婴等处在特殊困境下的儿童提供福利项目、设施和服务,保障其生活、康复和教育。

3. 残疾人福利。残疾人福利主要是残疾人的康复及举办社会福利企业、安排社会福利生产、安置残疾人就业。《中华人民共和国残疾人保障法》为残疾人康复、教育、劳动就业等提供了法律保障。政府通过兴办福利企业、实施按比例就业和扶持残疾人个体从业等形式,帮助残疾人实现就业;采取临时救济和集中供养等福利措施,对残疾人提供特别照顾。

(二)职业福利

职业福利主要是指职工因其所从事的职业而从企业所获得的福利待遇,它的主要目的是为了提高职工的物质文化生活水平,满足职工的一般性需求。职工所在企业的福利设施、发放的各种补贴及举办的业余文化教育活动等都属于职业福利。

(三)一般性社会福利

一般性社会福利是指国家和政府为主体主办的、旨在提高全体社会成员的物质文化生活水平的福利性事业,其主要形式是为社会成员提供公益性的福利设施。目前,通过提供教育设施和服务、医疗卫生设施和服务,以及博物馆、体育和文化娱乐场所等来满足居民正常生活的需要。

三、我国社会福利事业的发展

在建国初期,国家一方面制定了发展社会福利和职工福利的方针政策,另一方面通过了各种措施为举办福利事业提供资金。在社会福利方面,为解决城市烈属、军属、城市贫民的困难所开办的福利工厂的生产、经营、税收优惠和原料供应问题,内务部、财政部等部门在1957年1月联合发布了《税收减免和贷款辅助的通知》。在职工福利方面,1950年颁布的《中华人民共和国工会法》规定,工会有改善工人、职员群众生活与物质文化生活各种设施的责任。在发展职工生活福利事业的费用方面,国家从以下五个来源给予提供和保证:①国家提供的各单位基本建设投资,都包括了与职工生活福利有关的非生产建设投资,如食堂、托儿所、幼儿园、文化宫、俱乐部、职工住宅的投资。②建立职工福利费提取制度和机关工作人员福利费提取制度。在1954年前,是按财政部规定的按享受供给制人员人数提取一定资金;1954年后政务院将若干项补助合并统称为工作人员福利费;1956年规定,区以上工商人员福利费标准按工资总额5%提取;乡镇干部按3%提取;对于企业职工的福利费,1953年经财经委员会规定,国营企业可以按工资总额的2.5%提取福利补助费,作为企业各种福利开支不足的补贴。③工会会费收入的20%部分可用做职工困难补助及按工资总额2%提取工会经费中的1%可用做职工文娱体育费和业余文化补习学校经费等。④单位行政管理事业费中的开支。⑤文娱设施的收入。1956年,全国总工会颁发《职工生活困难补助办法》对困难补助的原则、对象、经费来源、补助办法等作了明确的规定。

到1957年底,职工福利的各项设施从无到有,从少到多,逐步建立起来。全国建立了医院、疗养院、门诊部、预防所、卫生防疫站、妇幼保健站等机构约12.3万个。

在1958年"大跃进"时期,职工福利一度出现"过热",大办职工食堂和幼儿园等公共福利设施,不过这种情况很快得到纠正。进入20世纪60年代,由于严重自然灾害给职工生活带来严重问题,职工福利的主要任务是如何帮助职工克服生活困难,渡过难关。1963年,将中央国家机关工作人员福利费从1958年按工资总额1%提取提高到按2%提取。1965年,内务部关于国家机关事业单位福利费使用的通知规定,福利费仍以解决工作人员及家属生活困难为主,结余时可补贴统筹医疗费、托儿所、幼儿园等集体福利设施费用不足。"十年动乱"时期,社会福利事业处于停滞状态。

进入20世纪80年代后,社会福利工作开始酝酿改革,提出了国家力量和社会力量相结合,采取多种形式办社会福利的新思路。1984年召开的漳州会议进一步明确了"社会福利社会办"的指导思想,使社会福利事业从单一的、封闭的、由国家包办的体制转变为国家、集体、个人一起办的体制,面向社会,多渠道、多层次、多种形式地举办社会福利事业。城乡各种社会福利院都向社会开放,开始接受自费收养人员,这些自费收养人员大多是退休职工中的孤寡老人或子女不在身边的老人。民政部门办的社会福利事业单位还积极为社会提供康复服务和门诊服务。在20世纪80年代后期到90年代初,我国社会福利事业进入了一个大发展的时期。由于社区办的敬老院的增加,到1996年,中国城乡各种社会福利在院收养人员都比1978年增加了3倍以上。截至2012年年底,全国城乡各种社会服务机构在院收养人员为272万人次。

第二节 社会福利基金

一、社会福利基金的含义

社会福利基金是指国家为了实施社会福利制度,满足人们的福利需求,通过各种渠道所建立起来的法定的、专款专用的货币资金。从狭义上讲,主要是指政府所掌握的、用于提高人民的物质和精神文化生活水平的基金;从广义上讲,企业所拥有的福利基金也是社会福利基金的一个组成部分,它来自企业的经营收益,主要用于本企业员工的福利。

社会福利基金主要用于以普通人群为服务对象的城镇职工集体福利,包括生活服务、文化娱乐和福利补贴;用于以城镇无经济收入和无生活照料的老年人、残疾人和孤儿等特殊群体为服务对象的特殊社会福利,包括生活供养、疾病康复和文化教育等,由各级政府提供和管理的资金;用于农村的社会福利主要是以孤寡老人、孤儿等特殊人群为服务对象的资金。

二、社会福利基金的来源

资金是发展社会福利事业的重要物质条件,要发展社会福利事业,必须通过多渠道筹集社会福利资金。福利资金的来源应包括下列渠道:①国家的财政拨款或资助,即由政府通过征收个人所得税、遗产税等直接向社会成员提供社会福利基金;②企业按规定提取的福利资金,如职工社会福利基金,则是根据有关规定由企业或单位按国家有关财务管理的要求进行筹集;③通过社会组织、个人筹集社会福利发展资金;④由社会福利企业所筹集的福利资金;⑤发行社会福利彩票及社会募捐筹集的资金。

民间组织或个人自愿提供是指由民间组织或个人无偿捐赠或有奖募捐形成的基金。这种基金筹集方式灵活多样,既可以直接募捐,也可以发行福利彩票,还可以开展义卖、义演等活动;既可以接受现金捐赠,也可以接受实物捐赠;既可以向团体筹集,也可以向社会成员个人筹集。

相关知识链接

中国成立最早的基金会
——宋庆龄基金会

1981年5月29日,宋庆龄因病在北京逝世。为了纪念宋庆龄,1982年,在邓小平、廖承志、康克清等老一辈国家领导人的倡导和支持下,在北京成立了宋庆龄基金会。邓小平担任名誉主席,廖承志担任顾问,康克清任主席。

宋庆龄基金会的英译名为:"Song Ching Ling Foundation",缩写为"SCLF"。基金会的宗旨是:继承和发展宋庆龄毕生致力的少年儿童、文教、科技和福利事业,促进少年儿童身心健康发展;增进国际友好,维护世界和平;实现祖国统一;发展少儿事业,关注民族未来。

宋庆龄基金会是中国最早的基金会。成立以来,基金会的工作涉及扶贫助教、教育培训、体育保健、科技普及、文学艺术等诸多领域。宋庆龄基金会基金来源主要是:国内机关、团体、部队、企业、事业等单位和个人捐赠,台湾、香港、澳门同胞的团体和人士的捐赠以及海外侨胞、外国友好团体和人士的捐赠等。所募资金直接为中国少年儿童的文化教育、科学技术和福利事业服务,并为增进国际友好、世界和平与祖国统一做贡献。

(资料来源:编者根据相关资料整理。)

三、社会福利基金的作用

社会福利基金的作用主要体现在以下两个方面。

(一)保障劳动者和社会成员的基本生活需要,维持社会生产发展

社会福利基金主要保障城镇职工、无经济收入的特殊人群及广大农村的特殊人群的基本生活,使其能够老有所养、病有所医、残有所助,保证了劳动力的再生产,从而推动整个社会生产的发展和经济繁荣。

(二)保护弱势群体的利益,促进社会生产

社会福利基金的受益对象主要是低收入者,而社会福利是政府举办的社会公益性事业,其资金主要来源于政府的税收,社会福利水平的提高是以税收的增加为前提的,这就使社会福利制度的实施对国民收入占有主体结构产生的影响,实现了国民收入在纳税人与福利受益对象之间的再分配效应,其结果是收入从高收入者向低收入者手中转移,因此,社会福利基金的分配是政府公平收入分配的重要举措之一。

第三节　社会福利基金管理

一、我国社会福利基金管理的发展

一般而言,我国社会福利的历史分为五个阶段:建国初期(1949—1952年)、社会主义改造时期(1952—1957年)、社会主义建设时期(1957—1965年)、"十年动乱"时期(1966—1976年)、改革开放时期(1978年至今)。

在建国初期,国内工作的重点是战后的重建,建立政权、稳定社会秩序、进行土地改革和恢复国民经济。1950年召开的第一次全国民政会议,规定了民政部门的工作重点是民主建政、优抚、复员安置、社会救济、生产救灾、困难补助等。这一时期民政部门在社会福利方面的工作大量集中在收容改造、整治控制上,但由于资源匮乏,大规模的社会福利投入是不可能的。

在社会主义改造时期,民政部门进行了内部改组并召开了两次全国民政工作会议,设置了救济司和登记司。在社会福利方面,强调鼓励自力更生,互助互济,勤俭节约和避免依赖国家救助的原则。1953年,民政部门接管了451个海外宗教团体资助的慈善事业机构(其中的247个是美国教会主办,204个由英国、法国、意大利和西班牙教会主办)。中国盲人福利会也于1953年成立。

在社会主义建设时期,民政福利工作与其他工作一样在曲折中前进,大体上经历了三个阶段:大跃进—紧缩整顿—顺利发展。建设时期,社会福利方面有两个发展值得注意:一是澄清了民政部所属的福利生产企业由四种类型组成:①保障型,即为盲人、聋哑人设置的福利生产单位;②服务型,即生产工具、文化用品、残疾人假肢及火葬用品的单位;③改造型,即改造游民的生产单位;④自救型,即烈军属和贫困户的工作单位。二是住院服务的建立。1958年第四次民政工作会议提出要为"三无对象"设立精神病院。到1965年,民政部共掌管819个机构,包括社会福利院、儿童福利院和精神病院。

在"十年动乱"期间,由于没有足够的资料来说明当时民政工作的情况,使得这一时期的民政工作鲜为人知。

自改革开放以来,我国民政福利事业进入了一个全面改革和振兴的时期,具体内容在以下将作详细阐述。

二、我国社会福利及其基金管理制度的完善

我国社会福利制度的调整主要有两次：第一次是在 20 世纪 70 年代末期，国家修改和增设了取暖补贴、职工上下班交通费补贴、职工探亲假等福利补贴制度，提高了职工补助费起点标准，增加了福利基金的来源渠道；第二次是 20 世纪 80 年代后，为了与整个经济体制改革相适应，社会福利制度又进行了多次相应的改革，主要是从以下几个方面进行的。

(一)改变国家统揽，动员社会力量兴办

在党的十一届三中全会以后，我国改变了社会福利由国家包办的体制，形成了国家、集体、个人一起办福利，社会福利逐步走向社会化的发展格局。1985 年 5 月召开了全国社会福利事业单位深化改革工作会议，提出了我国社会福利事业要实现以下几个转化：由国家包办型向社会合办型转化；由单纯救济型向社会福利性转化；由社会效益型向社会效益与经济效益相结合，自我积累、自我发展型转化；由收养型向供养与康复相结合型转化；由封闭式办福利院向社会化服务活动转化。通过向社会开放、扩大自费收养等方式，来增强社会福利单位自我发展的能力。据统计，在国有福利事业单位中，自费收养的人员也超过了 10% 的比例。民办福利机构也大量出现。据不完全统计，到 2010 年一季度，我国已有国家举办的社会福利机构 4.013 万所，收养人数 233.3 万人；有集体举办的敬老院 3.563 2 万多家，收养 189.6 万多人；有各种形式的民办福利机构 1 522 家，床位数 21.6 万张，收养 15.5 万多人；还建设城镇社区福利服务设施 23.6 万个。

与此相应的是，兴办社会福利事业的资金由单纯靠政府投入逐步向多元化发展，主要有以下几个来源：一是国家财政拨款，这是社会福利基金的一项比较稳定、可靠的基金来源；二是企业提留，主要来自于按企业职工工资总额的一定比例提留的资金和通过企业税后利润的再分配形成的资金；三是福利工厂自身的积累，主要指民政部门主管的福利工厂和假肢工厂从自身的经营收入中提取的公积金和公益金；四是社区自筹，主要来自于社区赞助、社区自身的收入、有偿服务的收入、社会捐赠等；五是社会福利有奖募捐募集的资金，各类奖券的资金扣除 10% ~ 20% 的发行成本、50% ~ 55% 作为资金，可有 30% 作为社会福利基金。

（二）发展残疾人劳动就业

国家通过一系列优惠政策，鼓励社会广开门路，安排残疾人就业。一方面，国家大力兴办残疾人福利事业，集中安排残疾人就业，并给予一定的税收优惠政策。另一方面，以法规的形式要求国家机关、团体、企事业单位、城乡集体经济及其他各类企业和经济组织，按职工人数的一定比例分散接收残疾人个体就业，从而使残疾人福利与增强其自立能力紧密联系起来。

（三）重视社区服务

社区服务是社会福利体系中的一种重要的形式，1987年9月，民政部在武汉会议首先倡导开展社区服务工作，1993年7月，民政部、国家计委等国务院14个部委联合签发了《关于加快发展社区服务业的建议》，不仅要大力扶助社区特殊困难群体，为他们提供福利服务，也要满足全社会广大居民的多种服务需求，提供便民利民服务。据民政事业发展统计报告显示，截至2012年年底，全国城镇的社区服务设施已达20.0万个，综合性的社区服务中心16 306个，便民利民服务网点39.7万个，建立社区服务资助者组织9.3万多个，全国全年共有1 293万人次在社会服务领域提供了3 639.6万小时的志愿服务。全国大中城市已初步形成了以设施服务和社会互助为主要形式的社区福利服务网络。社区福利服务迅速发展，为保障城市特殊困难群体的合法利益发挥着越来越重要的作用。

三、我国社会福利基金筹资管理

按照民政部1994年12月发布的《有奖募捐社会福利资金管理使用办法》的规定，"社会福利资金主要用于资助为老年人、残疾人、孤儿服务的社会福利事业，帮助有特殊困难的人，支持社区服务和社会福利企业的发展。"据《2006年民政事业统计数据快报表》显示，2006年我国全年销售福利彩票495.7亿元，比2005年增加84.5亿元，增长率为20.5%，共筹集社会福利资金约173.5亿元，为我国福利事业提供了相当的资金。

《2005年民政事业发展统计报告》显示，2005年全国共有福利企业3.121 1万个，比2004年减少1.199 4万个；经济继续增长，实现利润225.2亿元，比2004年增长2.89%。《2006年民政事业发展统计报告》显示，2006年全国共有福利企业3.019 9万个，比上年减少0.101 2万个，实现利润237.8亿元，比上年增长5.6%。由此可见,福利企业的生产效率和收益率都呈上升的趋势,为福利事业的发展提供了巨大的资金支持。

《2006年民政事业发展统计报告》显示,2006年全国民政系统累计接受捐赠款83.1亿元,比上年同期增加21.2亿元,增长25.5%;全年累计接收捐赠衣被等6.4亿元,共有3 259.1万人次受益。《2010年第一季度民政事业统计简报》显示,至2010年一季度末,全国共建立经常性社会捐助工作站点2.714 4万个,接收捐款捐物折合人民币12.617 84亿元,接收衣被696万件,使得32.41万人次困难群众受益。

《2012年社会服务发展统计公报》显示,截至2012年年底,我国共建立经常性社会捐助工作站、点和慈善超市3.1万个。全年各地直接接收社会捐赠款物578.8亿元,衣服12 538.2万件。间接接收其他部门转入的社会捐款5.0亿元,衣被485.6万件。

《2015年社会服务发展统计公报》显示,截至2015年年底,全国共建立经常性社会捐助工作站、点和慈善超市3万个(其中:慈善超市9 654个)。全年共接受社会捐赠款654.5亿元,其中:民政部门直接接受社会各界捐款44.2亿元,各类社会组织接受捐款610.3亿元。全年各地民政部门接受捐赠衣被4 537.0万件,捐赠物资价值折合人民币5.2亿元。间接接受其他部门转入的社会捐款4.3亿元,衣被172.5万件,捐赠物资折合人民币6 164.4万元。全年有1 838.4万人次困难群众受益。全年有934.6万人次在社会服务领域提供了2 700.7万小时的志愿服务。

四、我国社会福利基金支出管理

我国社会福利基金支出管理主要包括社会津贴(补贴)支出管理、职工福利支出管理、社会福利事业单位支出管理、公共卫生支出管理。

(一)社会津贴(补贴)支出管理

社会津贴(补贴)支出是指国家在实行某项政策时为了使社会成员享受到经济和社会发展的成果,提高物质文化生活水平,或为了保证不致因某项政策措施而导致其生活水平下降,所采取的物质帮助而形成的支出。现行的社会津贴有两种形式:一种是"明补",即国家以现金形式支付给职工或居民的津贴,如副食品价格补贴、民用煤价格补贴、粮价补贴、肉价补贴、交通费补贴、独生子女费、洗理费、书报费、取暖费等等;另一种是"暗补",即国家不支付给个人,而是向提供社会福利的有关方面,如城镇住房建设、粮油蔬菜生产经营等行业提供的直接补贴。

在现阶段,社会津贴支出管理一方面要严格执行国家规定的开支标准,另一方面要改革社会津贴的支出方式。随着工资制度和价格制度的改革,国家对职工、居民的社会津贴要逐步由"暗补"改为"明补",并将职工的社会津贴逐步纳入工资基数,使社会津贴明晰化;同时,要根据价格指数变化情况,及时、合理地调整社会津贴标准,以保证职工、居民实际生活水平的提高。

(二)职工福利支出管理

职工的社会福利支出是指以工作关系为基础的,给予本行业、本部门、本单位职工及其家属的福利待遇方面的支出。我国现行的职工福利在国家机关、社会团体、企事业单位等各行各业已相当普及,每个单位职工都不同程度地享受到实实在在的社会福利。但是,现行职工社会福利带有很强的行业性,主要存在的问题有两个:一是待遇差别大;二是社会化程度不高,支出效益低下。从全社会来看,这种职工福利支出管理不仅给单位带来了沉重的负担,而且造成了行业间的苦乐不均,更制约了社会第三产业的发展,也影响了职工再就业。因此,职工社会福利支出管理的重点,就在于加快改革,提高社会化程度,走社会化发展的路子。

(三)社会福利事业单位支出的管理

社会福利事业单位是事业单位的一类。对社会福利事业单位的支出管理应当按照国家的有关预算管理和财务管理规定进行管理,做到精打细算,努力节约开支。

(四)公共卫生支出管理

公共卫生支出是指国家为保障社会成员身体健康,提高劳动者素质,用于疾病、疫情的防治等方面的经费及医疗机构补助费。我国现行的卫生医疗服务项目,有些由国家无偿投资,有些由国家给予补贴,具有一定的社会公益性,属于社会福利范畴。其主要包括防治防疫支出、药品检验机构支出、妇幼保健支出、医疗机构补助支出。公共卫生支出除防疫药品器材及生物制品购置费由国家全额拨款外,大部分属于补助性支出。对药品等购置费,要根据防治人口、疫苗接种人数、接种量等防疫任务、药品价格等因素,合理安排经费支出,严格控制支出范围,应由个人负担的药品支出,不得从药品购置费中列支。对药品购置、运输、仓储、接种过程中发生的公务性支出,要按国家规定标准来执行,不得随意扩大范围和提高标准,要健全有关内部管理制度,降低公务性支出比例,提高支出效益。对防治防疫机构、医疗机构等各项补助性支出,要根据国家对公共卫生支出的有关政策,科学地划分此类机构的公益性、福利性支出范围,对应由市场补偿的支出,如医疗机构的特殊医疗服务、保健医疗支出等,药品检验机构的部分收费项目支出,部分传染病、地方病的治疗经费等不应列入补贴范围。

相关新闻链接

澳门调高三项福利援助金额

最新出版的《澳门特别行政区公报》刊登了行政长官何厚铧关于调高养老金、残疾恤金、社会救济金三项福利金额决定的批示。这一决定将于2006年8月1日起生效。

根据批示,养老金、残疾抚恤金每月增加300澳门元,至1 450澳门元;社会救济金每月增加200澳门元,至950澳门元。三者的增幅均为26%。

据了解,澳门上次调整养老金、残疾抚恤金、社会救济金的金额是在1999年9月,当时,澳门特区尚未成立。9年后,澳门社会经济发展迅速,澳门特区政府决定调高这三项福利援助。

2005年,澳门领取养老金人数超过1万人,比2004年增加10.82%;发放金额由2004年的1.26亿澳门元,增至1.41亿澳门元。

(资料来源:中国社会福利网,2006年7月25日 http://www.shfl.com.cn/view_article.jsp?articleid=441)

第四节 我国对社会福利基金管理的规定

我国关于社会福利基金管理方面的主要法律规定是民政部印发的《关于社会福利基金筹集、管理与使用规定》〔民福发(1999)9号〕的通知。这个规定对我国社会福利基金管理的方方面面都进行了一系列的统一和规定。

第九章
社会福利基金管理

根据民政部"三定"方案①和财政部、民政部发布的《社会福利基金使用管理暂行办法》(以下简称《暂行办法》),本着社会福利基金筹集、管理和使用分开的原则,现就民政部社会福利基金的筹集、管理与使用介绍如下。

一、社会福利基金的筹集和收缴

中国福利彩票发行中心负责中国福利彩票的发行和社会福利基金的筹集工作主要包括以下内容:

第一,定期编制和报送中国福利彩票年度发行计划,并根据国务院批准的年度发行计划组织实施。

第二,根据《暂行办法》规定的中央级社会福利基金留成比例(彩票销售总额的5%),各省、自治区、直辖市彩票发行机构具体办理中央级留成社会福利基金的收缴。收缴社会福利基金时,应向缴款单位出具财政部门统一印制或监制的票据。

第三,向民政部集中上缴所筹集的社会福利基金。根据财政部的有关规定,每季度末20日以前,通过银行直接汇入民政部预算外资金收入过渡账户或将转账支票送缴民政部财政机关事务司。民政部财务和机关事务司收到汇缴款项后,出具财政部门统一印制或监制的票据。

相关知识链接

国家税务总局关于中国福利彩票用作社会福利基金部分的发行收入征免所得税问题的通知
国税函〔2001〕745号

各省、自治区、直辖市和计划单列市地方税务局:

最近,一些地区反映福利彩票发行收入用作社会福利基金的部分是否征收

---

① 根据第九届全国人民代表大会第一次会议批准的国务院机构改革方案和《国务院关于机构设置的通知》,国务院的"三定"方案的主要内容是:定职能、定机构、定编制。

所得税没有明确规定,经研究,现将有关问题明确如下:

根据《财政部、国家税务总局关于企业收取和交纳的各种价内外基金(资金、附加)和收费征免企业所得税等几个政策问题的通知》(财税字〔1997〕22号)规定,各级福利彩票发行机构的福利彩票发行收入中用作社会福利基金,并纳入财政预算或预算外资金专户,实行"收支两条线"管理的部分,暂不征收企业所得税。福利彩票用于其他用途的其他发行收入,应依法征收企业所得税。

二、社会福利基金的财政专户缴款和财务管理

民政部财务和机关事务司负责中央级社会福利基金的财政专户缴款和财务管理工作,其工作主要包括以下几项:

第一,按照《暂行办法》的有关规定,负责向财政部报送《民政部本级社会福利基金收支计划》。

第二,向财政部预算外资金专户办理民政部本级社会福利基金收入的集中上缴。根据财政部的有关规定,每季度末25日以前,填制银行《进账单》(注明预算外资金收入项目、具体金额等);通过银行转账支票将社会福利基金从民政部过渡账户中一次全额上缴财政部中央预算外资金财政专户。

第三,按照民政部制定的《民政部本级社会福利基金收支计划》和资助项目的进度办理财务拨款手续。

第四,负责社会福利基金的日常财务工作,年终编制社会福利基金收支决算报财政部审批。

三、社会福利基金的安排使用

民政部社会福利和社会事务司负责本级福利基金资助项目评审的日常工作,其工作主要包括以下几项:

第一,根据《暂行办法》中社会福利基金使用范围的有关规定,按照中国福利彩票发行额度编制《民政部本级社会福利基金收支计划》。经财务和机关事务司审核,报送部评审委员会。

第二,负责接受和整理民政部本级社会福利基金资助项目的申报报告及有关资料,组织必要的考查评估,并提出评估意见。

第三,按照《暂行办法》中社会福利基金使用的有关规定和年度支出计划,按时编制民政部本级社会福利基金年度资助项目方案。经评审委员会审议后

报部长办公会议审定。

第四,定期向社会公布民政部本级社会福利基金的使用情况。

第五,负责保管民政部本级社会福利基金资助项目的档案。

第六,负责筹备民政部评审委员会会议并承办其日常工作。

四、社会福利基金项目的评定审查

民政部社会福利基金项目评审委员会负责民政部本级福利基金资助项目的评定、审查。民政部社会福利基金项目评审委员会由部领导、各有关司(局)和单位的负责人组成。

五、社会福利基金使用的监督检查

审计、纪检和监察部门负责对民政部本级社会福利基金的使用进行监督检查。

相关知识链接

彩 票

一、彩票的法律性质

什么是彩票?依据财政部2002年《彩票发行与销售管理暂行规定》第2条,"彩票是国家为支持社会公益事业而特许专门机构垄断发行,供人们自愿选择和购买,并按照事前公布的规则取得中奖权利的有价凭证"。另依据《中国福利彩票发行与销售管理暂行办法》(民办发〔1998〕12号)第2条规定:"本办法所称福利彩票是指:为筹集社会福利事业发展资金发行的,印有号码、图形或文字,供人们自愿购买并按照特定规则取得中奖权利的凭证。"

(一)彩票是一种证券

日常生活中广泛使用的各种具有法律效力的文书、书据和票证,根据它们效力的差异,可以分为两大类:证书和证券。前者如出生证明、死亡证明、结婚证书、借据、合同书等,只能作为证明手段(证据方法),至于这类证书的有无和存在与否,并不能直接决定实体的法律关系之存在与否。证券不仅记载一定的权利,证券本身就代表一定的权利。这种权利存在于证券之上,在通常情况下,权利与证券结合在一起,权利不能离开证券而存在。彩票作为一种特殊的凭证,在中奖场合,中奖人行使请求支付奖金或交付奖品的权利,必须持有效的中奖彩票,权利与彩票密不可分,因而,彩票属于一种证券,而不单是一种证书。

(二)彩票是一种无记名证券

无记名证券指持有人可以请求其依所记载的内容为给付的证券。彩票由国家特许的机构发行,直接上市销售,面向不特定的社会大众,供人们自愿购买,《彩票发行与销售管理暂行规定》第6条和《中国福利彩票发行与销售管理暂行办法》第4条均规定,福利彩票不记名。

(三)彩票是一种有价证券

证券,依其与所表示的权利之间的联系是否密切,又可进一步分为三类:金券(金额券)、资格证券(免责证券)和有价证券。金券,是标明一定的金额,只能为一定目的而使用,证券与权利密切结合而不可分的一种证券。例如邮票。持有金券的人丧失了金券无任何补救办法。例如丧失了邮票,既不能请求补发,也不能不用它而去寄信。资格证券,是表明持有这种证券的人具有行使一定权利的资格的证券。持有证券的人可以凭证券向义务人行使一定的权利,义务人(依照证券负有义务的人)向持有证券的人履行义务后即可免责,故又名免责证券。例如一般的车船票、火车行李票、存物证、存车牌、银行存折等。其特点是:在一般情况下,证券与权利是结合在一起的,行使权利必须持有证券,持有证券就可以行使权利;在特殊情况下,只需真正权利人能证明自己的权利(不问用什么方法),证券与权利也可以不结合在一起而互相分离。有价证券,是表示一定的权利,权利人行使权利必须持有证券,原则上不得离开证券而行使权利的一种证券。例如汇票、本票、支票、各种债券等。其与资格证券的不同在于,不持有证券的人即使能用其他方法证明他的权利,也不能行使权利;只能依法律规定通过一种特别的方法才能行使权利。

彩票上的权利与彩票密不可分,因而彩票不属于资格证券或者免责证券。彩票是属于金券还是属于有价证券呢?这一问题颇为困扰,特别是1994年民政部发布的《中国福利彩票管理办法》第2条将福利彩票界定为"有价凭证",但1998年民政部发布的《中国福利彩票发行与销售管理暂行办法》第2条对福利彩票的定义便删去了"有价"二字,仅界定为"凭证",这种变动不应该是无意之举,从中可以反映出起草者对于彩票性质的认定颇犯踌躇。《彩票发行与销售管理暂行规定》第2条又将彩票界定为"有价凭证"。有的学者强调有价证券应该具有流通性,如果这样把握"有价证券",彩票在我国"不能流通使用",显然不属于有价证券。不过有些专家认为无记名证券即为有价证券,彩票属于无记名证券,依逻辑推理,彩票自然属于有价证券。在我国,主张彩票属于有价证券者,亦大有人在。

(资料来源:韩世远:《彩票的法律分析》,http://www.ciiilaw.com.cn/article/defqult.asp?id=26915)

第五节 完善我国的社会福利基金管理

一、我国的社会福利基金管理存在的问题

建国初期,我国的社会福利一直以民政福利和职工福利的形式存在。自改革开放以来,随着我国对社会福利制度的调整,社会福利基金管理制度逐步完善。国家在社会保障基金管理方面颁布了许多相关的法律法规,例如,1982年国家劳动总局转发的上海市劳动局《关于加强企业职工福利基金使用管理工作请示》,1998年10月由财政部和民政部颁布了《社会福利基金使用管理暂行办法》,1999年民政部颁发了《关于社会福利基金筹集、管理与使用规定》,逐步规范了社会保障基金的管理。

尽管我国的社会福利基金管理经过了若干次的调整,但与社会主义市场经济体制的要求仍然有一定的差距。其存在的问题主要体现在以下几个方面。

(一)政府在社会福利基金制度中的定位不合理

这个问题的实质就是政府的职能范围问题。社会福利是一种具有公共产品性质的社会事业,是政府应该承担的一项社会义务。而我国由于历史的原因,政府在社会福利中的作用是消极和自我抑制的。由于奉行"高积累、低消费"的政策,我国在改革开放前的民政事业经费平均各年仅占国家预算的1.6%,改革开放后有所增长,但幅度不大,这种福利基金制度与目前的市场经济体制极不适应。这主要表现在以下三方面:一是社会福利制度的结构调整较慢,变革不明显。政府对社会福利保障和服务的资源投入增加少、比重低,社会福利服务的增长赶不上社会需求的增长。二是政府对社会兴办福利机构和福利服务的政策不完善、不配套。尤其是政府扶持和优惠政策不明显,有的优惠政策制定了也难以实现,政府投入不足。三是政府对社会福利事业单位采取了包揽、包办、包管的"三包"机制,政府不仅出钱建设施、建机构,还要出钱养服务

人员,福利事业单位内部没有压力、动力、活力。这使得有限的资源得不到充分的发挥和利用,而政府背上的包袱却越来越沉重。

(二)社会福利基金管理不规范

社会福利基金管理的不规范主要体现在以下几个方面。

1. 社会福利基金管理体制分散,政出多门。除了民政福利基金由民政部会同财政部集中管理外,其他社会福利基金还分散在其他部门单独管理,全社会没有一个统一的机构来管理和指导社会福利基金的管理工作,由此影响了社会福利基金的正常运行。

2. 社会福利基金项目管理不规范。目前,我国社会福利基金项目的划分是不规范的,纳入社会福利基金制度的项目没有统一的保障目标、标准和要求,有些项目和社会救济项目的界限不清,如具有明显社会救济性质的项目——残疾人福利保障、养老院、孤儿院保障等,目前包括在社会福利项目之中。此外,我国的社会福利基金当中还包括一项特殊的基金,即职工福利基金,其中包括一些具有明显局部保障性质的项目,如劳保津贴、出差补助等,这些都为社会福利基金的规范管理设置了障碍。

3. 社会福利基金运行机制不健全。运行机制不健全主要表现在社会福利基金来源不明确,资金使用也没有专门的科目予以反映,社会福利的发展水平缺乏规划,社会福利目标的实现程度缺乏监督。目前,社会福利基金的收支、管理要接受财政、计划(物价)、金融、审计、监察等部门的监督检查,并且要定期地向社会公布,但大多是事后监督,突击检查,对社会福利基金的运行缺乏有效的管理。这些问题都严重地影响了我国社会福利事业的正常发展。

(三)城乡社会福利水平差异明显

城乡社会福利水平差异明显的问题主要是由于我国特有的二元经济结构造成的。我国实行的是严格的户籍管理制度,并在此基础上形成了城乡区别的社会福利制度,农村中的社会福利主要由乡政府来提供,而城市中的社会福利主要通过居民所在的单位和企业来提供。城市职工可以免费或低价享受由国家(通过单位)提供的种种福利;而在广大农村地区,由于乡政府掌握的公共资源极为有限,只能提供一些初级福利,根本无法与城镇职工享受的福利待遇相提并论。

(四)职工福利基金管理存在的问题

职工福利基金管理存在的问题主要表现为:首先,职工福利基金增长过快,出现超经济增长。其次,由于福利刚性增长,职工福利基金收支严重失衡。再次,由于职工福利基金严重超支,侵蚀企业利润,影响了企业的正常发展。最后,职工福利基金管理混乱,致使某些不属于职工福利的费用支出也列入职工福利基金开支。

(五)社会福利基金管理缺乏规范和完善的法律监督

国外社会保障制度的改革和推行,一般是先立法,后执行,执行中对法律又不断修正和完善。而我国社会保障制度改革和建立过程中,存在着立法滞后和立法难度大的问题。如社会保障法,由于看法不一致,至今未能出台。而社会福利基金管理相对于其他社会保障项目基金管理,如养老保险、失业保险、医疗保险等基金管理,其法制水平更低。迄今为止,我国仅有一部《民政部关于社会福利基金筹集、管理与使用规定》,只是规定了发行中国福利彩票筹集的专项用于发展社会福利事业的资金管理,因此,我国至今还没有一部全面规范社会福利事业基金的法规和制度。政府的社会福利行为和基金管理处于一种无法可依的状态。

二、完善我国的社会福利基金管理的建议

要完善我国的社会福利基金管理,可以采取以下几种措施。

(一)加快政府职能转变,确定政府在社会福利管理中的合理定位

我国的改革开放和市场经济体制的建立使政府职能的转变方向为"小政府、大服务"的格局,这将使政府减少对企业经营管理的干预,而以更多的精力注重于社会福利和社会保障,更多地提供生产、生活的社会化服务,包括福利服务在内的公共事业和公益事业。政府对社会福利投入的绝对量应该逐年增长,相对比重在一个相当长的时期内也应随着财政的增长而不断加大。政府在社会福利管理中,一是要改变对于直属企业、事业单位的管理方式,变直接管理为间接管理,变微观管理为宏观管理,逐步实行多种形式的福利事业单位管理的一体化;二是要制定法规和政策并指导实施。这具体体现为以下"三规"。

1. 规划,这包括国家和地方多层次的社会福利服务事业发展规划,规定机构和设施建设的数量、规模和布局。

2. 规则,即社会福利事业的法规和政策,包括机构的审批、管理和监督等环节,是政府有关部门实施行业管理的重要依据。

3. 规范，包括各类机构建设规范和服务机构不同岗位的服务规范两个方面的内容，是社会福利的设施建设和规范化服务的依据。

此外，政府可应用行政授权和行政委托方式，将社会福利事业管理若干职能交由社会组织管理。根据所依据的法律层级的差异，行政委托比行政区授权易于操作，但政府要加强对被委托组织行为的监督和制约。

（二）统一社会福利基金管理

统一社会福利基金管理办法主要有以下几种。

1. 建立统一的社会福利管理与监管机构。管理上的统一首先需要健全组织机构和理顺职责关系。可考虑社会福利事务全部由民政部门进行管理，按照政事分开、政资分开的原则，实行社会福利经办机构、社会福利基金筹集机构分开建立，社会福利基金的筹集由财政部或财政部委托社会福利彩票发行中心来进行募集。设置社会福利事务监督机构。虽然财政部门和审计部门可以对社会福利进行监督检查，但是由于它们同属于政府行政系列，不可能实行有效的监督。因此，应在财政监督、审计监督之上，建立社会福利监督委员会，发动和加强社会监督。

2. 将社会福利基金纳入政府预算管理。社会福利基金来源的一部分是国家财政拨款，来自于一般性税收收入，与政府财政有着十分密切的联系，对财政分配有着重要的影响。虽然还有来自于社会捐赠、福利彩票发行收入等渠道，但是财政却负有对社会福利基金的最终保障责任。因此，社会福利基金具有国家财政性资金的性质。为了保证国家财政性资金的完整性、规范性，也为了保证社会福利基金的合理使用，防止浪费和挪用，社会福利基金必须统一纳入预算管理，实行列收列支，专款专用，收支平衡，并通过预算监控，使社会福利基金安全、节约、高效地运转。

3. 加强社会福利基金的财务监督，要尽快制定社会福利财务会计专门制度。加强对财政拨款的社会福利基金的监管，主要监督是否按预算要求办理拨款，资金是否有保证，追加专项拨款是否符合法定程序，是否按进度及时足额拨款，有无改变资金用途和增减拨款的行为。做好资金去向的跟踪监督，防止截留、挪用现象发生。对企业单位负担的社会福利支出，要做好统计、调查，对支出的内容、口径、规模摸清底细，加强企业财务监管，对企业开办的学校、医院等社会福利事业要逐步纳入地方财政支出管理范围，减轻企业的社会负担。对于社会福利事业单位支出，要加强对一些特殊单位的财务监督，对不同类型福利支出要用不同的监管手段。对全额预算单位，应按人员经费、公用经费、专项经费的不同特点，按照国家对全额预算单位的有关规定进行管理，尽量节约支出。

对差额预算单位,应加强对业务收入的监管,建立促使差额外负担单位增收节支的激励机制,逐步减少对差额单位的预算拨款。

(三) 加强社会福利基金管理制度创新,提高社会福利社会化水平

要坚决打破地方、城乡、企业之间的界限,真正建立一个全社会范围的统一有效的社会福利体系。要建立以市为单位的社会福利网络,通过统一规划和提供社会福利,坚决打破城乡分割、企业分割的旧福利体制。要切实减轻企业负担,接收企业举办的一些集体福利设施,如托儿所、医院、子弟学校、食堂、浴池,统一对公众开放。同时,在农村地区加大社会福利的投入力度,兴办更多的乡村小学、中学、医院和老年、残疾、孤儿福利院,满足广大农村群众对社会福利的基本需要。

(四) 针对企业利用职工福利侵蚀税基,考虑开征"社会福利税"

为了防止国家税基的双重流失,建议考虑对企业开征社会福利税。国家可以规定企业一定期限内福利支出的限额,可同其实现的利税挂钩,对于过分膨胀的福利支出课以重税,以确保国家利益。将所征收的"社会福利税"实行专款专用,封闭运行,用以提高整个社会的福利水平。当然,建立一个适应现代企业制度和市场经济体制的新的职工福利制度,是吸引职工、增强组织凝聚力和竞争力的有效手段,也能缓解政府的压力。

(五) 加强社会福利基金管理的法制建设

针对我国目前社会福利基金管理法律法规偏少、有关福利与其他社会政策混在一起的现象,必须加强社会福利的法制化建设,将其纳入整个社会保障法制建设的体系之中,使社会福利基金项目管理、资金来源和使用、社会福利标准的测定和衡量、社会福利规划和实施都有法律和制度的规范和保证。

本章综合案例

中国残疾人福利基金会提出新的工作规划
——"八要"和"五不做"

"八要"是:

一要建立健全并贯彻实施一整套完善的规章制度;

二要聘请具有国际高水准的权威审计机构,对基金会进行年审和每项活动的终审。目前,基金会已与国内规模最大、信誉最高的审计机构——普华永道,建立了工作关系,聘请它们对基金会的资金管理和使用情况进行严格的审计与评估;

三要建立严格的捐赠档案,及时记录每一笔捐赠的款项和物资,接受捐赠人和社会各界的查询;

四要确保每个公益项目公开、透明、成功和高效。基金会提出今后将坚持把每年募集所得资金的95%用于当年的残疾人慈善事业,并逐步提高,争取将其中全部公募的资金返还社会,而且要确保在资金的使用过程中不出任何差错,以此切实改善和提高残疾人的生活状况,维护基金会的形象和信誉;

五要定期(每月)公布基金会的全部资产,使之高度透明,主动接受社会监督;

六要杜绝任何形式的小金库;

七要厉行节约、杜绝任何浪费;

八要廉洁自律,形成有效的反腐倡廉机制。

"五不做"是:

一不做法律未明确赋予基金会权利的事情;

二不做社会道德和习俗风尚所不容忍或有争议的事情;

三不做与本会章程、宗旨不相符合的事情;

四不做与捐赠者意愿不相符合的事情;

五不做有损基金会名誉和残疾人事业的事情。

"八要"和"五不做"的提出,表现了基金会同仁严于律己的工作作风,以及他们对待残疾人事业的真诚态度和感情。

此外,基金会提出建立首问责任制,第一接问人要认真负责,要在第一时间做出有效回应,勇于承担责任,杜绝推诿、回避、拖拉现象,从而进一步增强基金会工作人员的高度责任感,提高基金会的公信力,使其成为一种具体的、有内涵的和团队的精神与作风。

中国残疾人福利基金会成立于1984年,它的使命与宗旨是:"弘扬人道,奉献爱心,全心全意为残疾人服务。"它的愿景和长远目标是:"通过我们的努力,动员更多的社会资源,使残疾人能够平等参与和全面融入社会生活,形成全社会理解、尊重、关心、帮助残疾人的良好风尚,促进人类文明。"

(资料来源:中国聋人百科网)

▶思考题:说说你对上述资料的看法,在管理社会福利的其他项目时,我们可以从中借鉴些什么?

本章小结

1.本章首先叙述了什么是社会福利,以及我国社会福利体系的内容及社会福利在我国的发展进程。

2.在清楚了什么是社会福利的基础上,探讨了社会福利基金的相关内容,包括其含义、种类、筹资渠道和支付上的管理。

3.我国对社会福利基金的管理在不断进行着改革和探索,已对基金从筹集、支付、监管上都进行了相关的规定。但是目前仍然存在着一些问题,需要进一步修正和完善。

重要概念

社会福利　社会福利基金　社会福利基金管理

复习思考题

1. 什么是社会福利？它有哪几种含义？
2. 什么是社会福利基金？它有几种分类？
3. 我国社会福利基金的筹资渠道有哪些？
4. 我国对社会福利基金在支出上有哪些管理？
5. 简述我国对社会福利基金管理的规定。
6. 我国目前在社会福利基金管理方面存在哪些问题？对其具体的改进方法有哪些？

第十章
社会救助基金管理

CHAPTER 10

学习目的与要求

通过本章的学习，了解和掌握社会救助和社会救助基金的基本概念、作用，不同社会保障类型的国家社会救助基金的来源；理解社会救助基金管理的内涵、意义及其主要内容；明白社会救助基金管理体制的类型；掌握我国社会救助基金管理的几个重要方面，包括社会救助基金筹资与支付管理、社会救助基金的组织管理；了解我国社会救助基金管理的发展及可以借鉴的国际经验，知道我国社会救助基金管理中存在的问题及进一步完善我国社会救助基金管理的对策。

第一节 社会救助基金的基本概念

一、社会救助的内涵

（一）社会救助的概念

社会救助是指当社会成员陷入生存危机或不能维持最低限度的生活水平时，由国家和社会按照法定的程序和标准，向其提供满足最低生活需求的物质援助。它的含义包括以下几个方面：首先，社会救助的目标是克服贫困，满足和保障贫困社会成员最基本的生活权益。与社会保险带有预防性质不同，社会救助带有补救性质，保障标准较低。其次，社会救助的对象具有选择性，只有其家庭的人均收入水平低于规定的贫困线，才有资格得到社会救助。最后，在社会救助制度中,国家与救助对象的权利和义务不对等,国家承担救助贫困社会成员的责任,而救助对象享有获得社会救助的权利,社会救助是国家和社会不容推卸的责任。

在此需要说明一下社会救济与社会救助的关系。社会救济与社会救助的实际工作并没有本质的区别。社会救济也称社会救助,但在概念上还是略有差异,社会救济是指政府对收入在贫困线以下的居民和因自然灾害遭受损失或发生其他不幸事故而生活困难者提供资金与实物援助的一种社会保障制度。在国内外的各种书籍杂志上,社会救济与社会救助是同一个概念术语。德国、英国称为社会救济。其实,社会救助的覆盖面比社会救济更广泛,不仅包括政府的救济,也包括社会的支持和帮助;社会救助不仅包括我国社会保障体系中的社会救济和社会互助两个方面的内容,而且还应包括其他有效的救助措施。因此,为推动社会力量承担更多的社会保障责任,我们应该综合运用各种救助措施,使用社会救助更有力度。

(二)社会救助的主要内容

社会救助的目的是消除贫困,由于世界各国的社会经济条件不同,对贫困的衡量标准也不一样,社会救助的具体内容也存在差异。但从各国的情况看,社会救助的内容主要有以下几项。

1. 最低生活保障。最低生活保障是指对家庭人均收入低于当地政府公告的最低生活标准的人口,由国家给予一定的现金资助,以保证该家庭成员基本生活所需的社会救助制度。最低生活保障是为贫困人口提供的一种救济,是一种生活费用补贴,即政府为保障这一部分人的基本生活,定期向他们提供适当的现金资助,确保这部分人口有钱购买日常生活必需品。但这种救济本身又是临时性的,一般是根据当年收入是否达到贫困线标准,来确定是否给予最低生活保障。

2. 灾害救济。灾害救济是指对因为受到洪水、地震、火灾、台风、火山爆发等自然灾害的侵袭而失去生活保障人员的救济,也包括对遭受战争之苦的地区和人民的救助。自然灾害对人类的打击常常超过人的抵抗能力,为减少自然灾害的损失,防止灾害造成的社会动荡和骚乱,现代各国都建立起了防止、减少乃至消除自然灾害损失的救助制度。在现代社会,享受救助是灾民的一项权利,也是国家和政府的职责和法定义务。救灾主要由政府组织,并通过广泛动员社会各界力量和灾区灾民的生产自救等方式来实现。

3. 住房解困。住房解困是指凡人均居住面积在规定平方米数以下的城市居民,可以向当地政府申请低价购买统一的房屋,或者廉价承租国有公房,以解决住房困难的制度。现行的住房解困的方法主要有两种方式:居民自购解困房和租住廉价房屋。在我国,住房解困是关系到人民群众切身利益的大事,受到了老百姓的极大欢迎,但住房解困目前仅是一种政策,无论地方还是中央均未立法,因而建立在法律基础上的住房解困制度就成为当务之急。

4. 法律援助。法律援助制度是指世界各国普遍采用的一种司法救济制度,亦称法律救助、法律扶助。其基本含义是指国家以制度化、法制化的形式,在司法制度运行的各个环节、层次上,对因贫困及其他因素导致的难以通过一般意义上的法律手段保障自身基本权利的社会弱者,通过减免收费、提供法律帮助的手段,实现其司法权益的司法救济制度。英国是最早建立法律援助制度的国家,欧洲和亚洲许多国家和地区的法律援助制度都是在学习和借鉴英国经验的基础上建立起来的。法律援助对象在任何国家和地区都是一个特定的社会阶层。对于哪些人有权或者有资格申请并获得法律援助,各国的规定是不完全相同的。

5. 慈善。慈善是指本着人道主义精神,在民间开展的扶贫济困,帮助社会上不幸的个人和团体的社会救助活动。面对政府难以承受的社会保障财政压力,慈善事业可以减轻政府的负担;并且通过慈善工作,社会资源可以实现更合理的配置。1896年,在英国伦敦,由亨利·索理(Henry Solly)牧师建议,成立了世界上第一个慈善组织——组织慈善救济与抑制行乞协会。19世纪末20世纪初,各类慈善组织在欧美各国不断地涌现。在中国,1995年11月全国性的慈善组织——中华慈善总会成立,并积极开展了多种形式的慈善活动。在2006年1月21日中华慈善大会上,又公布了我国第一部《中国慈善事业发展指导纲要(2006—2010年)》,对今后五年内我国慈善事业发展提出了总体要求、目标原则和政策措施。

二、社会救助基金的基本概念

社会救助基金是指国家为实施社会救助制度,通过各种渠道所建立起来的、法定的、专款专用的货币资金。社会救助基金作为社会保障基金的一种,首先具有国家法定性,是根据国家立法建立起来的,并通过相关法律法规规范基金的来源、筹集、储存、管理及运营等,以确保社会救助制度的正常运行。另外,社会救助基金具有专款专用性。社会救助基金用于特定的目的和用途,也就是用于社会成员陷入生存危机或不能维持最低限度的生活水平时,向其提供满足最低生活需求的物质援助。

社会救助基金由不同的项目和内容所构成。就我国来说,从来源上看,我国社会救助基金的来源主要是政府财政拨款。此外,还包括慈善捐款;从支出来看,我国社会救助基金支出主要包括自然灾害救助支出和社会救济支出。自然灾害救助支出是指国家用于抢救遭受自然灾害的地区和公民的生命财产以及保障其基本生活的专项救灾资金和救灾物资的支出。社会救济支出是指国家和社会为了帮助因灾因病或丧失劳动能力而造成经济收入来源中断的社会贫困人员及其家庭解决生活困难而形成的专项社会保障基金的支出。

三、社会救助基金的作用

社会救助基金的作用主要体现在以下几个方面:

其一,可以保障居民的基本生存和发展权利。生存权和发展权是现代社会公民的基本权利。在现代社会,尤其是在经济、社会转型期,总体上造成贫困的原因是社会因素大于个人因素,因而对于国家和社会来说,社会救助是其不容推卸的责任。建立社会救助基金,则有助于避免陷入贫困的人在贫困中越陷越深,保障其生存与发展的基本需要。

其二,建立社会救助基金,是发展市场经济的内在要求。市场经济追求效率和财富,强调优胜劣汰,它在本质上对强势群体有利,不能自发地保护弱者。而社会变革和社会转型的成本代价可能由部分人所承担,因此,政府和社会有责任关注和保护他们。政府和社会通过建立社会救助基金,将部分国民收入再分配给贫困者,为市场机制的高效、平稳运行提供一个合理、公平的基础。

其三,有利于实现社会的稳定。最低生活保障的制度安排的目的是在效率和公平之间寻求适度平衡。当一个国家的经济发展到一定的程度,必然会通过对社会财富的二次、三次分配来缓和社会矛盾,维护社会稳定。社会救助的现代价值观念是在解决社会救助权利与义务关系的基础上确立的,其核心是"困难群众有要求和接受社会救助的权利"。通过建立社会救助基金,解决困难群众面临的生存风险,则有利于维护安定团结,实现社会的稳定和谐发展。

四、社会救助基金的来源

在不同国家其社会救助基金的来源也不同。福利型国家比较强调国家的责任,其社会救助的各项目基本上都由国家或政府通过一般税收承担责任,而不是采取个人集资形式。例如:在丹麦,用于保障最低收入的救助开支一半由国家预算承担,另一半由地方政府支付;在荷兰,国家负担90%的开支;而在英国、卢森堡和爱尔兰则100%由国家负担;在日本,社会救济所需资金也全部由财政拨款。

自保公助型国家的社会保障事业主要不是由政府,而是由社会承担。政府和慈善机构负责的各种补贴和社会救济只占总开支的1/3,2/3的开支由具有法人地位的各种社会保险管理机构承担,这是一种社会自治形式。例如,西班牙、德国在社会救助事业管理方面也有权力下放的倾向。

美国则有所不同,其社会救助项目资金来源为联邦政府与州政府共同供给,但州政府有较大的自主权决定补助金额的多少。在意大利,地方政府在社会救助服务及其资金筹集方面拥有很大的自主权。

自我积累型国家如新加坡等,是由政府通过公共援助计划对老、残、病又无依无靠的公民实施救助,同时,社会团体也通过各种基金对贫困家庭给予一定的经济补助。韩国社会救助制度也来源于财政拨款。总之,从国际社会的经验来看,由于社会救助是消除贫困的重要手段,在筹集资金方面需要通力合作。

在中国,社会救助的各项救助业务的经费和救助设施与管理费用由各级政府编列预算支出。经费的来源除了政府财政拨款以外,还包括慈善捐款。政府定期组织社会各界开展劝募活动为社会救助募款,并且会同各社会组织制定捐款使用办法。政府也鼓励社会各类慈善基金组织建立专项救助基金,为各种不同类型的求助家庭和个人提供帮助。

第二节　社会救助基金管理概述

一、社会救助基金管理的内涵及意义

(一)社会救助基金管理的内涵

社会救助基金管理是指为实现社会救助的基本目标和制度的稳定运行,对社会救助基金的运行条件、基金征缴、管理、投资运营、监督管理等进行全面规划和系统管理的总称。它是社会救助制度运行的核心环节,主要包括社会救助基金管理体制、社会救助基金的筹集、使用和投资运营与监控管理。社会救助基金管理具有如下特点。

1. 社会政策目的性。无论何种社会保障改革模式和运行机制,在实现既定的社会政策目标中,基金的安全运营、保值增值和有效监管方面都必须围绕实现国家社会政策目标这一核心宗旨,这也是将社会救助基金管理同其他类型基金管理区别开来的一个重要标志。社会救助基金管理的社会政策目的性这一基本特征,决定了社会救助基金投资与管理的首要目标是实现最低生活保障的社会政策目标。

2. 多元性。由于世界上不同国家的社会救助制度的建立和发展都有各自的经济、社会和政治环境,有不同的社会历史背景、文化传统和风俗习惯,因此,各国社会救助基金的法律规定和管理体制千差万别,呈现出多元化特点。这也决定了我国的社会救助基金管理只能根据我国的国情进行管理,而不能盲目地照搬国外的做法。

3. 综合性、边缘性。由于社会救助涉及经济、政治、社会、法律等各个方面,并且是介于各个领域之间的交叉领域,这决定了社会救助基金管理是一个极其复杂的社会系统工程,具有很强的综合性和边缘性特征,区别于一般货币收支计划及管理。社会救助基金运营与管理既体现经济政策,又相当程度地体现社会政策;既与国家财政资金密切关联,又同金融市场有着直接的联系,因而社会救助基金管理应当同财政、银行、证券、保险、审计等监管部门相互配合和协调。

(二) 社会救助基金管理的重要意义

社会救助基金管理的重要意义主要体现为以下几点。

1. 有助于社会救助制度的正常稳定运行。社会救助基金是社会救助事业的物质基础,对社会救助制度的实现具有重要的意义。随着我国社会救助制度的进一步完善和社会救助范围的扩大,社会救助基金规模也会随之增大,管理好日益增大的社会救助基金,对社会救助制度的正常稳定运行、实现社会救助的政策目标具有重要意义。如果不能合理、有效地管理社会救助基金,社会救助制度就难以落实,社会救助的保障作用就难以实现。

2. 有助于减轻政府的社会救助费用负担。由于多种因素的作用,社会保障制度都会呈现待遇水平不断攀升,费用负担急剧增长的格局,使社会保障基金的收支出现巨大缺口,社会救助也不例外。为弥补社会保障计划的资金不足,政府不得不通过提高基金征缴率或巨额财政补贴的方式弥补基金亏空,导致企业负担严重和政府的赤字膨胀。有关统计数字显示,随着我国GDP快速持续增长,各级财政用于"低保"的支出呈逐年增长的强劲趋势。如果能有效地管理好社会救助基金,注重基金的筹资、支付和投资运营,则既有助于实现基金的收支平衡,又有助于增强基金的经济实力,减轻政府的财政负担。

3. 有利于促进经济发展和资本市场的完善。通过强化基金管理,提高社会救助基金的投资运营效果,将有利于促进经济发展,促进国家基础产业的较快发展,促进金融市场的发展与完善。社会救助基金规模的扩大,为资本市场提供巨额资金来源,有助于促进金融市场竞争,推动金融深化,加快金融创新步伐,对金融立法和监管提出更高的要求,促使监管当局更好地维护市场的公正性,保护投资者的利益。

二、社会救助基金管理的基本内容

社会救助基金管理的基本内容主要包括社会救助基金的管理体制选择、筹资与支付管理、投资运营、监管、运行条件与平衡条件、内外部条件的协调。

(一)社会救助基金的管理体制选择

选择能够促使社会救助基金正常运行的管理模式,是强化社会救助基金管理的前提。研究社会救助基金管理体制,其目的在于明确社会救助基金管理的主体,规范主体在基金管理中的责任和权限,以及相互间的制约关系,以便提高基金管理效率。目前,社会救助基金管理体制一般有中央政府集中管理、地方政府管理及中央和地方政府分层管理几种类型。

(二)社会救助基金的筹资与支付管理

如何在市场经济条件下,选择合适的社会救助基金筹集模式、筹集手段,及时、足额地取得社会救助基金,并且管好、用好这些资金,以保障社会成员的最低生活需要,构成了社会救助基金管理的重要内容。在基金筹集方面,从国际社会的经验来看,福利型国家社会救助各项目都是由国家或政府承担责任。自保公助型国家主要由社会承担,但美国社会救助项目资金来源为联邦政府与州政府共同供给。自我积累型国家如新加坡等国的社会救助资金主要来源于政府,社会团体也通过各种基金对贫困家庭给予一定的经济补助。在基金支付方面,由于社会救助的概念和体系是不确定的,各国对社会救助的规定也不同,实施范围和实施项目的不同导致社会救助基金支付管理的不同。例如,我国倾向于把教育和医疗项目的支出排除在外,因为这二者一般有单独的统计。

(三) 社会救助基金的投资运营

社会救助基金的投资运营同样要遵循基金投资的安全性、分散性、赢利性、流动性原则。要对社会救助基金投资运营进行有效的管理,并按照现代投资组合理论与技术,实施资产负债管理和投资组合管理,体现基金投资多样化和分散型的投资理念,遵循投资项目期限匹配原则和货币匹配原则,在稳健、有序的资本市场上,按照一定的投资组合规则,实现在基金运营安全的原则上的较高投资收益。

(四) 社会救助基金监管

社会救助基金监管通常是由国家授权专门机构,依法对社会救助基金筹集、安全运营、投资活动及基金保值增值等过程进行严格监控。其具体做法主要有:一是建立和完善社会救助基金投资运营的各项规则,进行救助险基金运营机构资格认定,制定各类监管准则;二是通过具体的监管方式和监管手段,监督实施各类基金管理规则,实施对社会保救助基金投资运营的有效监管;三是通过立法监管、经济监管、行政监管和其他多种监管方式的共同作用,实现社会救助基金管理的规范、有序和稳健发展。

(五) 社会救助基金的运行条件与平衡条件

对于任何一项货币收支计划,包括社会救助基金的管理,均要涉及基金的运行条件与平衡条件。研究社会救助基金的制约因素,如人口、经济、法律、体制等因素,构成了基金管理的内容之一。

(六) 社会救助基金管理的内外部条件的协调

社会救助基金管理是一个极为复杂的系统工程,它同经济发展、宏观经济运行乃至国际经济运行密切相关,又同资本市场和金融市场、财政收支状况、法律制度环境具有十分密切的内在联系。不仅如此,社会救助基金管理的绩效又在很大程度上取决于社会成员对各项规则的自觉遵从意识,取决于信用和信任关系的基础性制度环境的约束。

三、社会救助基金管理体制的类型

各国社会救助基金的管理体制的不同,主要在于中央政府和地方政府的事权、财权的划分,不同的国家有不同的安排。一般主要有中央政府集中管理类型、地方政府管类型、中央和地方政府分层管理类型。

(一) 中央政府集中管理类型

由中央制定规则、提供资金和进行管理的国家最主要的有英国、澳大利亚和新西兰。在这几个国家,不同社会救助项目之间的衔接比较好,管理费用也比较低。

(二) 地方政府管理类型

日本、瑞士、瑞典、芬兰和挪威等国实行地方政府管理制度。一般都是由中央政府制定社会救助标准,由地方政府根据具体情况实施社会救助。由地方为主提供社会救助的国家面临的最大问题是在财政收入最小地区,一般对社会救助的要求最大,往往无力提供适当的救助。

(三) 中央和地方政府分层管理类型

法国、美国和卢森堡等国实行这种管理体制。例如:法国是由中央政府制定最低社会保障线制度并负责管理,部分专项救助由相应的社会保险管理机构统一管理,资金来源于中央政府及各种缴纳费用;其他非现金救助由地方政府出资并负责管理。卢森堡是由中央政府负责确定救助标准,地方政府负责具体实施,前3个月到1年的开支由地方财政承担,以后的开支由中央财政负担。

第三节 我国的社会救助基金管理

这里重点介绍一下我国的社会救助基金筹资管理、社会救助基金支出管理、社会救助基金的组织管理。

一、社会救助基金筹资管理

我国社会救助基金主要来源于政府财政拨款,另外也包括慈善捐款。这里主要介绍救灾基金、城市居民最低生活保障基金和农村救济基金的筹资管理。

（一）救灾基金筹集管理

救灾资金是指中央和地方政府拨付给受灾地区用于抗灾救灾的专项资金。救灾资金主要来源于两个方面：一是上级拨付，二是社会捐赠。这里主要介绍救灾捐赠的管理。

救灾捐赠是指有组织、有管理、有发动的以救灾扶贫为目的而开展的社会公益和慈善活动。在发生较严重的突发性自然灾害后，由政府部门或社会团体等机构有组织地向海内外各界募集资金和物资，帮助解决灾区和灾民因灾害造成的困难。捐赠款物来自海内外各界，包括友好国家和地区政府、国际组织、外国民间团体、企业及个人，海外华人华侨组织及个人，港澳台同胞，国内社会各界机关、团体、企事业单位、军队、学校和个人。通过捐赠活动募集到的款物，首先是用于满足灾区和灾民的紧急需要，包括解决灾民的食品、饮水、医疗防疫、临时住所、衣被等；其次是安置灾民和帮助灾区恢复重建，包括帮助灾民修复及重建住房、灾区敬老院、福利院、中小学校、医疗诊所，修建灾民新村，改善灾区饮水条件，提供基本的生产资料；最后是帮助灾区恢复交通、通信等基础设施。

救灾捐赠的筹集有重要意义。以 2008 年汶川地震为例，此次地震造成死亡和失踪人数高达 8.7 万，造成直接经济损失 8 451 亿元，灾情发生后，中央和地方财政安排抗震救灾资金 1 287.36 亿元。但总的看投入资金还是远远不够，这导致基层救灾工作经常要面对"大灾只能小救、小灾无钱去救"的窘境。而在国际上，政府并不是救灾的唯一主角，还有雄厚的社会捐赠。因此，我国要大力发展慈善事业，通过社会捐助来缓解救灾资金的不足。对于目前刚刚起步的慈善事业，民政部正在和财政部、税务总局研究促进其发展的办法，"一是要落实现行的税收优惠政策，比如企业所得税和个人所得税都有减免，但是减免政策在我们国家目前的体制下落实得还很不够。纳税人对于免税的意识和免税的程序等很多方面都还缺乏了解。二是进一步按照国际惯例来推动减免税和其他方面的优惠措施"[1]。

经过努力，我国的慈善工作已得到加强。慈善法草案已经起草完毕，每年 11 月份的"送温暖、献爱心"捐赠月活动已经形成惯例。为扩大慈善事业的影响，我国还举办"中华慈善奖"评选和表彰活动，广泛动员社会各界进行捐助。

---

[1] 常菁：《民政部表示将倡导慈善事业 弥补救灾资金不足》，新华网，2005 年 9 月 23 日。

第十章
社会救助基金管理

相关新闻链接

五部委合力构建抗震救灾资金物资监管体系

继 2015 年 5 月 20 日中纪委、监察部、民政部、财政部、审计署等五部委联合发出的《关于加强对抗震救灾资金物资监管的通知》后,24 日,五部委又联合召开会议,决定成立抗震救灾资金物资监督检查领导小组,形成监管合力。同时五部委要求,四川、甘肃、陕西三省及其市(地、州)、县(市、区)和乡(镇),要层层建立监管机制,形成抗震救灾资金物资监管体系,确保监管工作不留死角。

五部委还决定,近日将召开抗震救灾资金物资监管工作现场会,到四川、甘肃、陕西等地指导和督促地方建立抗震救灾资金物资监管工作机制。

针对当前对抗震救灾资金物资监管缺乏规章制度,中纪委等部委提出,要抓紧制定出台关于抗震救灾资金物资管理使用的指导意见、分配办法、管理使用情况公示办法等规章制度,经审议后,尽快公布实施。同时,各部门要分别梳理以往关于救灾资金物资管理使用的法规制度,汇总后统一向社会公布。

五部委还要求,对发现的贪污、私分、截留、挪用救灾款物等行为,要迅速查办,从重处理。对失职渎职、疏于管理,迟滞拨付救灾款物造成严重后果或致使救灾物资严重毁损浪费的行为,要严肃追究有关人员的直接责任和领导责任。涉嫌犯罪的,及时移送司法机关追究刑事责任。

目前,社会各界对四川等地的抗震救灾捐赠款物已达前所未有的上百个亿;同时,截至昨日 14 时,各级政府共投入抗震救灾资金达 151.4 亿元。这些巨额资金如何筹集、分配、拨付、发放、使用等问题,已成为社会关注焦点。有媒体报道,2003 年云南大姚地震后,中央财政拨付了 1.2 亿元专项资金,在事后审计中发现有近亿元并非用到灾后重建上。

而在 5 月 23 日国务院新闻办举行的新闻发布会上,四川省副省长李成云就有关挪用帐篷问题时表示,四川省纪委已查处了 96 件违法违规的事情。

中纪委一位人士昨日对《第一财经日报》表示,目前从身边的同事中还没听到有关四川救灾资金被挤占挪用的议论,"尽管如此,但纪委上下必须做出反应,对基层加大约束,保证资金物资落实,使应急机制不出漏洞"。

日前,中央高层指示四川省纪委、监察厅一定要向人民群众交一份"明白账"。据四川省纪委书记徐波介绍,目前四川省已经派出16个监督工作组,加强对抗震救灾资金物资监督检查。昨天,四川省"5·12"抗震救灾指挥部还发出《关于公开征集抗震救灾工作社会监督员的公告》,以进一步加强对抗震救灾资金和物资管理发放工作的监督,增强公开性和透明度。

中央电视台报道说,截至目前,审计署已组织了300人的力量,在北京、四川、陕西、甘肃等主要地区对赈灾资金和物资进行审计。

(资料来源:中国社保网,2015年01月17日,http://www.spicezee.com/xinwen/92292.html)

(二)城市居民最低生活保障基金筹集管理

最低生活保障制度是法律赋予每一个公民在不能维持最低生活水平时,由国家和社会按照法定的标准向其提供满足最低生活需要的物质援助的社会保障制度。它的目标是克服现实中存在的贫困问题。贫困一般是指一种人们缺乏满足最起码的生活需要的手段的状况,它包括缺少必需的维持生存物质条件和缺少获得这种条件的机会。

我国的最低生活保障制度在1993年始创于上海,大致经历试点、推广、普及和提高几个阶段。1994年第十次全国民政会议提出了"在城市要逐步按照城市居民最低生活保障线进行救济"的改革思路。经过调研和试点,1997年国务院下发《关于在全国建立城市居民最低生活保障制度的通知》,决定在全国建立这项制度。

1999年以前,最低生活保障资金全部由地方财政开支,中央财政基本上不出钱。1999年10月,国务院颁布了《城市居民最低生活保障条例》,规定了保障资金由地方人民政府列入财政预算,纳入社会救济专项资金支出项目,专项管理,专款专用。由于城市居民最低生活保障资金的来源主要是财政拨款,为保证资金能够按时、足额下拨,必须实行专账管理,以保证专款专用,不被挤占、挪用。同时,国家鼓励社会组织和个人为城市居民最低生活保障提供捐赠、资助;社会和个人所提供的捐赠资助款,全部纳入当地城市居民最低生活保障基金。2001年《贯彻落实〈城市居民最低生活保障条例〉工作要点》(国办发〔2001〕87号)又规定,"每年年底前,由地方各级民政部门根据核定的保障对象所需资金提出下一年度的用款计划,经同级财政部门审核后列入财政预算。地方各级人民政府要逐年增加最低生活保障经费支出,不得因中央加大支持力度而减少地方财政投入","把各级财政预算安排的城市居民最低生活保障资金纳入财政社会保障补助资金专户,实行专项管理,专款专用,确保资金不被挪用和挤占"。并从 2001 年 11 月 12 日起开始执行。

资金保障的关键是增加城市最低生活保障的财政投入。1999 年中央财政拨款 4 亿元,占当年最低生活保障支出总额的 27%;2000 年中央财政负担 8 亿元,占最低生活保障支出总额 20 亿元的 27%;2001 年中央财政负担了当年最低生活保障支出总额 42 亿元的 55%(23 亿元);2002 年中央财政用于最低生活保障支出的数额是 46 亿元;2003 年中央财政用于最低生活保障支出的资金已达 92 亿元;2006 年城市最低生活保障支出 222.1 亿元。2007 年城市最低生活保障支出 274.8 亿元;2008 年是 385.2 亿元;2009 年是 461.4 亿元。(2010 年、2011 年、2012 年城市最低生活保障支出分别为 462.3 亿元、1 485.5 亿元和 1 725.9 亿元)。由此可以看出,地方财政预算和中央财政拨款是最低生活保障资金的来源,并且中央财政、地方财政用于城市居民最低生活保障的拨款逐年翻番。中央要求各地按照国务院的要求,克服过度依赖中央的倾向,加大资金投入力度,列足资金预算,专户管理,专款专用,及时拨付,足额发放。

(三)农村救济基金筹集管理

长期以来,农村困难户救济主要靠地方财政拨款,农村"五保"老人供养主要靠村提留,实行税费改革的地区由乡镇财政列支。1994 年第十次全国民政工作会议以来,农村社会救济工作取得了新的进展。农村救济中最低生活保障制度也在探索中前进。

我国农村居民最低生活保障资金是由财政和乡镇、村民委员会及集体经济共同负担的。目前,各地从实际出发,各有不同,多数地方是市以下财政和村集体共同负担,也有少数省级财政给予一定支持。有的是市、县、乡、村四级负担,有的是县、乡、村三级按比例负担,有的是县、乡两级负担。例如,江苏省县、乡、村三级分担比例一般为 3∶3∶4 或 3∶4∶3,该省也有不少地方实行了县、乡两级财政共同负担的办法;福建省一般实行由县、乡、村三级按比例负担,多数采取 4∶3∶3 或 3∶3∶4 比例负担,也有的地方采取 5∶3∶2 比例负担。在确定具体分担比例时不尽相同,对乡镇企业比较发达、经济条件好的地方,乡村集体负担的比重大一些,对经济条件较差的地方由上级财政负担的比例就高些。村集体分担的经费一般从村提留、土地承包费、村办企业上缴利润中列支。

就我国乡镇财政体制的现状来看,许多地方财政是赤字财政,而财政赤字一般依赖于收费等一些预算外收入来弥补。随着国家对乡镇费改税政策的逐步推广,乡镇财政预算外收入将越来越少,乡镇财政的负担也越来越重,一些乡镇负担的保障金实际上难以落实。为了确保最低生活保障对象都能享受或领取到足额的保障金,可以通过征收统一的社会保障税,以及建立最低生活保障基金会的办法,解决最低生活保障资金筹集难的问题。还应扩大其他辅助来源。例如,组织捐赠、义演等慈善活动,依靠民间力量建立互助基金、扶贫基金等。

二、社会救助基金支出管理

社会救助基金支出是指公民不能维持最低程度的生活水平时,由国家和社会向其提供的援助支出。这部分支出由社会救助性质决定,具有无偿性、短期性(或一次性)、地区差异性的特点。当前需要加强管理的主要有以下几个方面。

(一)自然灾害救助支出的管理

自然灾害救助支出也称救灾款,是指国家对因遭受自然灾害的地区和公民,用于抢救生命财产和保障基本生活的专项救灾资金和救灾物资而形成的支出。它包括用于临时安置、抢救、转移灾民的支出,解决灾民吃、穿、住和疾病防治等困难的支出,以及在保障灾民基本生活的前提下适当扶持灾民生产自救的支出。

近年来,救灾款落实到灾区的速度较慢,被挤占、挪用等问题比较突出,影响了救灾工作的顺利开展。这其中有管理体制方面的原因,更主要是缺乏有效的制约手段和措施。为此,要从以下几个方面加强对自然灾害救助支出管理。

1.要严格坚持救灾款的管理原则。第一,专款专用原则不能丢。救灾款是"救命钱",各级财政部门和民政部门必须按照救灾款政策规定的范围进行发放,任何单位和个人都不准挪用。凡挪用、侵占和贪污救灾款的,都属于违法行为。第二,坚持集中重点使用的原则。救灾款的目的是救困救急,因此,要优先用于困难大的灾区和急需帮助的灾民,要防止和反对按户、按人、按劳动力平均发放的错误做法。第三,坚持民主公开的原则。救灾款的发放政策性强,直接关系到灾民群众的切身利益,因此,在款物发放过程中,要走群众路线。在发放前,要搞好民主评议,在此基础上,经领导审查,政府批准,然后张榜公布,一户一户地落实,把救灾款的发放工作置于群众监督之下。

2.财政部门要做好救灾款的拨付工作管理。当前救灾款在拨付中存在着不能及时足额到位的问题。其主要原因在于:一是救灾款和其他地方专款一样,其下拨方式是预算指标和资金调度是两条线,一条线是民政、财政部门下达预算指标,另一条线是财政预算部门通过国库拨付预算资金,而拨付资金的速度远远落后于下达指标的速度。二是各级财政均有预算调度资金,在上级下拨的资金未到位前,先用本级预算调度资金作为暂付款安排,待预算资金落实后再列作支出。由于救灾款需各级财政层层转拨,致使救灾资金流程长、环节多、速度慢,在一定程度上影响了救灾工作的顺利开展,再加上部分地方预算调度资金有困难,使上级下拨的救灾指标不能及时兑现,形成账面结余。三是一些地方财政对救灾款是"救命钱"的重要性认识不足,使救灾款改变了投向。为了解决这些问题,实行专户管理、专项拨付的管理办法是切实可行的。这一办法通俗地讲就是给救灾款贴上"标签",使其从众多的财政预算资金中分离出来,实行"专户管理"。其具体操作办法是,由各级财政部门开设救灾款专户,当中央下拨给省级财政救灾款指标后,省级财政立即从本级预算调度资金中调剂出相应数额的资金转存于救灾款专户内。在拨付时,由省级民政、财政部门提出分配意见报政府领导审批后下拨灾区。在民政、财政部门下达救灾款指标的同时,财政部门通过银行以电汇形式将相应的救灾款划拨到下级财政部门的救灾专户内。省级及省以下各级财政安排的救灾款也比照以上程序,由本级预算调度资金先行垫支后纳入财政专户管理。

对救灾款实行专户管理的办法,其主要作用是:救灾款指标与资金下拨同步,可以提高救灾款发放的时效性;还可以减轻基层财政部门的压力;可以维护救灾款专项专用的原则不被破坏。实行"专户管理"后,对于不符合救灾款开支范围的支出,财政部门有权拒付,从而可以在一定程度上防止救灾款被挤占挪用。

(二)社会救济支出管理

如前所述,社会救济支出是指国家和社会为帮助因灾因病或丧失劳动能力造成而经济收入来源中断的社会贫困人员及其家庭解决生活困难而形成的社会保障支出,包括农村、城镇、精简退职、老弱、残职工等社会救济支出。社会救济支出具有涉及面广、类型复杂、政策性强的特点,管理工作难度较大。因此,要针对各项费用的不同性质和特点,建立健全并坚持执行各种管理制度和方法,堵塞漏洞,减少浪费。在救急费用的发放与管理中,一定要严格按程序和规章制度办事。从程序上来说,社会救济支出应当由县级民政部门实行统一管理,由救济对象所在乡镇街道组织发放,并向县级民政部门结算报销。县以上各级各部门一般不直接向救济对象发放钱物。在具体管理工作中,应主要管理好下列三个环节。

1. 救济费的核拨。由县级民政部门根据财政部门核定的年度预算指标,结合乡镇街道的实际情况,分别核定下达年度预算指标。在执行过程中,县民政部门应当根据"享受定期定量救济人员登记卡"和"享受定期定量救济人员登记册"所记载的情况,准确计算,按月拨款,并通过银行信汇给乡镇街道所在银行营业所,专户储存,监督支付。

2. 救济费的发放。定期定量救济费的发放应先由救济对象本人提出申请,经所在乡镇街道审查,报县级民政部门批准,并发给社会救济卡。乡镇街道凭卡按期填写发放凭证一式三联,交本人到银行营业所直接领取。各种临时性救济具有涉及面广、数额零碎、发放对象、标准和时间均不固定等特点,必须加强调查研究,严格审批发放手续。从已经取得的实践经验来看,一般应按以下程序进行:个人申请,村委会(居委会)调查核实,群众评议,上报乡镇街道批准,填发凭证,张榜公布。

3. 救济费的管理。经乡镇街道发放的社会救济费,应实行民政助理、银行营业所、财政助理"三家管"的办法,定期对账,共同管理。

三、社会救助基金的组织管理

按照国务院批准执行的"三定"方案,民政部是负责"组织救灾工作,掌握和发布灾情,拨发救灾款物,组织接收、分配国内外救灾捐赠"的部门。民政部内设救济司,负责"管理拨发救灾款物,接收、分配国内外捐赠和国外援助的救灾款物"。省、市、县各级民政部门是同级政府主管救灾捐赠的职能部门。经国务院批准成立中国抗灾救灾协会与红十字会,负责接受国际民间组织的救灾援助。

政府设立了为社会救助配套服务的福利院、灾害临时收容所等。政府民政部门培训专门社会工作人员从事社会救助的登记、受理、核准、发放等工作。政府指导各医院成立医院社会工作部门,协助政府和有困难的患者申请与提供低收入家庭的重病、大病患者的医疗费用辅助。政府制定社会各类慈善基金组织的名录和导引,为社会慈善组织提供必要的求助人名单,做好沟通慈善组织和有困难群体之间桥梁作用。政府民政主管部门鼓励各社会慈善机构辅助开展社会救助活动,并为此做好组织服务和监管工作。

此外,最低生活保障制度由民政部作中央统筹,实行地方各级人民政府负责制,各级民政部门层层负责,县级民政部门以及街道办事处和镇人民政府负责具体的管理审批工作,日常管理事务与服务工作由居委会承担。最低生活保障制度由政府负完全责任,资金一部分由中央列支,一部分由地方政府配套,最基层的管理人员除了安排被救助人员的最低生活保障外,还要承担其他性质的工作。这是一种"条上工作,块上落实"的管理模式,它的优点是能熟悉受助人,协助核实受助人的申请资料,协助监察工作,可以调动社区资源,街道与居委会干部还可解决受助人的其他生活问题或非物质需要;缺点是管理的专业化程度不高,政策执行水平不一①。

第四节 完善我国的社会救助基金管理

一、我国社会救助基金管理的发展

1950年5月中央人民政府政务院发布《救济失业工人暂行办法》,对失业工人进行救济。在救灾方面,1952年当时的内务部发布关于生产救灾工作领导方法的几项指示,对救灾工作的组织领导和方法提出了明确要求。1957年国务院进一步发出做好救灾工作决定的通知,对救灾工作中的组织领导、救灾款的应用等提出具体要求。在农村,根据全国人大一届三次会议1956年6月30日通过的《高级农业合作社示范章程》,对农村合作社中缺乏劳动能力、生活没有依靠的鳏寡孤独的社员,实行"五保户制度",即保吃、保穿、保烧、保教、保葬。1994年国务院颁布实施《农村五保供养工作条例》使这一事业走向更规范化轨道。《农村五保供养工作条例》(国务院1994年第141号令)明确规定,农村"五保"供养是指对村民中无法定扶养义务人,或者虽有法定扶养义务人,但扶养义务人无扶养能力的;无劳动能力的;无生活来源的老年人、残疾人和未成年人,在吃、穿、住、医、葬方面给予生活照顾和物质帮助的一项农村集体福利事业。"五保"供养分集中供养和分散供养两种形式。"五保"供养的内容是:①供给粮油和燃料;②供给服装、被褥等用品和零用钱;③提供符合基本条件的住房;④及时治疗疾病,对生活不能自理者有人照料;⑤妥善办理丧葬事宜。"五保"供养对象是未成年人的,要保障其依法接受义务教育。"五保"供养的实际标准不应低于当地村民的一般生活水平(参见表10-1)。"五保户"供养金由乡镇

---

① 桂世勋、黄黎若莲:《上海与香港:社会政策比较研究》,上海:华东师范大学出版社2003年版,第328页。

人民政府统一提留、筹集,乡、村、组分级管理,"统筹分管"。

1962年内务部、财政部颁发了《抚恤、救济事业费管理使用办法》,对抚恤、救济费的使用原则、使用范围、发放管理办法等做出了规定,对合理、及时地使用抚恤费、救济事业费,保证社会救济工作起了很大的作用。针对实际工作中存在的问题,1978年民政部、财政部重新印发了这一办法,重申了有关规定。

表10-1 全国各省(自治区、直辖市)农村"五保"供养标准

序号	地区	农村"五保"供养标准(元/年·人)				备注
		调整后农村"五保"供养标		原农村"五保"供养标准		
		分散供养标准	集中供养标准	分散供养标准	集中供养标准	
1	北京市	11 071.1	11 071.1	3 080	4 232	根据上年度农民人均消费支出核定
2	天津市	5 899.5	7 305.0	2 500	2 500	—
3	河北省	2 442.9	3 464.0	968	1 470	—
4	山西省	2 546.0	3 999.5	1 125	1 533	—
5	内蒙古	3 956.2	5 766.9	740	1 216	自治区规定,分散供养不低于800,集中供养不低于1 200
6	辽宁省	3 092.9	5 054.0	1 367	2 256	—
7	吉林省	2 350.1	3 592.8	1 133	2 159	—
8	黑龙江	2 627.7	3 589.4	1 223	1 597	—
9	上海市	7 720.0	7 720.0	3 063	4 325	市调标文件待发
10	江苏省	5 432.7	6 294.5	1 957	2 461	—
11	浙江省	6 421.8	7 237.7	3 034	4 262	—
12	安徽省	2 258.9	3 442.7	1 146	1 659	—
13	福建省	3 614.4	4 149.2	1 372	1 751	—
14	江西省	2 382.3	2 972.6	800	1 200	全省统一标准
15	山东省	2 580.0	3 959.9	1 109	1 943	—
16	河南省	1 791.7	3 116.3	1 042	1 429	—
17	湖北省	1 872.2	2 635.5	800	1 200	未调整
18	湖南省	2 368.7	4 312.4	731	1 573	—
19	广东省	4 693.5	5 217.9	2 055	2 856	未调整
20	广西区	2 742.3	3 592.7	835	1 306	—

续表

序号	地区	农村"五保"供养标准(元/年·人)				备注
		调整后农村"五保"供养标准		原农村"五保"供养标准		
		分散供养标准	集中供养标准	分散供养标准	集中供养标准	
21	海南省	3 588.6	3 868.6	875	1 140	—
22	重庆市	3 578.9	4 321.1	1 144	1 256	—
23	四川省	2 518.4	3 287.2	850	1 275	—
24	贵州省	1 453.4	2 210.6	807	1 352	—
25	云南省	2 256.4	3 419.3	455	921	—
26	西藏区	2 400.0	2 435.1	1 200	1 200	全区统一标准
27	陕西省	4 561.5	5 186.1	806	980	—
28	甘肃省	2 791.8	3 033.6	813	1 123	—
29	青海省	3 715.5	3 966.8	3 715.5	3 966.8	未调整
30	宁夏区	2 601.2	3 882.8	1 375	1 731	—
31	新疆区	3 766.9	5 399.5	1 567	1 935	—
	全国平均	3 008.0	4 060.9	1 332	1 844	

资料来源:中华人民共和国民政部网站。

说明:本表统计的农村"五保"供养标准截止日期为2012年12月31日,除特别注明外,各省(自治区、直辖市)的农村"五保"供养标准均为本省(自治区、直辖市)内各县(市、区)农村五保供养标准的平均数。

  1979年以前,我国的社会救济主要是以单纯性的发放救济救灾款为主要手段,1979年以后,特别是1985年以后,社会救济的方法和手段有了重大改革,主要是变单纯发放救济救灾款为实行救济救灾同扶贫、扶优结合起来。把社会救济重点转移到全国8 000万贫困户的脱贫致富上。在救济款的使用方面,缩小无偿使用救济救灾款的范围,实行无偿使用和有偿使用相结合。

  1985年5月9日,民政部召开扶贫扶优经验交流会,对帮助优抚对象和贫困户脱离贫困的具体方针、措施等一系列具体问题提出办法。1987年6月财政部发出继续做好20世纪60年代初精简退职老职工救济工作的通知;1989年12月民政部发布《全国救灾扶贫经济实体管理暂行办法》,对救灾扶贫经济实体的组织方向、职责、管理等作了明确规定;1989年12月财政部发布救灾扶贫周转金使用管理几个问题的通知。扶贫资金主要来源于国家预算拨款和有关部门及社会援助。扶贫资金实行"适当集中、按项目投放资金,有偿使用,到期收回,不断周转"的方针。在使用管理上,首先由国务院扶贫开发小组根据扶贫计划决定扶贫资金在全国的分配方案;然后由省、自治区扶贫开发领导小组决定本辖区的分配方案;在经过严格的规划、设计、论证后,将资金贴息贷款给相应经济单位,由其承包开发、承贷承还扶贫资金,并建立起扶贫资金的投放与使用效益和贷款回收直接挂钩,实行严格的贷款使用责任制。

进入20世纪90年代以来,由于改革开放的不断深入,特别是国有企业经营机制改革的不断深化,企业职工失业、下岗人员不断增加,加之国民收入分配中贫富差距拉大,城市也涌现大量贫困人口。为解决城市贫困人口问题,1993年起全国各大城市先后建立起城市居民最低生活保障线。1994年第十次全国民政会议提出了"在城市要逐步按照城市居民最低生活保障线进行救济"的改革思路;经过调研和试点,1997年国务院下发《关于在全国建立城市居民最低生活保障制度的通知》,决定在全国建立这项制度;1999年10月国务院颁布了《城市居民最低生活保障条例》,规定保障资金由地方人民政府列入财政预算,纳入社会救济专项资金支出项目,专项管理,专款专用;2001年,国务院办公厅下发了《关于进一步加强城市居民最低生活保障工作的通知》,规范了保障对象的审批、标准制定、资金来源和资金发放等工作;2001年和2002年,中央又先后提出把符合条件的所有特困职工全部纳入最低生活保障范围,尽快实现"应保尽保"的要求。

近几年,我国的社会救助基金管理取得稳步发展。2009年民政事业费支出1 868.7亿元(不含部本级业务工作经费和各级民政部门基建经费),比2008年同期增长9.1%。其中:救灾支出140.4亿元,城市最低生活保障支出461.4亿元,1~12月份城市最低生活保障月人均支出水平165元/人·月,1~12月城市最低生活保障平均标准为227.8元/人·月。全国各省、自治区、直辖市所执行的城市最低生活保障制度的具体标准和实施情况参见表10-2。

表10-2 2017年第一季度城市低保标准表   单位:元/月

区划代码	地区	平均低保标准	区县合计数	区县数量
11	北京市	900.00	14 400.00	16
12	天津市	785.00	12 560.00	16
13	河北省	529.61	101 155.00	191
14	山西省	443.63	55 010.00	124
15	内蒙古自治区	558.87	57 564.00	103
21	辽宁省	525.62	57 293.00	109

续表

区划代码	地区	平均低保标准	区县合计数	区县数量
22	吉林省	471.56	35 367.00	75
23	黑龙江省	539.47	76 065.00	141
31	上海市	885.63	14 170.00	16
32	江苏省	612.69	71 685.00	117
33	浙江省	675.87	62 180.00	92
34	安徽省	501.31	59 656.00	119
35	福建省	523.14	45 513.00	87
36	江西省	530.00	57 240.00	108
37	山东省	496.32	86 360.00	174
41	河南省	428.57	78 000.00	182
42	湖北省	500.41	55 545.00	111
43	湖南省	434.96	60 025.00	138
44	广东省	589.63	77 242.00	131
45	广西壮族自治区	456.22	52 921.20	116
46	海南省	472.08	11 330.00	24
50	重庆市	460.63	18 425.00	40
51	四川省	429.73	81 648.00	190
52	贵州省	534.73	48 126.00	90
53	云南省	455.29	61 463.70	135
54	西藏自治区	714.11	52 844.00	74
61	陕西省	485.97	53 457.00	110
62	甘肃省	451.43	40 177.00	89
63	青海省	433.87	19 958.00	46
64	宁夏回族自治区	419.09	9 220.00	22
65	新疆维吾尔自治区	391.65	44 647.80	114

资料来源：中华人民共和国民政部。

二、可以借鉴的社会救助基金管理的国际经验

(一)建立健全社会救助基金管理的法律体系

社会救助基金作为社会救助制度的重要经济基础,对其管理必须纳入法制轨道。各国都比较注意社会救助的法制建设,大多数国家制定了社会救助方面的法律法规,对社会救助基金管理作了具体规定。越是发达国家,社会救助的法制越健全,法规越完善,社会救助基金管理的有关规定越详细具体。发达国家社会救助方面的立法一般是现代社会保障制度方面最早的立法,例如,英国、法国、德国等国家最早的社会保障法规就是社会救助方面的法律规定,著名的救助法有英国的《济贫法》、法国的《家庭及社会救助法典》、德国的《联邦社会救助法》等。发展中国家也注意社会救助立法,如阿根廷等也颁布实施了专门的社会救助法规。

(二)社会救助经费主要由政府承担

社会救助经费主要由政府承担,总体上以中央政府为主,但地方政府也要承担相应的比例。例如,法国社会救助的财政开支由省管理,但实际费用由国家、省、市镇三级分担,其具体方式是:儿童、保健及预防的社会救助支出,由国家负担大部分(平均为81.7%),其比例因省而异,从78%到97%不等,巴黎市例外,为55%;对精神病患者、结核病患者的医疗救助及住房补贴等等,由国家负担大部分(平均为64%左右),各省的比例不大一样,从56%到94%不等,巴黎市例外,为10%;医疗救助、老人救助、残疾人救助等支出,国家负担的比例根据省的情况,从12%到88%不等,巴黎市为10%,平均为38.2%。省与市镇的负担比例,每年决定一次;各市镇的负担比例根据其财政能力和救助人数决定。又如美国,社会救助资金由联邦政府、州政府和地方政府共同负担,联邦政府、州政府和地方政府分担比例,由各州对该项目的实际支出和州人均收入来决定。人均收入较低的州,联邦政府负担的比例较高;反之,负担的比例就较低。例如,对抚养子女的家庭补助所需资金,联邦政府承担的金额一般在总支出的50%~79.61%之间,总起来平衡,联邦政府每年平均分担补助支出的57%左右,其余由州政府和地方政府负担。在医疗补助方面,联邦政府分担费用的比例在50%~83%之间,根据各州人均收入高低确定联邦政府对各州承担的实际份额。此外,联邦政府还负担各州50%的社会救助事务管理费。再如韩国,社

会救助经费由中央和道、郡市三级负担,中央负担的比例根据项目从50%~80%不等。

(三)确定最低生活保障标准

多数国家在社会救助方面一般都确定最低生活保障标准或者贫困线,对收入低于此标准的人员进行社会救助。贫困线的具体数额是动态的,根据其经济发展水平确立。美国贫困线由各州确立,各州根据本州经济发展水平确立和调整贫困线具体标准。联邦政府在社会救助和社会福利支出方面,对人均收入相对低的州给予倾斜。特别值得注意的是,美国的贫困线标准很高,实际上可以说是小康生活线。发展中国家的贫困线一般能真实地反映贫困程度,如印度尼西亚的贫困线标准就很低。印度尼西亚的贫困线在各省也不一样,如1997年贫困线有五个档次,人均月收入分别为3万、2.8万、2.5万、2.2万和2万印尼元(1美元约为2 300印尼元),雅加达、爪哇等五省第一档次,其他省根据当地经济发展水平分别确定为二、三、四、五档次。

(四)鼓励社会捐赠,增加基金来源渠道

许多国家政府积极鼓励社会捐赠在社会救助基金筹集中发挥作用,注意依靠社会力量,增加基金来源渠道。例如,美国2011年慈善捐赠达到2 984.2亿美元,较2010年增长4%美元。同时,政府还积极鼓励民间组织在社会救助中发挥作用。例如,德国通过立法规定,社会救助要坚持政府与民间合作的原则,联邦社会救济法不得侵犯教会、宗教团体、民间福利团体的地位与活动。社会救助实施机构在与这些团体机构合作的时候,应考虑到其独立性,互相取长补短,并支援民间团体。除了现金的发放以外,民间团体的救助活动应优先进行。再如,发展中国家的斯洛伐克,1996年有186个非政府组织专门从事社会救助活动,吸收社会捐款4.4亿克朗,发给95 402个家庭;资助收养家庭1 829个,津贴1 403万克朗。政府支持这些组织的社会救助活动,并给予必要的资助,1993年资助总额2 300万克朗,1996年达到5 500万克朗。

三、完善我国的社会救助基金管理

(一)我国的社会救助基金管理存在的问题

目前,我国社会救助基金管理主要存在以下几个方面的问题。

1. 社会救助基金筹集困难。社会救助制度能否顺利实施,资金供应是一个非常重要的问题。对于社会救助基金的来源,我国各地已普遍将其列入财政预算,由各级财政统一负担。但是,由于各地经济发展水平不同,财政收入存在较大差距。特别需要提供社会救助的地区,往往是经济欠发达地区,财政收入更是十分有限,甚至连机关工作人员的工资都不能按时足额发放,确实无法足额筹集最低生活保障所需资金,而这些地区往往贫困人口的相对数还最多。因此,在这些地区的实际工作中经常出现"僧多粥少"的局面,有些地方出现了以资金定救助人数的现象。随着社会救助覆盖面的逐步扩大,政府必然面临筹集救助基金的困境,社会救助基金会面临更大的压力。

2. 社会救助支出增长缓慢。我国目前社会救助支出面临的主要问题是救济支出标准不能随着物价上涨而提高,以致贫困户、灾民的生活水平没有提高甚至出现下降的现象。如前所述,社会救助支出的资金来源主要依赖于政府财政,目前社会救助支出不能较快地增长,原因在于这些年我国财政收入占国内生产总值的比重偏低,政府财力分散现象又较严重,财政支出结构也不甚合理,随着这些问题的解决,社会救助支出可望会得到较快的增长。

3. 最低生活保障标准不科学。我国最低生活保障制度救助标准实行"属地原则",各地民政部门会同财政、统计、物价等部门制定,报本级人民政府批准并公布执行,其标准是五花八门,且与当地实际情况不符合,难以发挥社会救助基金应有的作用,降低了救助基金使用的效率。

4. 地方财政上社会救助资金落实不到位。社会救助基金目前的筹集是中央财政和地方财政共同负担的。其中,中央财政负担的部分在进入预算的大盘子后,应该是完全有保证的。但是,地方各级财政负担的部分到兑现时仍有可能发生问题。因为资金的运行过程并不如一般想象的那样,可以毫无阻碍地按着中央、省、市、区、基层的顺序,同时在每一级都再加上本级财政应该负担的份额,最后按法定标准发放到救助对象手中。实际情况是,年初各级地方财政都会按上面"配套"的要求做出预算,因为不这样做中央的拨款就有可能下不来。但到预算资金要兑现时,就得看辖区内的经济发展、地方税的征收和财政支出具体安排的情况了。在最终将社会救助基金发到救助对象手中的区、县和街道、乡镇这两级,对于上面拨来的款项究竟是中央的、省里的、市里(或地区)的并不知情。因此,资金拨付的中间环节上存在着资金到位的"灰箱"问题。一般来说,问题要到下半年甚至年底才会暴露出来。

5. 资金到位存在时间差。按现行的财政拨款办法,上面的资金尤其是中央的资金到位的时间太晚。中央的预算要在每年3月的人大会议上通过,通过后还有一系列的程序要走,再一级一级地下拨,到基层已到年中了。省级财政的资金也会存在同样的问题。因此,社会救助基金的发放,需要基层先行垫付。而基层对上面的资金承诺能否兑现总是存有疑虑,他们对先行垫付资金害怕"吃亏":一是怕上面的拨款最终到不了位,垫进去的资金泡了汤;二是怕主动垫付资金,上面的配套要求会年年加码。不垫付的结果自然是救助对象吃亏。

6. 各级财政负担的比例不合理。中央财政与地方财政资金分担比例、地方财政与其所辖市、区(县)级财政资金分担比例不合理且不稳定。现在的分担比例是"上面"在办公室里做出来的,与"下面"的实际财政能力并不相符。在很多情况下,并没有考虑基层的实际情况。在一些贫困地区或者失业、下岗问题严重的老工业基地,本来地(市)、区(县)两级财政吃的就是转移支付的财政补助款,要他们再挤出钱来做最低生活保障实在是有点勉为其难。但是,上面却可能完全不顾这些起码的事实,非要"配套"。各级地方财政无论如何是会按要求做好预算的,主要是要把上面的拨款,尤其是中央的拨款争取下来。这种状况致使有些地方对中央财政"等、靠、要",而不是积极发展经济,加强税收的征收管理,增加税收收入,增加财政收入。

(二)完善我国的社会救助基金管理的建议

要完善我国的社会救助基金管理,可以从以下几方面着手。

1. 推进立法工作。在一个法治社会,完善的立法是社会救助经常化、制度化、可持续的重要保障。从国外经验看,社会救助立法在社会保障的各项立法中是予以优先考虑的。但是,我国目前的社会救助基金管理没有明确、统一的法律可依。在实际的救助基金管理工作中,各种随意和变通的做法广泛存在,对于社会救助基金管理的效果有很大影响。考虑到社会救助体系是一个正常运行的社会的必备体系,考虑到社会救助在中国特色社会保障体系中的突出作用,我们应该尽快推动社会救助基金管理方面的法律出台。

2. 切实保障社会救助基金供给。政府要进一步加强对社会救助基金的财政支持力度。社会救助基金除了主要由财政负担外,还应扩大其他辅助来源。例如,发挥社会捐赠在社会救助基金筹集中的重要作用,组织捐赠、义演等慈善活动,依靠民间力量建立互助基金、扶贫基金等。另外,建议以个人所得税作为社会救助制度的专门财源。按照国际惯例,个人所得税是调节贫富差距,实现社会公平的主要手段。在发达国家,个人所得税约占整个财政收入的30%左右,而主要用于社会保障的公共支出也大约占财政支出的20%~30%,从这个意义上说,是个人所得税支持了社会保障的开支。因此,建议将个人所得税作为地方财政中支持乃至其他社会保障制度的专门财源。

3. 科学地确定最低生活保障标准。最低生活保障制度能否发挥其应有的功能,关键在于能否正确地制定最低生活标准。由于我国地域辽阔,各地区社会经济发展极不平衡,生活水平差异较大,适合全国的最低生活保障标准难以制定,一个人均收入为基数的相对标准也难以提出。因此,制定最低生活标准线一定要考虑我国的国情,按照既要保障贫困居民基本生活,又要克服其依赖思想的原则,从各地区居民的最基本生活需求、地区经济发展水平、物价水平、消费水平和财政承受能力出发,确定和调整最低生活保障线。最低生活标准在不同地区之间可以存在差异。制定居民最低生活保障标准是一项复杂系统的工作,主要依据包括:①维持居民的最低生活需求所需要的物品的种类和数量;②生活必需品所需要的费用;③市场综合物价指数,尤其是生活必需品的价格指数;④居民的平均实际收入和消费水平;⑤经济发展状况和财政收入状况;⑥其他社会保障标准。

4. 资金到位力求透明。在财政体系中设立社会救助基金专户,账户除了对救助对象发放以外,堵塞其他出口,只进不出。在年初,地、市和区、县的资金先到位,即直接下拨到基层的救助基金专户中。省里的专项资金可分一年两次,如在4月末和7月末到位。但应以地、市和区、县财政已经到位为前提,须经省财政部门确认后再下拨,并须在规定时间内(譬如15天或20天)拨到基层专户中。中央财政专款也分一年两次下拨,譬如在5月末和8月末到位。也应以省(市、区)、地(市)、区(县)的资金到位为前提。由财政部抽查确认后再下拨,并须在规定时间内(譬如15天或20天)拨到基层专户中。上述拨款程序应该在相当的透明度下进行。每一级、每一次拨款完成后,民政部门和财政部门都须联合向同级的人大和政协做出通报,并请他们监督,同时通过新闻媒体公之于众,请社会加以监督。

5. 各级财政合理分担。应该通过调查研究,设计一个能够对各级地方财政的支付能力进行如实评估的指标体系。然后用这个指标体系对各级地方财政,尤其是基层(区、县)财政的支付能力进行评估。评估的结果作为社会救助基金"分担"或"配套"的依据。并通过试点,取得经验,在此个基础上,可以进一步将全国的各级地方政府的财政能力分成若干层次,订立各不相同的分担或配套的比例,并在一定时期内(譬如5年或10年)较为稳定地执行。

6. 严格监管社会救助基金的使用。民政部门必须加强对社会救助基金的管理。基层民政部门和街道办事处、居委会在发放社会救助基金时要坚持政策公开、金额公开、对象公开的原则,健全手续。街道办事处及居委会,对申请领取社会救助基金的人员要认真审核，严格把关。居委会应定点设置公布栏，张榜公布本辖区内社会救助对象名单、家庭收入状况、救助标准、发放时间等内容，接受群众监督。民政部门和街道办事处、居委会应定期对领取社会救助基金人员的家庭收入情况进行复核，发现高于当地救助标准的应停发社会救助基金。申领社会救助基金人员，应接受民政局和街道办事处、居委会的监督管理，如实反映家庭成员情况及家庭的所有收入，不得隐瞒、虚报、冒领社会救助基金。各级民政部门要经常检查资金的使用情况，定期做好清理、对账工作，并积极配合财政、审计等部门对社会救助基金的使用情况进行监督、检查。对工作人员利用职权贪污、挪用、扩大社会救助基金使用范围等行为，要严格依照国家有关法律法规处理，构成犯罪的，由司法机关依法追究刑事责任。

 **相关新闻链接**

民政部：基金会监管体制已初步建立

基金会的资金来源于社会，必须接受有关部门和社会各界的监督。民政部副部长姜力30日介绍，民政部制定了《基金会年度检查办法》和《基金会信息公布办法》，要求基金会每年接受独立的审计机构的审计，报送年度工作报告并在指定的媒体上发布，在日常工作中要及时公布重大募集和资助资金的情况，初步建立了业务主管单位和登记管理机关共同负责、社会广泛参与的监管机制。

社会福利事业是我国社会保障体系的重要组成部分，孤寡老人、残疾人和孤残儿童等社会福利服务的对象，是特殊困难的群体。基金会服务的对象主要是社会福利服务对象，基金会在推动社会福利社会化、满足人民群众福利服务需求方面可以发挥更大的作用。

据了解，民政部正在积极研究制定鼓励基金会发展的措施。民政部民间组织管理局，先期开展了基金会评估机制研究。目前已初步形成了《基金会评估指标体系》，正在部分省区试点。在此基础上，民政部门逐步探索建立政府指导、社会参与、独立运作的民间组织综合评估机制，并适时公布基金会从事公益事业排行榜，通过引入竞争机制，激励基金会做大、做强，提高基金会公平、合理、高效配置资源的能力。民政部还研究加大对基金会等公益组织的政策支持力度。通过建立优惠政策与公益行为联动的激励机制,引导基金会优先投入慈善事业,优先救助社会困难群体。

(资料来源:杨维汉,新华网,北京 2006 年 5 月 30 日)

7. 提高社会救助基金管理的水平和效果。民政部门要规范管理,努力建设比较完善的社会救助基金管理体系,提高基金管理的水平和效果。要严格执行相关条例,不断规范和恪守操作程序,妥善解决新问题、新矛盾。还要加快信息化建设步伐,建立监督检查、统计报告和社会公示制度,不断提高管理和服务的信息化、社会化水平。其具体对策包括:一是要求凡有资金缺口的地方要采取紧急措施,确保按时足额发放救助金;二是积极探索建立稳定的救助基金筹措机制,进一步督促有关省份加大救助基金的投入力度;三是运用科技手段加强救助基金的管理,不断提高管理水平,促进救助基金由传统落后的管理向科学化、规范化管理转变。

本章综合案例

2004 年度全国"爱心捐助奖"获奖单位事迹简介

卓达集团(河北)

卓达集团先后向希望工程、春蕾计划、贫困地区等社会公益事业捐赠 8 000 万元,救助失学儿童达 3 万名,同时卓达员工自发捐助失学儿童千余名,踊跃献血上千人次……并于 2004 年设立"杨卓舒扶贫基金"1 亿元。

鞍山宝得钢铁有限公司

鞍山宝得钢铁有限公司制定了一项长期的扶贫帮困计划,近 3 年来,公司先后出资 6 000 多万元用于发展公益事业。

哈尔滨医药集团有限公司

多年来,哈尔滨医药集团有限公司为救助弱势群体,向灾区人民、困难职工以及慈善机构捐款、捐物折合人民币 5 733 万元,为社会做出了积极贡献。

上海烟草(集团)公司

9 年来,公司向上海市慈善基金会捐款达 7 568 万元。除此之外,先后向"希望工程"捐款达 200 多万元;非典期间,公司向上海市慈善基金会"防非"专项基金捐款 800 万元以抗击非典。

浙江省电力公司

2004 年第 14 号台风"云娜"登陆后,公司安排在浙江省范围内调集人员物资,支援抢修台州、温州电网,同时向浙江省民政厅一次性捐款 300 万元人民币。

济南铁路局

济南铁路局热心社会公益事业,在扶贫、救灾、帮困、助学和送温暖等诸多方面开展了卓有成效的工作。2004 年,这个局的领导率先带头积极参与社会扶贫,共捐赠资金、物品价值 521 万元。

广州恒大实业集团有限公司

据不完全统计,恒大集团共为慈善、文化、教育等社会公益事业捐款 40 次共 3 500 余万元。2004 年 5 月,在广东省委、省政府支持举办的"十项民心工程"募捐活动,恒大集团慷慨解囊,捐出全场最高的 1 000 万元善款。

四川宏达集团

2004 年四川宏达集团出资 800 万元在什邡市实施"宏达安身工程"。多年来,在社会公益事业方面捐助资金 2 000 余万元。

云南中烟集团

2004 年云南中烟集团向云南灾区捐款 1 000 万元;自组建以来,踊跃参与各种社会爱心捐助活动,已累计向社会捐款 2 700 万元以上(不含所属卷烟厂、直属单位捐助款物)。

中国人民解放军 77126 部队

中国人民解放军 77126 部队是一支创建于 1927 年的红军部队。长期以来,全体官兵持久开展爱心捐助活动。他们踊跃为"希望工程""春蕾工程"做贡献,资助 87 名失学贫困学生重返校园。2004 年,捐助灾区近 70 万元,同时积极为驻地街道清理垃圾,修理家电农具,帮助少数民族群众收割庄稼,为群众提供法律和政策咨询,义务为群众诊病,免费发放药品,整修乡村公路。

(资料来源:中华人民共和国民政部,2006 年 9 月 21 日,http://www.hljmzt.gov.cn/printpage.asp?ArticldID=1156)

▶思考题:我国社会救助基金的来源主要有哪些方面?

本章小结

1. 社会救助是指当社会成员陷入生存危机或不能维持最低限度的生活水平时,由国家和社会按照法定的程度和标准,向其提供满足最低生活需求的物质援助。我国社会救助基金的来源主要是政府财政拨款,还包括慈善捐款。

2. 社会救助基金管理是为实现社会救助的基本目标和制度的稳定运行,对社会救助基金的运行条件、基金征缴和管理、投资运营、监督管理等进行全面规划和系统管理的总称。

3. 我国社会救助基金管理主要有筹资管理、支出管理、组织管理。

4. 为了完善我国社会救助基金的管理,我们应该从以下方面入手:建立健全的基金管理法律体系;经费主要由政府承担;确定最低生活保障标准;鼓励社会捐赠,增加基金来源渠道。

重要概念

社会救助　社会救助基金　社会救助基金管理　社会救助支出管理

复习思考题

1. 社会救助主要指政府的什么行为?它的含义是什么?
2. 如何理解社会救助基金和社会救助基金管理的内涵?
3. 社会救助基金管理主要包括哪些内容?
4. 怎样对我国社会救助基金进行筹集与支付管理?
5. 如何进一步完善我国社会救助基金管理体系?

第十一章 社会保障基金与财政

学习目的与要求

通过本章的学习,要求掌握财政的概念、特征及其职能;熟知社会保障财政理论的形成和发展;理解财政与社会保障基金的关系及社会保障基金财政管理的具体内容;了解我国财政与社会保障基金管理的发展与现状;充分认识我国财政与社会保障基金管理存在的问题,并对完善我国财政与社会保障基金管理有一个清晰的思路。

第一节 财政理论的形成与发展

随着社会保障制度的发展,社会保障基金支出规模迅速扩大,国家财政的强力支撑已经成为社会保障制度立足和发展的基础,没有国家财政的支撑,社会保障制度就会面临经济风险。此外,财政理论的变化也不可避免地影响到社会保障理论,为社会保障理论与政策实践的发展提供了具体的指导方法和应用手段。

一、财政的概念

财政是指国家或政府为满足一定的社会公共需要,凭借政权的力量,强制支配一部分社会财富,向社会提供公共产品和服务的经济现象或经济行为。财政是在市场机制的基础上由政府配置资源的一种方式,是人类社会经济发展的必然产物。

二、财政的特征

财政主要有强制性、无直接偿还性、公共性、收支平衡性四个特征。

(一) 强制性

财政的强制性是指财政这种经济行为及其运行是凭借国家政治权利,通过颁布法令来实施的。在财政支出规模和用途的安排中,必须通过一定的程序做出决策并依法强制实施。政府对公民征税,依法强制征收,任何形式的抗税都是一种违法行为。

(二) 无直接偿还性

我国的税收是"取之于民,用之于民",从这个意义上说,税收具有间接偿还性,但是每一个纳税人都无权要求从公共支出中享受与他的纳税额等值的福利,也就是说,对每一个纳税人来说,他的付出和所得是不对称的,即无直接偿还性。

(三) 公共性

政府作为社会管理者,其行为动机是追求公共利益,为市场的有序运转提供必要的制度保证和物质基础。财政是为国家或政府执行其职能提供财力的,其本身的属性天然具有公共性。

(四) 收支平衡性

财政收入与支出的关系分为"以支定收"和"以收定支"两种,收支是否平衡构成了财政运行的主要矛盾,也成为制定财政政策的轴心。综观古今中外,收支的绝对平衡几乎是不存在的。收大于支意味着有结余,财政运行似乎稳妥,但常年形成大量结余则说明政府集中的资源没有充分运用,会抑制社会经济的发展;支大于收意味着出现赤字,如果出于政策需要,运用得当,会有利于社会经济的发展,但连年不断形成大量赤字,则说明财政运行失控,影响市场经济效率,甚至最终导致通货膨胀。因此,财政应遵循收支平衡原则,合理安排支出规模和结构并提高使用效益,制定合理的税收和收费制度并保证收入的及时、足额入库,既发挥国债的积极作用,又防止赤字和国债发行的失控,依据政治经济形势的发展及时地调整财政政策。

三、财政的职能

由于市场失灵才存在政府介入或干预的必要性和合理性,所以,财政的职能可以概括为资源配置职能、收入分配职能、经济稳定与发展职能三个方面。

(一)资源配置职能

资源配置职能是由政府介入或干预所产生的,它的特点和作用是通过本身的收支活动为政府提供公共物品提供财力,引导资源的流向,弥补市场的失灵和缺陷,最终实现全社会资源配置的最优效率状态。财政配置的机制和手段主要有:确定财政支出占 GDP 的合理比例;优化财政支出结构,如调整购买性支出与转移性支出比例对社会资源的配置状态起着重要作用;合理安排政府投资的规模、结构、保证国家的重点建设;通过政府投资、税收和补贴,调整社会投资方向,提高社会投资整体效率;提高财政配置本身的效率;等等。

(二)收入分配职能

收入分配职能是指财政部门通过财产税、收益税、个人所得税、奢侈行为等带有累进性质的税收,调节收入水平,通过教育、公共福利等支出手段保障低收入阶层的生活水平,最终实现调节收入分配水平,缩小收入差别的作用和功能。财政实现收入分配职能的机制和手段主要有:划清市场分配与财政分配的界限和范围,各司其职;规范工资制度;加强税收调节;通过转移性支出,如社会保障支出、救济支出、补贴等,使每个社会成员得以维持起码的生活水平和福利水平;等等。

(三)经济稳定与发展职能

经济稳定与发展职能是政府采取财政政策对宏观经济进行调节和干预实现经济的稳定发展。财政实现稳定和发展职能的机制和手段主要有:通过"相机抉择"的财政政策调节社会总供给和社会总需求的大体平衡;通过制度性安排,如累进税制度、失业救济金制度等发挥某种"自动"稳定作用;通过投资、补贴和税收等多方面安排,加快公共设施的发展并支持第三产业兴起,保证国民经济稳定与高速的最优结合;切实保证非生产性的社会公共需要,如完善社会福利和社会保障制度,为经济和社会发展提供和平和安定的环境;等等。

相关知识链接

"相机抉择"的财政政策

财政政策是维系总供求大体平衡的重要手段。当总需求超过总供给时,财政可以实行紧缩政策,减少支出和增加税收或两者并举,一旦出现总需求小于总供给的情况,财政可以实行适度放松政策,增加支出和减少税收或两者并举,由此扩大总需求。在这个过程中,财政收支发生不平衡是可能的而且是允许的。针对不断变化的经济形势而灵活的变动支出和税收,被称为"相机抉择"的财政政策。

四、社会保障财政理论的形成和发展

一般认为,西方财政基本理论经历了三次大的发展,每一次的发展变化都不同程度地对社会保障理论产生了直接的影响。第一次是古典经济学财政理论的形成和发展,这一理论的中心思想是"廉价的政府是最好的政府",反映到社会保障理论上来就是:政府只提供有限范围的政府救济。第二次是凯恩斯主义经济学财政理论的兴起,它强调政府对社会和经济的干预,通过财政转移支付对失业者、贫困者以救济。第三次是20世纪六七十年代货币主义、供给学派、理性预期学派等所倡导的财政思想的出现,主张降低税率,减少政府干预,强调社会保障不应有损于效率与竞争。

(一)古典经济学社会保障理论

早在资本主义发展初期的17世纪,重商主义学派代表威廉·配第就主张压缩诸如行政、军事、教育、宗教等非生产性开支,相应地增加有关生产性支出以及社会救济方面的支出。这其实就是我们今天所谓的通过调整财政支出结构来增加社会保障支出。到了18世纪,资产阶级古典经济学理论体系的奠基者亚当·斯密在其经典著作《国富论》独辟一篇专门研究财政问题,财政学从此被作为一门独立的学科来对待,亚当·斯密因而被誉为"财政学之父"。斯密在文中也阐述了他的社会保障思想，主张政府应当尽量缩小自己的职能，控制在"守夜人"的职责范围之内，只提供有限范围的政府救济。这一社会保障思想在其财政支出理论中也有所反映，斯密将财政支出分为四类，即国防费、司法费、公共工程和公共机关费及王室费，并没有论及社会保障财政支出。之后在庇古的福利经济学理论中，财政手段的运用更加频繁。庇古认为，政府可以通过开征累进税，增加转移性支出，干预收入分配的不公平，达到社会经济福利极大化的目标。

（二）凯恩斯主义社会保障理论

凯恩斯主义经济学以需求管理为基础建立了他们的财政与社会保障经济理论。凯恩斯主义认为，收入分配不均不利于资本的增加，他主张实行累进税制以缩小分配差距，要求以财政政策为重心，通过政府有意识的财政支出与收入来影响消费倾向。第二次世界大战以后，英美等国家都建立了完善的社会福利保障制度，社会福利支出已经成为财政支出中的最大的一个部分。凯恩斯主义提出，通过个人间的财政转移支付，既可以对失业者、贫困者以救济，从而刺激消费需求，也可以使政府在经济发生波动时通过改变社会福利费用支出的水平影响总需求水平，来调整经济运行。凯恩斯的有效需求理论既是积极财政政策的理论基础，也成为现代社会保障制度建立的理论基石之一，为政府干预经济、承担更多的社会保障责任提供了有力的理论依据。

（三）新剑桥学派等社会保障理论

新剑桥学派坚决主张厉行政府干预来改善收入分配失调的弊端，强调运用财政和税收手段来改变现行的分配制度和收入分配不合理的格局，要求实行累进的税收制度来改变社会各阶层收入分配不均等的状况等。

货币主义的代表人物弗里德曼认为高效率来自市场竞争，如果对低收入者给予"最低生活水平的维持制度"，会挫伤人们的劳动积极性，最终有损于自由竞争和效率，他提出了通过"负所得税"，既帮助低收入者维持最低生活水平，又可在一定程度上克服依赖政府补助金生活的懒汉思想，从而有利于鼓励个人工作积极性。

供给学派的社会保障财政理论更多的是与减税和减少社会福利开支联系在一起的。他们认为减税可以促进个人和企业增加储蓄和投资，从而增加供给；并极力主张减少社会福利支出，并通过社会福利开支的减少来增加供给。

(四)"六项扣除"理论

马克思的"六项扣除"理论既是财政分配的理论依据,也从社会产品分配的角度高度概括了社会保障的性质和内容。在《哥达纲领批判》中,马克思提出了未来社会(共产主义社会)的社会产品的分配原理。他指出,在未来社会里,社会总产品被劳动者创造出来以后,不能不折不扣地分配给每个社会成员,而是在最终进入个人现期消费之前,必须进行各项扣除。"六项扣除"中至少有五项扣除属于以国家为主体的财政分配的内容,其中有三项扣除又是社会保障分配的基本内容。虽然共产主义社会仍未实现,但马克思关于社会产品分配的原理仍然具有理论和实践上的指导意义,既是我国财政分配的理论基础和客观依据,也从社会产品分配的角度高度地概括了社会保障的性质和内容,成为社会保障的重要理论依据和实践指导。

相关知识链接

财政分配中的"六项扣除"

在《哥达纲领批判》中,马克思指出,在未来社会里,社会总产品被劳动者创造出来以后,应在最终进入个人现期消费之前,必须进行各项扣除。具体来说,"第一,用来补偿消费掉的生产资料的部分。第二,用来扩大生产的追加部分。第三,用来应付不幸事故、自然灾害等的后备基金或保险基金"。剩下的总产品在进行个人按劳分配之前,还需要再从里面进行三项扣除,即"第一,和生产没有直接关系的一般管理费用。第二,用来满足社会共同需要的部分,如学校、保健设施等。第三,为丧失劳动能力的人等设立的基金"。

第二节 社会保障基金与财政

社会保障基金收支活动是国民收入分配和再分配的重要形式之一,因而是财政职能的重要组成部分。从实践上看,社会保障事业如果发生了支付危机,国家财政必然要负兜底责任,也就是最后的支付责任。没有财政参与管理的社会保障制度是不健全、不安全的。并且社会保障基金中有相当部分要由财政拨付,如社会救济、优抚安置等,因此,财政与社会保障基金管理之间有着密切的联系。

一、社会保障基金与财政的职能

从经济运行角度看,公共财政的职能是解决市场失灵问题,而社会保障基金的收支活动集中体现了公共财政的职能。

(一)社会保障基金与资源配置职能

社会保障基金收支活动的本身就是一种资源配置的方式。它可以通过影响储蓄率,继而影响投资规模,从而改变资本积累的速度,实现对资源配置的影响。

1.社会保障基金与储蓄。首先,筹集社会保障基金,会直接减少个人和企业的收入,从而影响个人和企业的消费倾向和储蓄倾向;其次,社会保障基金的储存过程对储蓄产生影响;最后,社会保障费用的支付也会影响储蓄,社会保障基金的支付在减少储存量的同时会增强公民个人的购买力和对未来的合理预期,促进消费的增加。

2.社会保障基金与投资。社会保障基金并非是一种单纯的消费基金,它是一笔重要的投资基金,能够为资本市场提供巨大的动能,从而影响社会总投资的重要因素。

3.社会保障基金与国债。从实践看,政府需要发行国债将社会上的闲散基金聚集起来,从而集中财力用于公共事业的发展等,而发行国债常常需要借助于社会保障基金,并且世界各国普遍规定社会保障基金的一定比例用来购买国债。此外,财政分配职能中的福利性转移支出本身就是社会保障的研究领域。

(二)社会保障基金与收入分配职能

社会保障的基本功能就是对社会分配的参与,通过其分配机制的特有功能,缓解社会分配不公所造成的影响,为社会成员提供基本生活保障。社会保障基金的收支活动贯穿于国民收入分配与再分配的全过程,在分配机制中发挥"调节器"的作用。

社会保障基金对于收入分配的调整主要表现为将一部分国民收入通过强

制手段集中到政府手中,再通过转移支付来保障一些特殊社会成员的基本生活需要;或是以向单位和劳动者个人缴费或征税方式建立社会保障基金,实行统筹使用,对于有困难和需要的人予以救助。

(三)社会保障基金与经济稳定发展职能

社会稳定的基础主要取决于社会成员自身的安全感。社会保障通过满足社会成员的基本生活需要,尽可能地消除贫富之间的差距,创造一个公平和合理的社会环境,最终使所有社会成员共享改革发展成果,并对未来的生活有良好的心理预期,实现社会的稳定和发展。

在这一职能中,社会保障税及社会保障支出等可以自动调节经济的波动,起到"减震器"和"安全网"的作用。当经济过热时,社会保障税增加,失业保险金、救助类支出等社会保障支出减少,从而起到抑制经济膨胀的作用;相反,当经济萧条时,社会保障税减少,社会保障支出增加,起到刺激需求、促进经济回暖的作用。

二、社会保障基金与财政的关系

社会保障基金收支活动是国民收入分配和再分配的重要形式,其目的是确保社会成员基本生活水平,从而维护社会稳定,推动经济发展,促进改革深化。国家财政是政府宏观经济管理部门,担负着产品分配和再分配职能。因此,社会保障基金与财政有着极为密切的关系。

(一)财政是社会保障基金分配的主体

马克思的"六项扣除"理论中指出,社会总产品在实行个人按劳分配之前,必须进行必要的扣除,这也是我国财政分配的理论基础和客观依据。"六项扣除"中的"用来应付不幸事故、自然灾害等的后备基金或保险基金"以及"为丧失劳动能力的人等等设立的基金"就是社会保障基金分配的内容。

社会保障基金收支和投资运营活动是对国民收入进行的分配与再分配,对国家与企业、国家与个人、企业与个人之间的分配关系都产生直接影响。国家财政担负着国民收入分配和再分配的任务,是国家、企业、个人之间各项分配关系的管理者,直接控制或间接制约着社会保障分配的总量和结构,社会福利、社会救济等大都是财政拨款,直接受到财政收支状况的制约。因此,财政是社会保障基金分配的主体。

（二）社会保障基金与财政支出

社会保障支出是财政支出中最重要的内容。以财政支出是否与商品和服务相交换为标准,可将全部财政支出分为购买性支出和转移性支出,包括社会救助、社会保险、社会福利等项目在内的社会保障支出,构成了转移性支出的主要内容。国际货币基金组织（IMF）在进行财政支出分类时,也把社会保障支出作为财政支出的重要内容。

财政支出直接为社会保障活动提供着重要的财政来源。财政对于社会保障的支持有两个方面：首先是直接拨款实施社会保障项目,如由政府财政对社会救助等项目承担全部供款责任；其次是承担社会保障运行费用,这一部分支出虽不直接用于受保障者,却维护了社会保障资金的完整和安全。

用于支付社会保障项目的财政支出主要来源于社会保障税和财政支出中的转移支付。许多国家都同时使用这两种渠道来筹措社会保障基金,只是侧重点不同。这两种模式的区别在于：第一种方式使社会保障体系的每一个受益者的收益程度与其税收缴纳状况直接挂钩,社会保障收入可以根据所缴纳的社会保障税（费）按一定比例计算出来,并且社会保障的筹资活动也纳入了法制化轨道,社会保障税（费）的资金具有专款专用的性质,具有较高的透明度；而财政支出中的转移支付则不同,社会保障的筹资与财政收入筹集在一起,政府按照社会保障基金的需要来划分财政支出结构,个人接受社会保障的收入同他缴纳的税收无关,即收入与支出的权利与义务不对等。

（三）社会保障基金与财政收入

社会保障缴费（税）是一项重要的财政收入形式,社会保障筹资主要有税、费两种形式。据悉,迄今至少有 132 个国家或地区实行社会保障税制度,其中 108 个国家或地区正式实行含有工资税、社会保险税、社会税、社会保障捐赠在内的社会保障税。据 OECD（经合组织）国家统计,社会保障税占总税收的加权比重,1965 年为 18%,1975 年为 22%,1985 年为 23%,1995 年为 25%。1995 年后,此项比重超过 30% 的有 9 国,依次是：法国（50%）、荷兰（42%）、德国（39%）、日本（36%）、奥地利（36%）、西班牙（36%）、比利时（33%）、意大利（32%）、希腊（31%）。2003 年,美国联邦政府社会保障税收入为 7 130 亿元,占联邦财政收入的 40.0%,社会保障税已经成为仅次于所得税的第二大税种,在一些国家甚至超过个人所得税而跃居第一位。① 从世界各国的社会保障筹资实践看,即便一些没有开征社会保障税而实行社会保障缴费的国家,其各项社会保障费收入仍然成为国家财政收入重要内容。

从财政收入看,社会保障基金实质上是财政资金的转移和让渡;同时,社会保障基金是政府公债的重要筹资渠道,为政府发行公债提供了强有力的资金支持。

(四)社会保障基金与财政预算

社会保险基金就其性质而言应当是一种财政资金,那就理所当然地要被纳入预算管理范围之内。社会保障预算制约着社会保障管理体制,关系着社会保障资金的安全,最终决定着社会保障制度的建设和事业发展。此外,社会保障基金是通过国民收入的分配和再分配形成的,是以确保社会成员基本生活水平为特定目的的资金,应对其进行独立的、专门的预算管理,以便清晰地反映其收支情况,增强预算的透明度,更好地管理社会保障资金。在西方发达国家,社会保障预算已成为国家预算中规模最大的一项内容。我国也把社会保障预算作为国家财政预算的一部分。此外,财政不仅仅要满足社会保障的资金需求,还应该在社会保障基金出现危机时给予资金支持。

(五)社会保障基金财务管理离不开财政的监督

社会保障基金财务、会计管理活动的顺利开展,需要财政的支持和监督。对社保经办机构编制的预、决算及其执行情况进行监督是财政部门的重要职责;社会保障基金管理机构管理经费需由财政部门拨款;对经办机构违反财政法纪的处理和对财务会计制度情况的监督检查也离不开财政部门。

第三节 社会保障基金财政管理的内容

一、税收管理

财政对社会保障实行的税收调控主要体现为税收优惠主要包括以下几方面。

---

① 王晶,李炜光:《城市财政与社会保障制度建设》,北京:首都经济贸易大学出版社2006年版,第168页。

（一）对社会保障缴税的纳税人给予税收优惠

财政将社会保障缴费（税）从企业利润及个人所得税中分离出去，实质上是财政资金的转移和让渡。企业社会保险费税前列支会减少财政的所得税收入，但同时可以鼓励缴纳社会保障税，增加社会保障基金。

（二）允许慈善捐赠享受免税优惠

慈善事业和社会捐助是社会保障的重要内容，是政府保障的有利补充，对慈善组织和社会捐赠采取税收政策引导能够有效地促进慈善事业发展。财政是否允许慈善捐助在个人所得税和企业所得税税基中扣减将直接影响纳税人的捐赠行为；允许纳税人在其所得税税基中扣减的比例也会对捐赠行为产生影响，扣减比例越大，对纳税人捐赠的激励作用越大，也将促使人们选择慈善捐赠方式合理避税。

（三）对社会保障基金的投资运营给予税收优惠

财政要对社会保障基金的投资运营给予税收优惠。例如，我国对社会保障基金理事会、社保基金投资管理人运用社保基金买卖证券投资基金、股票、债券的差价收入，暂免征收营业税。对社保基金理事会、社保基金投资管理人管理的社保基金银行存款利息收入，社保基金从证券市场中取得的收入，包括买卖证券投资基金、股票、债券的差价收入，证券投资基金红利收入，股票的股息、红利收入，债券的利息收入及其他收入，暂免征收企业所得税。适当的税收优惠是推动社会保障事业发展，提高企业和个人参保积极性不可缺少的，但过多、过滥地优惠又会影响社会保险基金的收入，造成应征收入的大量减少。因此，确定税收优惠项目一定要科学、合理、适度。部分编制税收支出预算的国家也将社会保障税收优惠政策作为税收支出预算的重要内容，对国家通过税收优惠政策给予社会保障的隐性财政支出规模进行统计、监督和管理。

二、财务管理

财政对社会保障财务管理主要分为两个层次。由政府直接举办的社会救济和社会福利项目，由于其经费来源于财政经常性公共预算，财政对这些项目实施收支管理和监督自在情理之中。对于社会保险收支，财政参与管理的程度要取决于社会保障管理体制。在政府强制实施但由民间机构具体管理的体制模式下,财政主要负责收支的宏观管理,给予必要的财政补助。在政府强制实施且由政府直属机构直接管理的体制模式下,财政不仅要对其实施宏观的监督管理,具体的收入、支出也都属于财政的管理范围。为了保证各项社会保障资金的安全和完整,提高社会保障资金使用的透明度,无论是政府直接举办还是民间管理为主,财政都必须建立健全各项财务会计制度,制定相关的财务、会计、监督法律法规,加强社会保障资金的财务管理和会计核算工作。国际会计准则委员会颁布了"雇主财务报表中退休金会计""退休金计划的会计和报告"等专门会计准则,我国也先后制定了《社会保险基金财务制度》《社会保险基金会计制度》等财务会计制度,对社会保险收入、支出以及具体的会计科目作了明确规定。

社会保障基金结余的投资运作也是社会保障财政管理的重要内容。在实行现收现付制的社会保障财务制度下,基金结余仅相当于2-3个月支付额的备付金,一般只能用于购买短期国债或存于银行。在实行部分积累或完全积累制的社会保障财务制度下,基金结余规模较大,出于保值增值的需要,必须要进行投资运作。无论是现收现付还是基金制,基金结余的投资运作都必须在财政规定的制度框架和政策范围内进行。为了规范社会保障基金投资运作行为,我国财政部已经制定了《全国社会保障基金投资管理暂行办法》。

三、预算管理

对社会保障基金实行预算管理是政府为实现社会保障目标的管理手段,能够增强社会保障基金收支管理的强制性和相对稳定性,也能够使政府和公众对社会保障基金有全面和完整的了解。在已建立社会保障制度的国家中,多数建立了社会保障预算制度,其预算编制模式主要有社会保险基金预算、政府公共预算、一揽子社会保障预算三种类型。

(一)社会保险基金预算

社会保险基金预算独立于政府公共预算之外以基金形式反映社会保障收支状况,如美国、新加坡等国家实行的是这种模式。这种模式的优点在于:它独立于政府公共预算之外,收支高度明晰,各方权责明确,使政府能够在保证对社会保障资金控制的前提下,负有相对较小的责任。尽管如此,在基金预算收不抵支的情况下,政府最后责任人的角色仍然无法摆脱。

(二)政府公共预算

政府公共预算是福利国家通常采取的基金管理模式,是指将社会保障资金全部纳入政府预算内,同政府其他收支混合为一体的预算形式。英国、瑞典等西欧福利国家实行的就是这种制度模式。在此模式下,国家全面担负起社会保障的财政责任,能够增强对公民生活福利水平的保障程度。但是由于社会保障支出具有刚性,公共预算模式也容易给政府财政造成巨大压力,会对经济发展带来负面影响。

(三)一揽子社会保障预算

一揽子社会保障预算是指将政府一般性税收收入安排的社会保障性支出、各项社会保障基金收支、社会筹集的其他社会保障资金收支、社会保障事业单位的收入等作为一个有机的整体,编制涵盖内容全面的一揽子社会保障资金预算。就政府对社会保障制度的责任而言,这一制度模式介于基金预算和政府公共预算之间,既能够较全面地反映社会保障的收支状况和资金规模,体现国家社会保障收支的总体水平,也能够使政府具有对社会保障资金的全面协调能力。

四、财政拨款

在现代社会保障制度中,政府的财政拨款是筹措社会保障资金的一个固定的重要的来源渠道,没有国家财政作为经济后盾,很难建立起健全的社会保障制度。许多国家将社会保障基金直接纳入国家的财政预算,有的国家虽然社会保障基金在财政预算系统之外运行,也通过财政专户对其进行密切监控;有的国家建立了完全独立于国家财政预算系统之外的社会保险基金系统(如新加坡、智利等),国家财政仍承担对社会救济、社会福利事业的直接拨款责任,有时还对系统之外的社会保障基金给予适当的援助[①]。

财政对社会保障的拨款表现为以下几个方面:

其一,直接拨款实施社会保障项目。例如,社会救济等项目都是由政府财政全部供款的,有的国家还由政府财政分担社会保险缴费的责任。

其二,承担社会保障运行费用。运行费用虽然并不直接用于受保障者,却维持了社会保障基金的完整与安全,因而也是实施社会保障制度的重要的经济

---

① 孙光德,董克用:《社会保障概论》,北京:中国人民大学出版社2004年版,第46—47页。

条件。我国社会保障经办机构的经费最初是按比例从社会保险基金收入中提取,目前也已经全部改由财政预算安排。

其三,实行税收优惠。例如,允许企业与个人免税。

第四节 我国财政与社会保障基金管理的发展与现状

一、财政与社会保障基金管理的历史发展

在传统体制下,中国的社会保障体系分为两部分:一部分是集体所有制单位(包括广大农民及城镇集体单位),其资金来源于集体经营的提留,以公积金和公益金等形式存在着,其保障对象只限于集体的成员;另一部分是国有制单位,在国家对国有企业实行"统收统支"制的大背景下,这一部分的资金事实上无区别地取自全体国有企业和单位。此外,国家财政还面向全社会提供社会保障,但是保障项目只有抚恤支出、社会福利救济费和自然灾害救济费三种,支出的金额也不多,大多数年份中只占财政支出的2%不到。

从资金运筹上,当时社会保障制度实行的是"现收现付"制:在国家财政与各执行社会保障的单位的预算和会计项目上,并无与社会保障支出相对应的收入项目;预算和会计账目上也没有专项社会保障基金;社会保障支出发生多少便支出多少,支出多少便记录多少[①]。

随着市场化经济体制改革步伐的加快,下岗、失业和离退休人员在增加,人口老龄化趋势在加快,公费医疗的浪费与低效等等使财政与社会保障基金管理面临严峻的考验,被急切地推上了改革的日程。

二、我国财政与社会保障基金管理的现状

(一)当前财政与社会保障基金的运行情况

当前,我国的社会保障基金主要由三部分组成:社会保险基金、全国社会保

---

① 陈共:《财政学》,北京:中国人民大学出版社2002年版,第117—118页。

第十一章 社会保障基金与财政

障基金、补充保障基金。

1. 社会保险基金。社会保险基金主要由企业和个人缴费形成的社会保险基金是社保基金中最重要的一部分,社会保险基金被纳入财政专户,实行收支两条线管理,专款专用,包括基本养老、失业、医疗、工伤和生育保险基金。其主要来源是:城镇企业职工基本养老、医疗和失业保险基金主要依靠参保企业和职工缴费;各级政府机关职工的基本养老保险依靠政府财政,医疗保险依靠政府财政和个人缴费;全额拨款的事业单位职工基本养老保险依靠政府财政,企业化管理的事业单位基本养老保险依靠单位和职工缴费,全部事业单位职工的医疗保险和失业保险基金依靠单位和职工缴费[①]。

2. 全国社会保障基金。2000 年 8 月,党中央、国务院决定,建立全国社保基金。作为有中国特色社会保障制度的重要组成部分,全国社保基金是国家重要的财力储备,主要用于弥补将来人口老龄化高峰时期的社会保障需要。全国社会保障基金的资金来源包括财政预算拨款、国有股减持收入、彩票公益金收入和投资收益。截至 2015 年年底,全国社会保障基金的总规模是 19 138.21 亿元,财政直接拨入全国社会保障基金为 706.38 亿元,其中,中央财政预算拨款 200 亿元,国有股减持收入约为 179.06 亿元,彩票公益金收入 327.34 亿元。

3. 补充保障基金。补充保障基金是由企业和个人缴费形成的企业年金、企业补充医疗保险等,国家财政不予资金补助。

(二) 财政社会保障支出逐年增加

财政社会保障支出逐年增加,具体表现在如下两个方面。

1. 财政拨入社会保障基金的资金逐年增加。国务院在 2000 年制定的《关于完善城镇社会保障体系的试点方案》中指出,在加强社会保障资金的筹集和管理方面要调整财政支出结构,逐步增加社会保障支出(参见表 11-1)。近年来,财政拨款不断增加,2005 年为 228.7 亿元,2006 年为 574.03 亿元,2007 年为 308.14 亿元,2008 年为 326.95 亿元。2009 年、2010 年分别为 825.89 亿元和 634.44 亿元。2015 年 706.38 亿元。截至 2015 年年底,中央财政性资金累计拨入社保基金 7 259.02 亿元,其中,中央财政预算拨款 2 698.36 亿元;彩票公益金收入 2 017.85 亿元;国有股减持 2 563.17 亿元。各级财政必须进一步深化财政支出管理改革,严格实施部门预算,加大调整财政支出结构的力度,转

[①] 潘莉:《社会保障的经济分析》,北京:经济管理出版社 2006 年版,第 112-113 页。

化企业亏损补贴,压缩部分性支出,逐步将社会保障支出占财政支出的比重提高到15%~20%。今后,预算超收的财力,除了保证法定支出外,主要用于补充社会保障资金。

表11-1　2011—2015年我国财政拨入全国社会保障基金资金情况表

单位:亿元

项目	2013年	2014年	2015年	累计	占拨出资金比重(%)
财政拨款合计	555.62	552.64	706.4	1 814.66	100.00
其中:中央财政预算拨款	200	200	200	600	55.11
国有股减持收入	78.97	82.83	179.06	340.86	33.22
彩票公益金收入	276.65	269.81	327.34	873.8	81.06

资料来源:全国社会保障基金理事会官方网站。

2.财政社会保障基金支出占财政总支出的比重逐年增加。财政社会保障支出(抚恤和社会福利救济费和社会保障补助支出)在财政总支出中的比重也在逐年增加。1998年,我国财政社会保障支出额为591.1亿元,占财政支出总额比重的5.5%;到2008年,财政社会保障支出额为6 804.29亿元,占财政支出总额比重提高到8.1%。到2011年财政社会保障支出额高达11 109.40亿元,其中,中央支出502.48亿元,各地方支出10 606.92亿元。可见,财政对于社会保障的支持力度逐年加大(参见表11-2)[①]。

表11-2　中国财政社会保障支出水平　　　　单位:亿元

支出项目	支出额				占财政支出总额比重			
	1998年	1999年	2000年	2001年	1998年	1999年	2000年	2001年
抚恤和社会福利救济费	171.3	179.9	213.0	266.7	1.6	1.4	1.3	1.4
社会保障补助支出	150.0	343.7	595.5	789.9	1.4	2.6	3.7	4.2
行政事业单位离、退休经费	269.8	393.9	478.57	569.1	2.5	3.0	3.0	3.0
合计	591.1	917.5	1 287.1	1 625.7	5.5	7.0	8.1	8.6

注:1998年行政事业单位离、退休经费不含中央财政支出部分。

资料来源:《中国统计年鉴》(1999-2002年),北京:中国统计出版社。

---

① 班晓娜:《我国财政社会保障支出水平存在的问题及其对策研究》,《鞍山师范学院学报》,2005年第7期,第8-11页。

第五节 完善我国社会保障基金管理的财政对策

一、我国财政与社会保障基金管理存在的问题

我国财政与社会保障基金管理存在的问题主要体现在以下几个方面。

(一) 财政社会保障基金支出水平偏低

财政社会保障基金支出水平偏低主要体现在以下九个方面。

1. 财政社会保障基金支出水平虽逐年提高,但整体偏低。2000年国务院制定的《关于完善城镇社会保障体系的试点方案》中所提到的社会保障支出占财政支出的比重是一般意义上的财政社会保障支出水平,这个一般意义上的财政社会保障支出包括抚恤和社会福利、救济费、社会保障补助支出及行政事业单位离退休经费,而不包括社会保险支出。由1998年的5.5%上升到2006年的11.05%,尽管这一比重逐年有所提高,但离我们要达到的15%～20%的目标还相差甚远。显然,现阶段我国一般意义上的财政社会保障支出水平整体是偏低的。

2. 与其他国家相比我国的财政社会保障基金支出水平也较低。20世纪80年代到90年代发达国家如美国、德国、瑞典、英国几个国家当时的财政社会保障支出水平均高于目前中国的水平;发展中国家如新加坡的水平远低于中国,但该国实行的是中央公积金制的社会保障制度,主要靠个人的强制性储蓄,国家财政支出部分很小;另一个发展中国家智利的社会保障制度与我国类似,都是保险型。但20世纪80年代初智利进行了社会保障制度改革,其效果显著,社会保障基金有了较高的收益率,因此保证了资金来源,使得20世纪80年代到90年代的财政社会保障支出水平较高,比中国目前水平平均高出几个百分点。表11-3列举了上述国家的财政社会保障支出水平。不难看出,中国目前的财政社会保障支出水平在世界范围内比较也是偏低的。

表 11-3　部分国家财政社会保障支出水平(%)

国家	年份						
	1980年	1982年	1984年	1986年	1988年	1990年	2002年
美国	34.1	33.5	32.1	28.1	27.6	25.6	33.6
德国	49.2	49.7	49.1	49.0	47.9	46.9	31.3
瑞典	48.5	46.9	42.0	44.7	49.9	51.5	35.4
英国	26.4	29.8	28.8	32.3	31.9	27.5	32.4
新加坡	1.34	1.4	0.9	1.6	2.0	2.1	—
智利	32.3	41.8	41.8	38.0	29.8	35.4	—

资料来源:《公共经济学大辞典》,北京:经济科学出版社 1999 年版。

何平、金维刚、汪泽英:《部分国家社会保障财政支出分析》,《中国社会保障》,2006 年第 9 期。

(二)社会保障基金支付引发财政风险

国家财政不仅要经常性地对社会保障注资,还要对社会保障负有兜底责任,因此,任何社会保障基金支付的风险最终都将反映到财政上来,从而转化为财政风险。其具体表现为以下几个方面。

1. 社会保障基金缺口大。社会保障的财政风险主要表现在养老社会保险风险。在养老保险制度由现收现付制向部分积累制过渡的过程中,由于"老人"与"中人"在转轨前没有养老金的积累,从而形成国家对社会保障的隐性债务,即养老保险基金的空账户问题。1997 年空账规模为 140 亿元,1998 年增长到近 450 亿元,1999 年则超过了 1 000 亿元。现在每年筹集的 3 000～4 000 亿元的养老保险基金,主要还用于保证现在 3 600 万退休人员的养老金的发放。养老保险当期收不抵支现象严重。

2. 社会保障基金保值增值困难。社会保障基金保值增值的手段单一,主要用于购买国家公债、存入银行账户。其风险小,但收益率低,在通货膨胀的情况下,基金还面临贬值的风险。此外,中国社会保障基金监管混乱,基金的流失严重,挪用、滥用的现象时常发生。

(三)社会保障基金预算缺乏监管

社会保障基金预算缺乏监管的具体表现主要有以下几个方面。

1. 擅自改变基金支出对象。社保基金的支付对象必须是符合政策规定的保障对象。有的地区在预算执行时,明知资金拨付对象不符合条件也予以支出。

例如,下岗职工基本生活保障向失业保险并轨工作,享受财政补助的必须是国有企业、严重亏损并且在一年以上,有的地区竟将赢利的或者不是国有性质的企业,甚至是破产企业作为补助资金支出对象,严重违反国家政策规定。

2. 挤占、挪用社保基金现象依然存在。个别地区在预算资金不足、财政周转困难的情况下,占用社保财政专户中的结存资金,用于平衡财政预算,或者以社保支出的名义,用于与社保无关的项目支出。

3. 未按规定预算执行。这主要是由于编制当年预算时没有经过深入、细致的调查,掌握的社保基本数据与实际情况有出入,没有核实社会保障的相关情况,在具体执行时,出现人数激增或与政策不符或配套资金不到位、支出减少或超预算支出的状况。

4. 财政补助资金到位不及时,影响预算执行。根据各地区的社保基金筹集情况,中央及省财政承担着资金缺口一定比例的补助,这也是预算资金的一个来源,然而由于中央及省财政的补助预算指标下达较晚,给市县级财政合理调度资金、按时发放社保金带来困难,影响预算执行。

(四)各级政府社会保障财政责任模糊

国务院自1998年就明确要求,各省、自治区、直辖市要在1998年底以前实行企业职工养老保险基金省级统筹,建立基本养老保险基金省级调剂制度。尽管如此,我国大部分地区的社会保障基金仍然处于"县级统筹"和"市级统筹"的分散管理状态;地方政府财政责任不明,既无法自主地推进社会保障改革,又可以在社会保险具体方案设计、基金管理使用等方面与上级政府的要求不相一致。政府间的财政投入责任不清。2003年,各级财政补助基本养老保险基金544亿元,其中中央财政补助474亿元,中央补助占总补助的87%。有条件的地方可能多投入,无条件、负担重的地方反倒可以少投入甚至不投入,完全依赖中央财政补贴,造成地方财政在社会保障责任上的缺位。

二、完善我国社会保障基金管理的财政对策

我们可以采取以下对策来完善社会保障基金管理。

(一)提高财政社会保障支出水平

在提高财政社会保障支出水平方面应采取以下措施。

1. 通过改变财政支出结构来增加公共财政对社会保障的支出。近两年来,

中国社会保障支出占财政支出的比重基本维持在10%~11%之间。社会保障支出增长速度几乎与同期财政支出增长速度同步。在未来5~10年里，这一比例应该继续增加，逐步达到15%-20%①。

2. 提高地方政府对社会保障的支出比例。社会保障支出不仅仅应该成为中央财政支出中的主要部分，而且应成为各级财政的主要支出。省财政既是地方财政中主导性的环节，又是中央财政和地方财政之间的枢纽，要把主要财力用于地方公共需要的满足和社会保障体系的建设中。

(二) 适时开征社会保障税

现行缴费方式所存在的缺陷，使得社会保险基金来源缺乏保障，并且给基金管理和收支平衡带来困难。从实践来看，社会保障税优于目前的社会保险费，主要体现在以下几个方面。

1. 有利于增强社会保险筹资的强制性，加强社会保险基金的征收力度。目前，很多人认为，征税的形式比缴费的形式更具有强制性，实际上就这两种形式本身而言，只要有政府统一制定法规，其法律上的强制效力应当是相同的。我国已由国务院颁发了《社会保险费征缴暂行条例》，表明社会保险征费和税收一样具有法律的强制力。从我国的实际情况来看，真正的区别在于实际征收过程中，由于社会保障费征收机构的力量、征收人员的业务素质还比较薄弱，难以保证实际达到应有的与税收相同的法律强制力。在近年的改革过程中，一些地方采取了由地方税务部门代征的办法，受到了较好的效果。如果改为开征社会保险税的形式，则可以充分实现社会保险的强制性，有助于从征收方面减少漏洞，提高社会保险基金的收缴率。

2. 有利于对社会保险基金实行收支两条线预算管理，保证社会保险基金的安全性。在我国目前的情况下，开征社会保险税与征收社会保险费的最重要差别在于：两种筹资方式形成了不同的资金运动路径及与此相应的不同监督管理机制。在缴费方式下，社会保险资金收支都由社会保险机构一手经办，只是由于财政部门的要求，才存入财政专户管理，列入社会保障预算。这是一种外加的监督机制，收支两条线往往徒有虚名，资金挪用和浪费很难避免。很多地方发生的滥用和挪用社保资金案件，都是经办机构擅自使用社会保险基金的现有余额造成的。用税收形式筹集社会保险资金，则可从根本上将收和支分为两个

---

① 潘莉：《社会保障的经济分析》，北京：经济管理出版社2006年版，第125页。

独立的系统,便于加强资金运用中的管理,减少滥用和挪用现象,有效地避免社保资金筹集发放中诸如差额拨付等的不规范行为,有利于将社会保险基金的收支活动比较全面地纳入规范的预算管理,有利于人民的监督。

3. 有利于降低社会保险基金的征收成本。在我国,开征社会保险税可以利用现有税务部门的组织机构、物质资源和人力资源进行征管,充分利用税务部门在征管经验、人员素质、机构系统方面的优势,可以大大地提高社会保障资金的筹资效率。

(三) 改革社会保障预算制度

我们要改革现行的复式预算制度,建立相对独立的社会保障预算。将各项社会保障基金,纳入国家财政预算,实行收支两条线和专项管理与监督,确保其专款专用。我国开征社会保障税,从目前来看只能作为一种地方税,但中央财政要采取一定的形式对其进行监督管理,这一方面能真正发挥财政的监督管理职能,另一方面能保证基金真实收缴,合理使用,体现其自身的保障功能,促进社会的稳定和经济的发展。各级财政部门还要继续执行现行的预决算审批制度,保证社会保障基金收支信息的及时可靠。

同时,我们还要改变我国社会保障基金从现行的现收现付制为部分基金积累制。当社会保障基金收入小于支出,出现亏空时,通过政府预算弥补。当社会保障收入大于社会保障支出,出现盈余时,关键要保证社会保障基金的盈余要保值和增值。这就需要通过制定和实施稳健的投资政策。当前,由于我国金融市场尚不发达,股票、信托投资、企业债券等市场还不很规范,投资风险较大,难以保证基金的安全和完整。因此,要坚持基金结余用于购买社会保险基金特种定向债券和其他国债的基本政策。但是,随着基金结余规模的扩大,应及时地调整国债的品种、利率和期限等结构,确保基金能够获得相对较高的投资回报率。同时,还要保证一定比例的债权流动性,以便应付不测事件的发生。

(四) 合理确定中央与地方各级政府的社会保障财政责任

政府的职能及经济社会活动通常是由组成政府有机体的多级政府来共同行使和完成的,而不是由某一级政府来单独完成。与多级政府的行政体制相适应,我国在政府间的财政关系上实行以分权分税为特征的分税制财政体制。分税制体制要求首先划分中央及地方各级政府的事权范围,在此基础上,确定各级政府的财政支出范围,然后根据财政支出确定各级政府的收入规模和政府间的税种划分。如前所述,在市场经济国家中,财政的基本职能主要有三项:资源配置职能、分配职能、经济稳定与发展职能。从政府间事权划分的通行规则看,稳定职能和分配职能主要由中央政府履行,资源配置职能主要由地方政府履行。社会保障作为分配职能的重要内容,在很大程度上应是中央政府的职责,但中央政府在这方面承担较大职责并不意味着它承担全部成本,必须要结合政府的职能按照社会保障的项目特点将其划分到各级政府。

本章综合案例

公共财政与社会保障基金管理:浦东案例

财政作为社会保障的核心组织者和保障资金最重要的提供者,政府财政高效、有力与否,关系社会保障事业改革的成败。总结浦东新区社会保障过去十余年的发展历程,可以发现,浦东社会保障事业的发展离不开财政的支持。

在现阶段,中国社会保障的改革与发展存在多重目标。

第一,推进以改革配套为目标的社会保障制度建立。浦东新区自主的社会保障改革发端于挽救新区内处境不断恶化的国有企业。一大批区属企业经营困难,不仅影响新区的经济发展,也危及新区的社会稳定。这一阶段,新区财政积极介入企业的改制工作,在企业改制方案的制订、协助上报审批等环节发挥重要作用。新区财政会同有关部门全过程参与"协保"、富余人员解除劳动关系、老协保人员补缴社会保险费等方案的设计和资金的预测工作,及时拨付资金,确保新区协保职工分流工作的顺利实施,切实减轻了企业的负担。

第二,推进以社会稳定为目标的社会保障制度建设与发展。政治稳定、社会安定是经济建设的基础。在这方面,浦东财政充分发挥收入再分配职能,切实完成两个"确保":即确保国有企业下岗职工基本生活、企业离退休人员养老金的按时足额发放,实现优抚对象抚恤补助的全员覆盖。截至1999年年底,新区救助各种社会救助对象6 151 156人次,救助金额达3 500万元;确保各类社会救助对象生活费准时发放,切实保障弱势群体的生活,并合理安排资金,支持新区工会、妇联等机构的帮困救助工作。2001年新区财政共安排企业帮困资金1.27亿元。

第三,推进以社会公正为目标的社会保障现代化。社会保险覆盖面进一步

第十一章
社会保障基金与财政

扩大,保险的险种和层次更加完善。开辟了多头参保、按小时参保的渠道,基本上实现了对本区城镇范围所有从业人员及其各种就业状态的全面覆盖;农村社会养老的覆盖面也有所扩大,管理水平有所提高;2001年新区企业医疗费清欠工作在全市率先完成,新医保政策正式启动,是新区社会保障体系步入现代化的一件大事。改革以后的社保体系,区财政的功能定位基本得到明晰。新区财政将重点转移到对社会保障系统最为薄弱的环节——社会救助进行投入。在进一步完善城镇居民最低生活保障和医疗救助制度的基础上,社会救助制度逐步向农村延伸。促进了以保障分层为标志,以社会公正为目标的社会保障现代化。

但是,作为中国经济最发达地区之一的浦东,要同时兼顾稳定、推动改革和实现社会公正这三重发展目标,全面实现社会保障现代化也存在着困难。

第一,随着社会救助压力日益增大,对社会救助投入空前增多,多头管理的弊端也日益显现出来:一方面信息传递的不通畅和各部门的行动不一致,使整个社会救助工作效率降低。另一方面,多头管理限制了财政的宏观调控能力。财政是浦东新区社会救助的主要资金来源,财政在拨款审核过程中,由于多个部门均设有各自的保障救助项目,财政对各个申请项目的必要性、迫切性的精确掌握非常困难,客观上限制了财政对浦东新区救助事业的宏观调控能力。

第二,城市养老保障与农村养老保障体制并轨经过十多年的改革与尝试,浦东新区城乡已基本上各自形成了一套符合其实际、各具特色的养老保障体系。改革成功与否将主要取决于以下几个难点能否化解,首要的是并轨后的管理问题。现行的养老保障体制已经产生了很多的管理问题,比如基金的保值增值问题。并轨后,由于农村和城市的经济结构不同,又增加了养老金的收取和支出困难。

第三,人口老龄化挑战。在预期寿命上升和长期低生育水平的双重作用下,浦东新区的人口老龄化程度将进一步加深。根据2000年度第五次人口普查的数据,在新区常住人口中,65岁及以上的人口达到了4.46万人,占10.18%。日趋严重的人口老龄化给尚处于完善中的社会保障体系带来了沉重压力。

第四,农民"市民化"挑战。随着新区农村城市化和农民"市民化"的快速进程,最为尖锐的问题是,城市化过程中,对失去土地的农民如何进行补偿。

据有关专家测算,浦东目前的征地养老专项基金可维持到2008年左右,之后,如果没有新的资金补充,新区"征地人员"的养老金发放将完全依赖财政补贴,年资金缺口超过2亿元(总资金缺口超过16亿元)。在此过程中,浦东财政可能需要同时对"老人"和"新人"补贴;更尖锐的问题是社保资金如何在"征地市民"和"原有市民"之间分配。浦东社会保障城乡一体化设想的成败,很大程度上取决于以上提到的两方面的"权衡"。在这一问题上,财政要及早展开研究,通过优化决策流程,保证"权衡"的科学性。

(资料来源:浦东财政与社会保障课题组)

▶思考题:根据浦东案例,你认为财政在完善社会保障基金管理方面有哪些切实可行的对策?

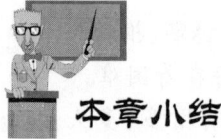

本章小结

1. 财政是国家或政府为满足一定的社会公共需要,凭借政权的力量,强制支配一部分社会财富,向社会提供公共产品和服务的经济现象或经济行为。财政具有强制性、无直接偿还性、公共性、收支平衡性等特征。

2. 财政是社会保障基金分配的主体,社会保障支出是财政支出中最重要的内容,社会保障交费是一项重要的财政收入形式,社会保障基金是一种财政资金应被纳入预算管理范围之内,社会保障基金财务管理需要财政的支持和监督。

3. 我国的社会保障基金主要有社会保险基金、全国社会保障基金、补充保障基金三部分。

重要概念

　　财政　财务管理　预算管理　政府保险基金预算　补充保障基金

1. 什么是财政?其特征有哪些?
2. 财政有哪些职能?

3. 简述财政社会保障理论的形成和发展。
4. 简述社会保障基金与财政的关系。
5. 简述社会保障基金财政管理的内容。
6. 谈谈我国财政与社会保障基金管理的发展与现状。
7. 请你谈谈我国财政与社会保障基金管理存在的问题及对策。

参考文献

[1] 陈共. 财政学[M]. 北京:中国人民大学出版社,2002.

[2] 陈银娥. 社会福利[M]. 北京:中国人民大学出版社,2004.

[3] 楚鹰,张青. 社会保险基金投资组合的国际比较及选择[J]. 决策参考,2002.

[4] 崔慧玉,张威. 完善我国社会福利基金管理的思考[OL]. http://202.204.214.102/asp/Detail.asp.

[5] 郭琳. 浅谈社会保险基金监督管理[J]. 新疆农垦经济,2004(2).

[6] 胡晓义,施明才. 社会保险基金管理与监督[M]. 北京:中国劳动和社会保障出版社,2001.

[7] 林义. 社会报险基金管理[M]. 北京:中国劳动和社会保障出版社,2001.

[8] 林义. 社会保险[M]. 北京:中国金融出版社,2003.

[9] 卢纯佶. 社会保险基金监管工作谈[J]. 中国劳动,2002(7).

[10] 鲁毅. 关于社保基金监管的若干思考[J]. 特区理论与实践,2002:(6).

[11] 吕学静. 现代社会保障概论[M]. 北京:首都经济贸易大学出版社,2005.

[12] 潘莉. 社会保障的经济分析[M]. 北京:经济管理出版社,2006.

[13] 齐海鹏,刘明慧,付伯颖. 社会保障基金管理研究[M]. 大连:东北财经大学出版社,2002.

[14] 孙炳耀,常宗虎. 中国社会福利概论[M]. 北京:中国社会出版社,2002.

[15] 孙光德,董克用. 社会保障概论[M]. 北京:中国人民大学出版社,2004.

[16] 孙建勇. 社会保障基金监管[M]. 北京:中国劳动和社会保障出版社,2005.

[17] 王松奇. 金融学[M]. 北京:中国金融出版社,2000.

[18]吴木銮.社保基金何以不能自保[J].中国经济时报,2006(11).

[19]熊敏鹏.社会保障学[M].北京:机械工业出版社,2001.

[20]许利民,胡伟业.社会保险资金监管的理论依据和重要启示.[OL]www.csss.whu.edu.cn.2002.12.

[21]杨良初.社会保障基金管理[M].北京:中国财政经济出版社,2003.

[22]佚名.社会保障与国家财政的一般关系[J/OL].中国期刊网,2005.

[23]詹伟哉.社会保险基金财务研究[M].武汉:武汉大学出版社,2003.

[24]张思锋,温海红,赵文龙.社会保障概论[M].北京:科学出版社,武汉出版社,2003.

[25]张新民,曹明睿.我国社会保险基金监管法律制度研究[J].江西社会科学,2004.

[26]钟仁耀.社会救助与社会福利[M].上海:上海财经大学出版社,2005.

[27]财政部,劳动部.社会保险基金财务制度、会计制度[M].北京:中国财政经济出版社,1999.

[28]《社会保障资金财政监督》编委会.社会保障资金财政监督[M].北京:中国财政经济出版社,2005.

[29]张左已.领导干部社会保障知识读本[M].北京:中国劳动和社会保障出版社,2002.